La transformation en 2 minutes

La transformation en 2 minutes

comment de petites habitudes peuvent transformer une vie

Lina Vermeer

Mindful Pages

Publié en 2025

ISBN: 9789362925725 (PB)
ISBN : 9789362928580 (eBook)

Publié par

Mindful Pages
Mentions légales d'Alpha Editions LLC
312 W. 2nd St #1834
Casper, WY 82601, États-Unis

Contenu

Introduction
Le pouvoir des petits pas

Le changement est souvent présenté comme un acte radical – une réinvention, un tournant radical qui exige du courage, de la détermination et peut-être une pointe d'héroïsme. Nous sommes attirés, presque instinctivement, par l'attrait d'une page blanche : de nouveaux départs, des routines audacieuses et des plans d'action qui changent la vie. Et pourtant, lorsque cet élan initial s'estompe – ce qui arrive inévitablement –, la vision d'ensemble s'estompe également. Et si, contrairement à la croyance populaire, la clé d'une transformation durable ne résidait pas dans des changements radicaux, mais dans quelque chose de bien plus modeste ? La Transformation en 2 minutes s'appuie précisément sur cette idée : le véritable changement est discret, progressif et d'une simplicité désarmante.

Au cœur de ce concept se trouve une idée étonnamment puissante : les micro-habitudes. Ni tape-à-l'œil, ni complexe, ni même chronophage. Juste de petites actions délibérées, faciles à répéter et conçues pour s'aligner sur nos intentions profondes. La fixation d'objectifs traditionnelle, avec son accent sur les résultats et son recours à une motivation passagère, s'effondre souvent sous le poids de ses ambitions. Les micro-habitudes adoptent une approche plus douce : elles contournent la résistance psychologique associée aux grands engagements et nous invitent à nous lancer. C'est le genre d'habitudes dont la simplicité fait rire : passer du fil dentaire sur une dent, écrire une seule phrase, rester assis en silence pendant deux courtes minutes. Il semble presque absurde de ne pas essayer.

Il ne s'agit pas de revoir ses rêves à la baisse ou de se contenter de moins. Il s'agit de rencontrer la nature humaine là où elle se trouve : dans le domaine du faisable. La psychologie comportementale le confirme. Nous sommes bien plus enclins à agir lorsque la tâche qui nous attend ne provoque ni anxiété, ni évitement, ni appréhension. Le cerveau n'est pas fait pour travailler sans relâche ; il recherche les raccourcis, l'efficacité, le confort. Les grands objectifs exigent souvent un effort cognitif que nous ne pouvons pas toujours mobiliser. Mais les micro-habitudes ? Elles s'insinuent discrètement dans nos routines, créant une sorte de cheval de Troie comportemental. Soudain, ce qui est petit n'est plus insignifiant : c'est stratégique.

Cette distinction change tout. La plupart des conseils de développement personnel qui circulent sont bien intentionnés, mais erronés : rêvez grand, planifiez minutieusement, visez haut. Et puis la réalité nous rattrape : la vie est bien remplie, la motivation est capricieuse et les attentes peuvent vite devenir pesantes. Les micro-habitudes inversent le modèle. Elles ne demandent pas ce que vous pourriez faire un jour, mais ce que vous pouvez faire maintenant, maintenant, avec les ressources et l'énergie disponibles. Leur génie réside dans le fait que la barre est placée très bas. Si bas, en fait, que l'échec est presque impossible. Lorsque la tâche est brève et peu exigeante, la constance s'impose naturellement. On ne ressent pas la douleur des journées manquées ; on recommence, tout simplement.

Et puis il y a la règle des deux minutes, élégante dans son minimalisme. L'idée ? Toute habitude qui mérite d'être développée devrait commencer sous une forme si compacte et si facile à gérer qu'elle ne prenne pas plus de deux minutes. Envie de vous remettre à la lecture ? Lisez un seul paragraphe. Envie de faire du sport ? Enfilez vos baskets et sortez. Il ne s'agit pas de rester à ce niveau indéfiniment, mais de passer progressivement à l'action. Le plus grand obstacle au changement est souvent le simple fait de commencer. Cette règle permet de surmonter cet obstacle. Une fois la routine devenue un réflexe, son développement se fait presque tout seul.

Au-delà des neurosciences et de la théorie des habitudes, les répercussions de ces micro-changements ont quelque chose de profondément profond. Après tout, les habitudes existent rarement de manière isolée. Un petit changement dans un domaine peut en entraîner d'autres. Ce verre d'eau au réveil ? Cela peut paraître insignifiant, mais cela peut vous redonner de l'énergie, ce qui aiguise votre concentration et influence votre attitude envers les autres. Un bref moment de gratitude peut modifier en douceur votre tonus émotionnel, approfondissant vos liens et renforçant votre résilience. Ces changements ne se font pas en ligne droite : ils se multiplient, divergent, s'enchaînent.

Ce n'est pas sans rappeler les intérêts composés. La magie ne réside pas dans le premier dépôt, mais dans l'accumulation patiente au fil du temps. Les micro-habitudes, comme les bons investissements, voient leur impact croître progressivement. Pendant des semaines, voire des mois, elles restent sous la surface, façonnant discrètement vos journées. Mais ensuite, comme d'un seul coup, les résultats commencent à apparaître. La frontière entre trivial et transformateur s'estompe.

L'avantage le plus sous-estimé de cette approche réside peut-être dans son impact sur la perception que nous avons de nous-mêmes. Chaque fois que nous adoptons une micro-habitude, aussi petite soit-elle, nous affirmons quelque chose : « Je suis le genre de personne qui fait ça. » C'est subtil, mais puissant. Une phrase griffonnée avant de se coucher, et vous commencez à vous considérer comme un écrivain. Deux minutes de jogging, et vous vous voyez peu à peu comme quelqu'un qui bouge. L'identité, en fin de compte, se forge non pas par de grands gestes, mais par des actions répétées. Nous n'atteignons pas les sommets de nos ambitions ; nous nous installons dans les systèmes que nous construisons. Les micro-habitudes offrent un système fiable, résilient et adapté à la vie réelle.

Ce livre ne prétend pas contenir toutes les réponses. Il ne s'agit ni d'un sermon ni d'un plan rigide. Considérez-le plutôt comme un cadre, une sorte de guide. Il n'y a pas d'ultimatum, pas de « voie unique » pour réussir. Vous y trouverez plutôt des stratégies pratiques issues des sciences du comportement, ancrées dans l'expérience concrète et suffisamment polyvalentes pour vous accompagner là où vous en êtes. Vous serez encouragé à commencer, même imparfaitement, et à progresser à partir de là. C'est une invitation, pas un ordre.

La structure du livre est réfléchie. Il commence par la science : pourquoi les habitudes sont importantes et comment fonctionne la microvariété. Ensuite, il passe à la pratique : comment démarrer, à quoi faire attention et comment s'adapter aux inévitables aléas de la vie. Vous découvrirez ainsi comment ces idées touchent tous les aspects de l'expérience humaine : notre santé, notre travail, nos relations, notre raison d'être. L'accent est toujours mis sur l'aspect pratique, sans pour autant perdre de vue les enjeux émotionnels et psychologiques plus profonds.

Dans sa dernière ligne droite, le livre se tourne vers des histoires – des histoires vraies. Non pas des récits sensationnels de réinventions du jour au lendemain, mais des récits plus calmes d'efforts constants et persévérants. Ces personnes n'ont pas attendu des conditions idéales ni une détermination surhumaine. Elles se sont lancées, tout simplement. Leurs transformations témoignent non pas de magie, mais de méthode. La leçon est claire : le changement est possible, non pas en maîtrisant la motivation, mais en la rendant inutile. Quand la barre est basse, on cesse de trébucher.

La Transformation en 2 Minutes n'est pas un appel à la révolution, mais au rythme. Il ne s'agit pas de se surpasser ; il s'agit de ne jamais s'arrêter. C'est un changement à échelle humaine : sensé, indulgent et durable. Laissez les pages vous guider, vous mettre au défi et vous rappeler : il n'est pas nécessaire de tout faire, il suffit de faire quelque chose. Et si ce quelque chose prend deux minutes ? C'est encore mieux. Car c'est là que le changement commence : non pas avec un fracas, mais avec un souffle.

Chapitre 1
Comprendre les habitudes – Les éléments constitutifs du changement

À première vue, les habitudes passent souvent inaperçues – ces comportements silencieux et automatiques qui s'inscrivent dans la trame de notre quotidien. Nous nous brossons les dents sans réfléchir, consultons nos téléphones avant même d'être complètement réveillés, sirotons notre café, verrouillons la porte d'entrée. Routine, certes, mais loin d'être anodine. Sous leur apparente simplicité, les habitudes ont une influence plus profonde et plus conséquente : elles ne se contentent pas de rythmer nos journées ; elles les façonnent. Elles façonnent qui nous sommes, nos choix et, en fin de compte, la vie que nous menons. En vérité, les habitudes forment l'échafaudage invisible de nos vies. Et si nous voulons parler sérieusement de changement – non pas de nouveauté passagère, mais de changement réel et durable –, nous devons commencer par là.

Une habitude, réduite à son essence, est un comportement répété suffisamment souvent pour devenir automatique. Elle ne requiert plus une attention soutenue ; au contraire, elle évolue au rythme de nos journées, passant du déclencheur à l'action et à la satisfaction presque instantanément. Du point de vue des sciences du comportement, c'est la façon dont le cerveau économise son énergie. Au lieu de délibérer à nouveau à chaque fois, il élabore des routines pour plus d'efficacité. Cette économie mentale est à la fois astucieuse et périlleuse : si elle nous permet de penser et d'agir de manière créative ailleurs, elle signifie aussi que nous pouvons nous retrouver à répéter des comportements – utiles ou néfastes – sans nous rendre compte qu'ils dirigent le navire.

C'est pourquoi le concept de « boucle d'habitude » est si crucial. Introduite et développée par des personnalités comme Charles Duhigg et étayée par des décennies de recherche empirique, la boucle d'habitude se compose de trois éléments mobiles : le signal, la routine et la récompense. Le signal – un signal environnemental ou une sensation interne – déclenche le comportement. La routine est le comportement lui-même. Et la récompense est ce que votre cerveau enregistre comme une récompense, un élément suffisamment fort pour que le comportement mérite d'être répété. Répétez-le suffisamment souvent et il s'intègre, neurologiquement parlant, dans votre circuit. Prenons cet exemple simple : votre réveil sonne (signal), vous préparez du café (routine) et vous vous sentez éveillé et apaisé (récompense). Répétez l'opération : vous ne choisissez plus cette routine, vous l'incarnez.

Ce qui rend cette boucle si puissante, et parfois si insaisissable, c'est la façon dont elle contourne la pensée consciente. Avant même que vous n'enregistriez le signal, votre cerveau anticipe déjà la récompense et vous prépare à agir. Les noyaux gris centraux, une structure ancienne enfouie au plus profond du cerveau, jouent un rôle essentiel dans ce processus. Ils sont responsables de la reconnaissance des schémas et de l'exécution des fonctions motrices, et à mesure qu'une habitude s'enracine, ils en supportent une plus grande part. À tel point que les zones les plus conscientes de votre cerveau commencent à se calmer pendant l'habitude. C'est pourquoi vous pouvez arriver à destination après un long trajet et vous rendre compte que vous ne vous souvenez presque plus de rien du voyage.

De ce fondement neurologique émergent deux vérités, chacune lourde de sens. Premièrement : les habitudes sont bien plus ancrées qu'on ne voudrait l'admettre. Elles sont autant physiologiques que psychologiques, et aucune détermination acharnée ne parviendra à vaincre durablement leur influence. Deuxièmement : les habitudes ne sont pas figées. On peut les démanteler et les reconstruire, mais seulement si l'on travaille *avec* le cycle des habitudes, plutôt que contre lui. Cela implique d'identifier ce qui déclenche le comportement, de repenser la réponse et de s'assurer que le nouveau comportement offre toujours une récompense significative. Ce n'est pas facile, mais c'est possible.

C'est ici qu'interviennent les micro-habitudes, offrant une sorte de judo comportemental. Plutôt que de s'appuyer sur des gestes grandioses ou des changements radicaux, les micro-habitudes commencent par des actions si petites qu'elles ne représentent presque aucun effort. C'est intentionnel. L'objectif est de réduire les frictions, de rendre le démarrage si ridiculement facile qu'il n'y ait aucune excuse pour ne pas commencer. Le cerveau rechigne à la perspective d'un changement difficile, mais il s'oppose rarement à une action de deux minutes. Remplissez une bouteille d'eau. Ouvrez votre carnet. Déroulez un tapis de yoga. Ce sont des victoires si modestes qu'elles peuvent presque passer inaperçues, mais c'est là que réside leur génie.

Et ces petites actions ont un autre effet, profondément précieux : elles allègent le fardeau du choix. Chaque jour, nous sommes confrontés à des milliers de décisions, et chacune d'elles épuise subtilement notre capacité à réfléchir, à agir et à persévérer. C'est ce qu'on appelle la fatigue décisionnelle. C'est pourquoi nous grignotons à 16 h ou surfons sur internet sans réfléchir tard le soir ; nous sommes tout simplement trop fatigués pour mieux choisir. Les micro-habitudes sont utiles car elles *suppriment* le besoin de décider. Elles créent un état d'esprit par défaut. Quand on sait que sa matinée commence par une note de deux minutes dans son journal ou une petite promenade, on ne négocie pas avec soi-même. On exécute. Et c'est ce que comprennent les personnes les plus efficaces, non pas parce qu'elles sont des modèles de maîtrise de soi, mais parce qu'elles sont pragmatiques. Elles éliminent les frictions là où elles le peuvent.

Pourtant, la motivation continue de faire la une des journaux. Le mythe selon lequel le changement commence par la motivation est profondément ancré dans la culture moderne : citation émouvante, montage dramatique de film, promesse de réinvention personnelle suscitée par le simple désir. Mais la motivation, comme le savent tous ceux qui ont essayé de s'y fier, est profondément instable. Elle est capricieuse, inconstante et dépendante des aléas de la météo. Si votre stratégie repose sur l'inspiration, vous construisez votre avenir sur du sable.

Qu'est-ce qui fonctionne à la place ? Structure. Systèmes. Environnements adaptés à vos objectifs. Imaginez que vous souhaitiez mieux manger : le plus pratique n'est pas de lire un autre blog sur la nutrition, mais de remplacer ce qui se trouve dans votre cuisine. Envie de vous étirer quotidiennement ? Placez le tapis bien en vue, là où vous le verrez chaque matin. En aménageant votre environnement, vous vous libérez du besoin de résolution quotidienne. L'habitude devient partie intégrante du paysage, et non un dilemme moral.

C'est ce qui distingue la création d'habitudes de la poursuite d'objectifs. Les objectifs sont ambitieux : ils indiquent ce que nous *espérons* atteindre. Les systèmes sont opérationnels : ils façonnent nos *actions* . Un bon système d'habitudes fonctionne quelle que soit l'humeur, nous aidant à adopter un meilleur comportement par défaut, même les jours où l'énergie est faible. Chaque répétition renforce les connexions neuronales. Avec le temps, l'effort cède la place à l'instinct. C'est là que réside la durabilité.

Prenons l'exemple de l'écriture. Un objectif peut être d'écrire 1 000 mots par jour. Mais la vie s'en mêle : les délais, la fatigue, un rhume d'enfant. Le projet ambitieux s'effondre. Mais une micro-habitude – disons une phrase par jour – ne requiert aucune condition particulière. On s'assoit. On écrit. Certains jours, cette phrase devient un paragraphe, voire une page. D'autres jours, ce n'est qu'une phrase, et c'est très bien ainsi. Car ce qui compte, ce n'est pas le volume, mais la continuité. L'identité de « je suis écrivain » reste intacte.

Cette logique s'applique à tous les domaines : fitness, apprentissage, gestion du budget, méditation, relations. Les habitudes les plus transformatrices passent souvent inaperçues. Elles ne sont pas impressionnantes au premier abord. Mais elles durent. Et parce qu'elles durent, elles s'accumulent.

Ce chapitre sert de base, non seulement au livre, mais aussi au projet plus vaste de changer votre vie. Si vous pouvez considérer vos habitudes comme le système d'exploitation sous-jacent de votre personnalité et de votre mode de vie, apprendre à les façonner et à les peaufiner devient l'investissement le plus rentable. Nul besoin d'une révélation. Nul besoin de se transformer du jour au lendemain. Il suffit de comprendre le comportement : ce qui le déclenche, comment il s'ancre et comment le réorienter subtilement. Commencez petit, si petit que l'esprit ne résiste pas. Laissez le changement s'installer doucement et tranquillement.

Comprendre ses habitudes n'est pas seulement utile, c'est essentiel. C'est le point de départ de tout véritable changement. Et à partir de là, nous progresserons vers la construction, l'affinement et le développement d'habitudes qui, au fil du temps, transformeront non seulement votre façon d'agir, mais aussi votre image de vous-même. Car au final, ce ne sont pas les grands gestes qui transforment une vie. Ce sont les petits choix répétés – ceux que l'on remarque à peine – qui, discrètement, déterminent tout.

Que sont les habitudes ?

Pour comprendre les mécanismes du changement, il est essentiel de bien comprendre les habitudes – non pas comme une notion vague ou un mot à la mode dans le lexique du développement personnel, mais comme un modèle comportemental concret fondé sur les neurosciences et la psychologie. Une habitude, dans sa forme la plus simple, est un comportement devenu automatique par la répétition. Il s'agit d'une routine ou d'une action apprise que nous exécutons avec un minimum de réflexion consciente, souvent déclenchée par des contextes ou des signaux spécifiques. Du brossage des dents chaque matin à la consultation de notre téléphone à chaque notification, les habitudes simplifient notre quotidien en réduisant la charge cognitive nécessaire pour naviguer dans la vie.

Le cerveau humain, merveilleusement efficace mais intrinsèquement paresseux, cherche à économiser l'énergie autant que possible. Cette tendance à l'économie sous-tend nos comportements habituels. Plutôt que de consacrer un effort mental à des décisions récurrentes – que manger au petit-déjeuner, faire de l'exercice ou non, comment répondre à un e-mail stressant – le cerveau crée des raccourcis. Ces raccourcis nous permettent de fonctionner en pilotage automatique, libérant des ressources mentales pour des problèmes nouveaux et des raisonnements complexes. Ainsi, les habitudes ne sont pas seulement utiles, elles sont indispensables. Elles sont les architectes silencieux de nos routines, de nos choix et, en fin de compte, de notre identité.

Prenons par exemple l'acte de lacer ses chaussures. Enfant, cette tâche exige concentration et séquençage précis. Avec le temps, et grâce à une répétition suffisante, le comportement devient instinctif. Le même principe s'applique à des comportements plus complexes : le chemin que nous empruntons pour aller au travail, la façon dont nous réagissons aux déclencheurs émotionnels, ou même la façon dont nous engageons la conversation. Chaque action répétée, lorsqu'elle est systématiquement stimulée et renforcée par une récompense, s'intègre dans des voies neuronales. Ces voies, telles des sentiers battus en forêt, accélèrent et facilitent les répétitions ultérieures. Plus un comportement est répété, plus il devient automatique.

L'importance des habitudes va donc bien au-delà de la commodité. Elles façonnent notre identité, car elles déterminent nos actions régulières. Si la motivation peut nous inspirer une ou deux fois, c'est l'habitude qui la soutient à long terme. La distinction entre qui nous sommes et qui nous espérons devenir est souvent la différence entre nos routines quotidiennes et nos aspirations. Une personne qui écrit cinq minutes par jour est, fonctionnellement, un écrivain, qu'elle ait publié un livre ou non. Une personne qui s'étire chaque matin cultive un mode de vie sain, qu'elle ait couru un marathon ou non. L'identité, au fil du temps, se construit par des comportements répétés. Nous sommes, littéralement, ce que nous faisons de manière répétée.

Prenons l'histoire de Darren, un cadre intermédiaire constamment fatigué et stressé. Déterminé à changer les choses, il a commencé à essayer de se lever 30 minutes plus tôt pour lire, réfléchir et planifier sa journée. Difficile au début, cette habitude est progressivement devenue une seconde nature. Au fil du temps, Darren a constaté une nette amélioration de son humeur, de sa capacité de décision et de sa productivité. Ce qui semblait être un petit changement – un début de matinée tranquille – a eu de profonds effets d'entraînement. C'est le pouvoir de l'habitude : de petites actions, répétées avec constance, peuvent transformer non seulement nos comportements, mais aussi la qualité de notre expérience vécue.

D'un point de vue scientifique, les habitudes ne sont pas seulement des phénomènes comportementaux ; ce sont des constructions neurobiologiques. Lorsqu'une habitude se forme, elle est encodée dans les noyaux gris centraux, un groupe de noyaux cérébraux associé aux émotions, à l'apprentissage procédural et aux comportements routiniers. Cette région est profondément impliquée dans la formation des habitudes, car elle automatise certaines actions, épargnant ainsi aux zones du cerveau les plus énergivores, comme le cortex préfrontal, la prise de décision constante. C'est pourquoi les habitudes semblent si faciles une fois ancrées : le cerveau a délégué la tâche à ses mécanismes plus primitifs et plus efficaces.

Mais le même mécanisme qui nous permet de développer des habitudes productives favorise également l'enracinement d'habitudes destructrices. Les habitudes ne font pas la distinction entre ce qui nous sert et ce qui nous nuit ; elles sont neutres par nature. Qu'il s'agisse de se ronger les ongles sous l'effet du stress ou de grignoter tard le soir, le cycle de l'habitude fonctionne de la même manière : un signal déclenche un comportement, qui engendre une récompense, renforçant ainsi le cycle. C'est cette neutralité qui confère aux habitudes leur puissance, et c'est pourquoi il est essentiel d'en prendre conscience pour s'épanouir.

L'impact quotidien de nos habitudes ne saurait être surestimé. Des études suggèrent que près de 40 à 50 % de nos actions quotidiennes sont habituelles. Ces comportements ne résultent pas de choix délibérés, mais de routines établies qui fonctionnent en arrière-plan. Cela signifie que près de la moitié de notre vie est régie par des systèmes que nous avons mis en place, consciemment ou inconsciemment. Cela signifie également que toute tentative de changer nos vies sans s'attaquer à nos habitudes risque d'être, au mieux, superficielle. Une transformation réelle et durable nécessite de modifier les paramètres par défaut de notre comportement.

Pour apprécier le pouvoir cumulatif des habitudes, imaginez deux personnes qui commencent avec des routines identiques, mais modifient légèrement leur comportement. L'une décide de lire cinq minutes avant de se coucher chaque soir, tandis que l'autre consulte les réseaux sociaux. L'effet le premier jour est négligeable. Mais si l'on multiplie ce choix sur une année, la différence devient flagrante. L'une a lu plusieurs livres, enrichi sa réflexion et amélioré son sommeil ; l'autre a nourri des distractions et peut-être même compromis son bien-être mental. Cette divergence, suscitée par une décision apparemment anodine, illustre comment les habitudes sont l'intérêt composé du développement personnel.

La clé de cet effet cumulatif réside dans la constance, et non dans l'intensité. La culture populaire glorifie souvent les changements spectaculaires – entraînements intensifs, détox numériques ou succès commercial instantané. Mais la recherche révèle une tout autre réalité. Le changement durable est généralement discret, souvent sans attrait, et profondément ancré dans l'action habituelle. Ce n'est pas une réussite ponctuelle qui change une vie, mais une pratique quotidienne qui semble presque trop simple pour avoir de l'importance.

Cette vérité sous-tend la méthodologie des micro-habitudes, que nous explorerons tout au long de ce livre. Les micro-habitudes sont conçues de manière modeste. Leur efficacité réside dans leur faible barrière d'entrée. Une habitude qui prend deux minutes à réaliser a bien plus de chances d'être réalisée qu'une autre qui en demande vingt. Plus important encore, ces petits gestes ne sont pas anodins : ils sont fondamentaux. Ils enseignent au cerveau la cohérence. Ils créent un sentiment de fiabilité. Et, avec le temps, ils ouvrent la voie à des comportements plus substantiels.

Par exemple, quelqu'un souhaitant développer une habitude d'écriture pourrait commencer par ouvrir son ordinateur portable et écrire une phrase. Cette tâche minimale semble anodine, mais sa véritable valeur réside dans la création d'une association mentale : quand je suis assis à ce bureau, j'écris. Au fil du temps, l'habitude se développe, non pas par la force, mais par le désir naturel de continuer une fois l'action commencée. Les deux premières minutes servent de déclencheur comportemental, stimulant l'esprit et le corps. C'est ainsi que les habitudes se développent naturellement, sans dépendre de poussées d'inspiration instables.

Comprendre ce que sont les habitudes – et comment elles fonctionnent – nous donne une certaine autonomie. Cela nous permet de prendre du recul et d'examiner nos vies non pas à travers le prisme de la volonté ou des échecs personnels, mais à travers les schémas. Cela nous invite à devenir des architectes du comportement plutôt que des consommateurs accidentels de la routine. Lorsque nous reconnaissons que nos habitudes sont malléables, nous comprenons que le changement n'est pas une question de personnalité, mais de pratique.

Cette perspective nous libère également de la pensée binaire du succès et de l'échec. Vous avez manqué une journée ? L'habitude n'a pas échoué, elle est simplement en pause. Vous êtes retombé dans un vieux schéma ? C'est une donnée, pas une défaite. Le travail de transformation n'est pas une question de perfection, mais de réorientation. Chaque habitude peut être ajustée, renforcée ou remplacée avec intention et patience. Et ce travail commence par la prise de conscience.

Examiner ses habitudes, c'est s'observer avec curiosité, et non avec critique. C'est observer ce que l'on fait lorsque l'on est fatigué, distrait, anxieux ou plein d'espoir. C'est se demander non seulement ce que l'on fait, mais aussi pourquoi et à quoi cela sert. Vos habitudes sont-elles en phase avec vos valeurs ? Vous rapprochent-elles ou vous éloignent-elles de la personne que vous aspirez à devenir ? Ces questions ne sont pas rhétoriques ; elles sont le fondement d'une vie réfléchie.

En définissant les habitudes, nous ne nous contentons pas d'étiqueter un comportement : nous découvrons la structure de la vie humaine. Les habitudes permettent aux objectifs de se concrétiser. Elles permettent aux intentions de survivre au chaos du quotidien. Elles constituent le pont entre qui nous sommes et qui nous pouvons être. Les comprendre, c'est libérer le levier de changement le plus puissant qui soit. Et comme vous le découvrirez tout au long de ce livre, les plus petites habitudes – celles qui ne prennent que deux minutes à mettre en œuvre – recèlent souvent le plus grand potentiel de transformation.

La boucle des habitudes

Chaque habitude que nous prenons, qu'elle soit bénéfique ou néfaste, obéit à une structure si prévisible et universelle qu'elle opère en dehors de notre conscience. Cette structure, appelée *boucle d'habitude* , est au cœur de la compréhension par la psychologie comportementale de l'automatisme des actions. Introduite dans le discours populaire par des chercheurs, puis cristallisée par des auteurs comme Charles Duhigg, la boucle d'habitude fournit un cadre clair pour analyser et modifier les comportements qui façonnent nos vies. Composée de trois éléments fondamentaux – le signal, la routine et la récompense –, cette boucle offre à la fois un diagnostic et une feuille de route pour un changement comportemental significatif.

Fondamentalement, la boucle d'habitudes commence par un *signal* : un déclencheur qui indique au cerveau d'initier un comportement particulier. Ce signal peut être interne, comme un sentiment d'ennui ou d'anxiété, ou externe, comme l'heure de la journée, un lieu précis, voire un son particulier. Ce signal est l'étincelle qui déclenche la séquence habituelle et échappe souvent à la reconnaissance consciente. Pourtant, une fois identifié, il devient un puissant point d'intervention, un levier permettant d'influencer l'ensemble de la séquence comportementale.

Suivre le signal, c'est la *routine* , le comportement lui-même. C'est l'action que nous entreprenons en réponse au déclencheur. Cela peut être aussi simple que consulter son smartphone lorsqu'une notification retentit, ou aussi complexe que préparer un rapport détaillé suite à une alerte de calendrier. La routine est ce que nous considérons communément comme l'habitude, la partie visible de la séquence. C'est le comportement que nous répétons, souvent sans réfléchir à la raison ou à ce qui nous a poussés à le faire.

Enfin, la boucle se conclut par la *récompense* : le résultat qui renforce le comportement et incite le cerveau à le répéter. Les récompenses ne sont pas toujours évidentes. Parfois, elles sont tangibles, comme une poussée de sucre après avoir mangé du chocolat. Parfois, elles sont psychologiques, comme un soulagement après avoir évacué sa frustration. La récompense joue un rôle crucial : elle apprend au cerveau que le comportement en valait la peine. Avec le temps, le cerveau commence à anticiper la récompense dès qu'il rencontre le signal, ce qui explique pourquoi la boucle se renforce avec la répétition.

Pour illustrer cela concrètement, prenons l'habitude de consulter son téléphone au réveil. Le signal pourrait être le fait d'ouvrir les yeux le matin. La routine s'ensuit : prendre son téléphone, consulter ses e-mails ou les réseaux sociaux. La récompense pourrait être un sentiment de connexion, une stimulation ou simplement la satisfaction d'une curiosité. Ce renforcement positif renforce l'association entre le réveil et l'utilisation du téléphone, augmentant ainsi la probabilité de répéter ce comportement le lendemain, et le surlendemain.

Ce qui rend la boucle d'habitude particulièrement fascinante, c'est sa capacité à fonctionner avec une efficacité remarquable. Une fois établie, le cerveau transfère la responsabilité de l'exécution de la routine des zones associées à la prise de décision et à l'attention (comme le cortex préfrontal) vers des régions plus profondes et plus automatiques comme les noyaux gris centraux. Ces derniers sont responsables de l'apprentissage procédural, des émotions et des comportements routiniers. Cette délégation neurologique permet au cerveau de préserver ses ressources cognitives, mais elle signifie aussi que les habitudes, bonnes ou mauvaises, s'enracinent profondément et deviennent plus difficiles à déloger par la seule force de la volonté.

Cela a des implications importantes pour le développement personnel et le changement comportemental. Cela révèle que les habitudes ne sont pas arbitraires, mais des boucles conditionnées qui suivent des règles neurologiques cohérentes. Plus important encore, cela montre qu'en comprenant et en modifiant un composant de la boucle, nous pouvons remodeler le schéma dans son ensemble. Par exemple, si vous identifiez le signal qui déclenche un comportement indésirable, vous pouvez chercher à remplacer la routine par une alternative plus constructive, à condition que la nouvelle routine procure la même récompense.

C'est précisément la technique qu'utilisent les spécialistes du comportement et les coachs en habitudes pour aider les individus à modifier des comportements bien ancrés. Prenons l'exemple de l'habitude courante de grignoter l'après-midi. Nombreux sont ceux qui se retrouvent à grignoter des sucreries à peu près à la même heure chaque jour. Le signal peut être un coup de mou ou une pause dans la journée. L'acte de grignoter constitue la routine. La récompense peut être un regain d'énergie temporaire ou un moment d'évasion mentale. Si l'objectif est de réduire sa consommation de sucre, l'essentiel n'est pas d'éliminer complètement l'habitude, mais de la repenser. On peut remplacer le grignotage par une marche rapide ou une poignée de noix – des comportements qui satisfont le besoin sous-jacent sans conséquences indésirables.

Le même principe peut s'appliquer à la formation d'habitudes positives. Imaginez que vous souhaitiez prendre l'habitude de lire quotidiennement. Le processus commence par le choix d'un signal fiable, par exemple la fin du petit-déjeuner ou le trajet du retour. La routine consiste alors à lire pendant une durée déterminée, même si elle ne dure que deux minutes. La récompense peut être le plaisir de lire l'histoire, un sentiment de progrès ou la satisfaction d'atteindre un objectif personnel. Avec suffisamment de répétitions, cette boucle comportementale devient auto-entretenue. Le signal mène automatiquement à la routine, et la récompense renforce l'ensemble de la séquence.

Il est important de noter que les signaux sont très personnels. Ce qui déclenche le comportement d'une personne peut être sans effet sur une autre. Certains signaux sont sensoriels – l'odeur du café, le son d'une chanson. D'autres sont émotionnels – le stress, la solitude, l'anticipation. Et certains sont sociaux – la présence d'une personne en particulier ou d'un environnement partagé. L'efficacité du cycle des habitudes dépend de la capacité à reconnaître ces schémas dans sa propre vie. La prise de conscience est la première étape. Une fois que nous prenons conscience de ce qui motive nos habitudes, nous acquérons le pouvoir de les modifier délibérément.

Comprendre le cycle de l'habitude permet également de comprendre pourquoi il est si difficile de rompre avec les mauvaises habitudes. Comme le signal et la récompense restent souvent constants, le cerveau s'accroche au cycle même lorsque la routine devient nocive. Les fumeurs, par exemple, peuvent allumer une cigarette non seulement par dépendance à la nicotine, mais aussi parce que cet acte constitue une pause dans leur travail (signal), avec une récompense sous forme de détente ou d'interaction sociale. Si l'on tente d'arrêter de fumer sans remplacer la récompense sous-jacente, le cycle de l'habitude reste insatisfait, et la rechute devient très probable. Pour réussir à changer d'habitude, il faut donc satisfaire le besoin qui la motive, même si le comportement lui-même change.

L'une des idées les plus profondes concernant la boucle d'habitudes est qu'elle offre une structure pour une conception délibérée. Plutôt que de compter sur la motivation – notoirement incohérente – nous pouvons concevoir nos environnements et nos routines pour favoriser les comportements souhaités. Cela implique d'intégrer des signaux dans notre environnement, de simplifier les routines pour réduire la résistance et d'identifier des récompenses en accord avec nos valeurs et nos objectifs. Lorsqu'une boucle d'habitudes est élaborée consciemment, elle passe d'un schéma inconscient à un outil d'action personnelle.

Prenons le cas de Nadia, une étudiante aux prises avec la procrastination. Elle a remarqué qu'à chaque fois qu'elle s'asseyait à son bureau pour étudier, elle finissait par consulter les réseaux sociaux. Après analyse, elle a compris que le signal était la vue de son téléphone, la routine une distraction et la récompense un soulagement temporaire de la pression académique. En retirant son téléphone de son espace de travail et en le remplaçant par un emploi du temps imprimé et un suivi visuel des séances d'étude terminées, elle a restructuré le cycle de ses habitudes. Le signal est resté (s'asseoir à son bureau), mais la routine a changé (étudier de manière concentrée), et la récompense est devenue le sentiment d'accomplissement. Au fil du temps, la nouvelle habitude s'est enracinée, car le cycle avait été reprogrammé.

Cet exemple met en lumière un point essentiel : les cycles d'habitudes ne sont pas une fatalité. Ils sont flexibles. Ils peuvent être remodelés par l'intention, l'expérimentation et la conscience de soi. Ils ne sont pas des obstacles à la réussite, mais des instruments qui permettent d'y parvenir. Apprendre à travailler avec eux, plutôt que de les combattre, ouvre la voie à un changement de comportement plus fiable et durable.

De plus, comprendre le cycle des habitudes nous invite à modifier notre jugement sur nous-mêmes. Nombreux sont ceux qui se sentent coupables de résolutions ratées, de manquements à la discipline ou de comportements négatifs récurrents. Mais ces « échecs » ne sont souvent pas le reflet de notre caractère ; ils sont le résultat naturel de cycles d'habitudes mal alignés ou mal compris. En adoptant une approche plus scientifique et bienveillante de nos comportements, nous passons de l'auto-culpabilisation à la compréhension de soi. Nous devenons observateurs et concepteurs de nos routines, plutôt que victimes.

À mesure que nous poursuivons notre exploration de l'architecture de la formation des habitudes tout au long de ce livre, la boucle d'habitudes restera un modèle fondamental. Il ne s'agit pas d'une théorie passagère, mais d'un cadre pratique avec des applications concrètes. Que vous souhaitiez faire plus d'exercice, réduire votre stress, améliorer votre concentration ou simplement vous sentir plus maître de votre journée, la boucle d'habitudes est le mécanisme par lequel le changement s'opère. Elle fournit le langage, la structure et la stratégie.

En apprenant à identifier les signaux, à élaborer des routines efficaces et à les renforcer par des récompenses significatives, vous prenez le contrôle des scénarios comportementaux qui guident votre vie. Vous passez d'une vie réactive à une action intentionnelle. Vous devenez non seulement acteur de vos habitudes, mais leur auteur. Et c'est dans ce changement que se trouve le début d'une véritable transformation, mesurée non pas par des changements radicaux, mais par de petites boucles délibérées répétées au fil du temps.

La science de la formation des habitudes

À la croisée de la psychologie et des neurosciences se trouve l'une des compréhensions les plus transformatrices du comportement humain : la formation des habitudes. Loin d'être des routines accidentelles, les habitudes sont le produit de processus neurologiques précis qui régissent notre apprentissage, notre adaptation et notre gestion de la complexité du quotidien. Il ne s'agit pas de simples schémas comportementaux, mais de raccourcis mentaux profondément ancrés qui libèrent nos capacités cognitives pour d'autres tâches. Comprendre la formation des habitudes, c'est comprendre comment le cerveau développe l'efficacité, comment le comportement devient automatique et comment le changement peut être systématiquement orchestré de l'intérieur.

Le développement des habitudes n'est ni mystique ni totalement mystérieux. Il trouve son origine dans la quête d'efficacité du cerveau. Chaque action consciente que nous accomplissons requiert de l'énergie mentale. La prise de décision, le contrôle des impulsions et la concentration sont des processus cognitifs coûteux. Afin de préserver les ressources, le cerveau cherche à automatiser les comportements fréquents par la répétition. Une fois qu'un comportement est répété suffisamment souvent dans le même contexte, il devient une habitude, un raccourci qui permet au cerveau de déléguer la tâche à un système moins coûteux. Ce passage de l'effort conscient à l'automatisme est ce qui rend les habitudes à la fois si utiles et si difficiles à changer.

La principale structure cérébrale responsable de ce changement est le noyau gris centraux, un groupe de noyaux situés au plus profond des hémisphères cérébraux. Cette région joue un rôle crucial dans le mouvement, l'apprentissage et les comportements routiniers. Lorsqu'une nouvelle tâche est apprise – faire du vélo, par exemple – , le cortex préfrontal est très actif. Cette partie du cerveau est responsable des fonctions exécutives : planification, prise de décision, résolution de problèmes. Mais à mesure que la tâche devient plus familière grâce à la répétition, l'activité du cortex préfrontal diminue. Simultanément, les noyaux gris centraux prennent le relais, rationalisant l'action en une séquence fluide et automatique.

Ce transfert neurologique nous permet d'effectuer des tâches complexes sans réfléchir consciemment à chaque étape. Pensez à la première fois que vous avez conduit une voiture. Chaque mouvement exigeait de la concentration : régler les rétroviseurs, vérifier les angles morts, appuyer sur les pédales avec précision. Mais après une répétition suffisante, ces actions deviennent instinctives. Vous pouvez désormais conduire tout en discutant, en écoutant un podcast ou même en planifiant votre journée. Le comportement sous-jacent n'a pas changé ; ce qui a changé, c'est la répartition des efforts par le cerveau.

Ce processus – l'encodage du comportement dans les noyaux gris centraux – ne se limite pas aux activités physiques. Il s'applique aux réponses émotionnelles, aux habitudes décisionnelles et même au dialogue intérieur. Si, par exemple, vous réagissez régulièrement au stress en utilisant votre téléphone ou en évitant les tâches difficiles, ces réponses deviennent des schémas neuronaux aussi puissants que le brossage des dents. Ce qui était au départ un mécanisme d'adaptation conscient devient une réponse automatique, déclenchée sans réflexion. Comprendre cela nous permet de comprendre que nombre de nos difficultés comportementales ne sont pas des défauts moraux ou des défauts de personnalité, mais des réponses profondément conditionnées et ancrées dans les voies neuronales.

Le processus de formation d'une habitude peut être cartographié grâce à une boucle de rétroaction appelée cycle signal-routine-récompense, que nous avons examinée dans la section précédente. Mais le substrat neurologique qui sous-tend cette boucle mérite une attention particulière. Lorsqu'un signal est perçu – par exemple, l'odeur du café le matin – le cerveau s'illumine d'anticipation. La dopamine, un neurotransmetteur associé au plaisir et à la motivation, est libérée non pas au moment de la récompense, mais par anticipation. Cette anticipation prépare le cerveau à adopter le comportement, renforçant la connexion neuronale chaque fois que la routine est exécutée avec succès et récompensée. C'est cette libération de dopamine qui rend les habitudes si tenaces. Le cerveau ne se contente pas de se souvenir du comportement, il *souhaite* le répéter.

Fondamentalement, la répétition est le mécanisme par lequel ces voies neuronales sont renforcées. L'axiome « les neurones qui s'activent ensemble se connectent » résume le processus de renforcement synaptique : lorsque deux neurones sont activés de manière répétée et rapprochée, leur connexion se renforce. C'est ce qu'on appelle la potentialisation à long terme, et c'est la base biologique de l'apprentissage et de la mémoire. Dans le contexte de la formation d'habitudes, chaque fois qu'une boucle d'habitude est bouclée, le cerveau devient légèrement plus efficace pour l'exécuter. Les connexions synaptiques impliquées deviennent plus rapides, plus fiables et, à terme, automatiques.

Ce fondement neurologique explique également pourquoi la constance est plus efficace que l'intensité pour instaurer de nouvelles habitudes. Un comportement adopté brièvement mais fréquemment a plus de chances de s'ancrer qu'un comportement adopté sporadiquement et avec beaucoup d'effort. Imaginez quelqu'un qui essaie de développer une habitude d'écriture. Écrire un paragraphe chaque jour, au même moment et au même endroit, contribue davantage à créer une habitude qu'écrire dix pages une fois tous les quinze jours. Ce n'est pas le volume du comportement qui compte le plus, mais sa fréquence et sa stabilité contextuelle.

Les implications de cette compréhension sont profondes. Elles suggèrent que la formation d'habitudes n'est pas une question de volonté, mais d'architecture : la construction d'un environnement et d'une routine qui stimulent le comportement souhaité, le rendent facile à réaliser et le récompensent de manière significative. Par exemple, si votre objectif est de développer l'habitude de lire, placer un livre sur votre oreiller chaque matin constitue un signal difficile à ignorer. Le simple fait de lire ne serait-ce qu'une page devient une routine, et le sentiment de détente ou d'accomplissement qui s'ensuit devient la récompense. Répétez ce processus pendant plusieurs semaines, et le cerveau commencera à anticiper et à désirer cette expérience, l'intégrant ainsi à votre rythme quotidien.

Mais la science de la formation des habitudes révèle aussi une vérité plus nuancée : toutes les habitudes ne se forment pas au même rythme, et tous les individus ne les construisent pas de la même manière. Des études suggèrent qu'il faut en moyenne environ 66 jours pour créer une nouvelle habitude, mais ce délai varie considérablement en fonction de la complexité du comportement, de l'environnement et des prédispositions psychologiques de l'individu. Des habitudes simples, comme boire un verre d'eau au réveil, peuvent devenir automatiques en quelques semaines. Des habitudes plus complexes, comme faire de l'exercice pendant trente minutes ou apprendre une nouvelle langue, peuvent nécessiter des mois de répétition avant de devenir routinières.

De plus, le contexte émotionnel joue un rôle essentiel dans la consolidation des habitudes. Les habitudes renforcées émotionnellement – celles liées aux émotions positives, à la validation sociale ou au soulagement de l'inconfort – ont tendance à perdurer plus facilement. C'est pourquoi de nombreuses habitudes se forment lors de périodes de vie chargées émotionnellement : déménagement, début d'emploi, parentalité. Ces transitions créent des opportunités de repenser les routines, car les repères et contextes habituels sont perturbés. Lorsque les anciens schémas sont brisés, de nouveaux sont plus faciles à former, à condition d'en saisir l'opportunité avec conscience.

Cette idée est particulièrement précieuse pour ceux qui cherchent à rompre avec de vieilles habitudes et à en adopter de nouvelles simultanément. Il ne suffit pas de cesser un comportement. Le cerveau résiste aux vides. Si un signal persiste et que la récompense est toujours désirée, il cherchera une routine de remplacement. Par conséquent, la clé pour rompre avec une habitude n'est pas l'éradication, mais la substitution. Par exemple, si le stress au travail déclenche l'habitude de manger de la malbouffe, le signal sous-jacent (le stress) et la récompense (le soulagement) demeurent. En remplaçant la routine par une alternative plus saine, comme une petite promenade ou des exercices de respiration, le cycle de l'habitude peut être préservé et réorienté vers une direction plus saine.

La malléabilité du cerveau, souvent appelée *neuroplasticité* , est ce qui rend tout cela possible. Loin d'être figé après l'enfance, le cerveau adulte conserve une remarquable capacité d'adaptation et de reprogrammation en réponse à de nouveaux comportements. Cette plasticité signifie qu'il n'est jamais trop tard pour changer ses habitudes. Avec un effort délibéré, une répétition structurée et un environnement favorable, même les comportements les plus profondément ancrés peuvent être remodelés. De plus, chaque changement d'habitude réussi renforce la capacité d'adaptation du cerveau, créant ainsi un cercle vertueux de développement personnel.

Prenons l'histoire de Raymond, un homme de 52 ans qui luttait contre une dépendance à l'alcool depuis plus de vingt ans. Son rétablissement n'a pas commencé par un grand geste ou un événement marquant. Il a commencé par une micro-habitude : chaque fois qu'il ressentait une envie pressante de boire, il envoyait un SMS à un ami de confiance. Ce petit geste, répété systématiquement, a créé une nouvelle association neuronale : l'inconfort a favorisé la connexion plutôt que l'évasion. Au fil du temps, cette habitude a fait boule de neige et s'est transformée en d'autres : promenades quotidiennes, journal intime, bénévolat. Chaque action a renforcé la suivante, reprogrammant non seulement son cerveau, mais aussi son image de soi. Il n'était plus un homme résistant à la tentation, mais un homme construisant une vie qui vaut la peine d'être vécue.

De telles histoires nous rappellent que la formation d'habitudes n'est pas seulement un processus clinique, mais un processus profondément humain. Elle est certes ancrée dans la biologie, mais elle est aussi animée par le sens, l'identité et le courage tranquille de recommencer. La science offre des outils et des cadres ; elle démystifie les mécanismes en jeu. Mais la motivation à appliquer cette science – pour construire une nouvelle routine, résister à un ancien déclencheur, célébrer une petite victoire – vient de quelque chose de bien plus personnel. Elle vient de la reconnaissance que le changement n'est pas hors de notre portée. Il est ancré dans notre cerveau, attendant d'être activé par le choix et la répétition.

Au fil de ce livre, nous explorerons les stratégies qui facilitent la mise en œuvre de ces changements. Mais ne perdez jamais de vue cette vérité : votre cerveau ne travaille pas contre vous. Il fonctionne exactement comme prévu. Ses systèmes ne sont pas défectueux, ils sont efficaces. Et lorsque vous comprenez leur fonctionnement, vous acquérez la capacité de les exploiter à votre avantage. Les habitudes ne sont pas une fatalité, elles sont un projet. Et vous en détenez le plan.

Pourquoi les petits sont importants

Dans une culture férue de rapidité et de spectacle, l'idée de commencer petit peut sembler contre-intuitive, voire décevante. Les récits populaires de transformation ont tendance à se concentrer sur des gestes grandioses : perte de poids spectaculaire, réussite professionnelle instantanée ou changements radicaux de mode de vie. Pourtant, derrière ces récits se cache souvent une vérité plus discrète et plus puissante : un changement réel et durable est le plus souvent le fruit de petites actions cohérentes et répétées dans le temps. Il ne s'agit pas d'une proposition philosophique, mais d'un fait comportemental et neurologique. Les micro-habitudes – ces petites actions qui ne prennent qu'une minute ou deux – possèdent une capacité démesurée à initier des changements significatifs, car elles contournent la résistance et allègent la charge mentale qui freine la plupart des efforts d'amélioration personnelle.

Pour comprendre l'importance des petits détails, il faut d'abord considérer le phénomène psychologique de *la résistance mentale* .

Chaque fois que nous envisageons un nouveau comportement – commencer un programme de remise en forme, adopter une pratique de pleine conscience, lancer un projet créatif – nous sommes confrontés non seulement à un défi logistique de temps et d'énergie, mais aussi à un mur intérieur invisible. Cette résistance se manifeste par la procrastination, le doute de soi ou l'inertie. Le cerveau, conçu pour économiser son énergie et minimiser la menace perçue, réagit avec hésitation aux tâches inconnues ou exigeantes. Même lorsqu'un objectif est important, l'ampleur même du changement peut déclencher une réaction de peur subtile, incitant à l'évitement plutôt qu'à l'action.

Cette résistance n'est pas une défaillance morale. C'est le mécanisme par défaut de l'esprit pour gérer la surcharge cognitive et l'inconfort émotionnel. Cependant, elle constitue un sérieux obstacle au changement comportemental, en particulier lorsque le changement souhaité est perçu comme complexe, exigeant des efforts ou chronophage. C'est là que réside l'intérêt des micro-habitudes. En réduisant le point d'entrée à quelque chose de si simple qu'il ne semble guère utile d'y résister, nous abaissons le seuil d'action. L'habitude devient alors plus facile à adopter qu'à éviter.

Imaginez quelqu'un qui souhaite développer une pratique d'écriture régulière. Se dire « écrire une heure par jour » peut déclencher une cascade de résistances : inquiétudes concernant le temps, doutes sur la qualité et un sentiment général de pression. Mais modifier l'engagement initial à « écrire une phrase » supprime les frictions. La tâche devient si facile à gérer que les défenses cérébrales ne s'activent pas. Le plus souvent, écrire une phrase mène à un paragraphe, et parfois même à une page. Mais l'avantage réside dans le fait que même si ce n'est pas le cas, l'habitude est respectée. La passion perdure. L'identité d'« écrivain » est renforcée.

Ce phénomène se retrouve dans d'innombrables domaines. Prenons l'exemple du simple fait d'utiliser du fil dentaire. Les professionnels dentaires peinent depuis longtemps à encourager leurs patients à en faire une habitude quotidienne. Mais lorsqu'on leur dit de n'utiliser le fil dentaire que sur *une seule dent* , l'observance augmente considérablement. Une fois le fil dentaire en main et la première dent percée, la plupart des gens continuent. Le comportement prend de l'ampleur grâce à l'initiation, et non à la volonté. La micro-action initiale devient une porte d'entrée, et non une limitation.

L'efficacité de cette approche réside dans son alignement sur le principe de *facilité cognitive* . Lorsque le cerveau considère une tâche comme facile et familière, il est plus enclin à s'y engager. Les micro-habitudes créent ce sentiment de facilité en supprimant l'ambiguïté et en limitant la charge cognitive nécessaire au démarrage. Au lieu de devoir planifier, élaborer une stratégie ou débattre en interne, le comportement est défini, immédiat et sans menace. Cela ouvre la voie à l'action avant que la résistance ne prenne de l'ampleur.

Un concept étroitement lié est celui de *la fatigue décisionnelle* . Chaque jour, nous prenons des milliers de décisions, certaines anodines, d'autres lourdes de conséquences. Au fil du temps, le fardeau cumulé des choix épuise nos ressources mentales. Ce phénomène explique pourquoi nous avons du mal à prendre de bonnes décisions le soir, ou pourquoi même des tâches simples nous semblent insurmontables après une longue journée. Lorsque le changement de comportement dépend d'une autre décision – « Dois-je aller courir ? » « Ai-je envie de méditer ? » – la réponse est souvent négative, simplement parce que l'esprit est fatigué. Les micro-habitudes contournent ce piège en prédéterminant l'action à l'avance et en l'intégrant à une routine cohérente. Elles fonctionnent non pas comme des choix, mais comme des valeurs par défaut.

Prenons l'exemple d'Elina, une avocate très occupée qui souhaitait intégrer une activité physique à sa journée de travail, mais qui se sentait constamment épuisée et démotivée. Le conseil traditionnel – « aller à la salle de sport trois fois par semaine » – lui semblait irréaliste. Au lieu de cela, elle s'est engagée à faire une minute d'étirements dès son retour à la maison. La simplicité de l'action lui permettait de rarement l'omettre. Au fil du temps, l'habitude s'est développée naturellement : une minute est devenue trois, puis dix. Mais surtout, le retour à la maison a commencé à déclencher une boucle comportementale positive. Elle associe désormais la fin de la journée de travail au mouvement et au renouveau plutôt qu'à l'effondrement. Cette micro-habitude initiale n'a pas seulement créé un changement physique ; elle a modifié le scénario psychologique qui la maintenait bloquée.

Ce principe va bien au-delà de la santé. Les micro-habitudes peuvent améliorer la productivité, la créativité, la régulation émotionnelle et le développement des relations. Écrire une ligne de gratitude chaque soir peut recentrer l'attention sur le positif. Établir un contact visuel et saluer chaleureusement chaque matin peut renforcer la dynamique familiale. Épargner une petite somme chaque jour – une somme si faible qu'elle paraît négligeable – peut conduire à une plus grande discipline financière. Le pouvoir de ces actions ne réside pas dans leur impact immédiat, mais dans leur effet cumulatif et le sentiment de contrôle qu'elles procurent.

Une autre raison pour laquelle les microhabitudes sont si efficaces est qu'elles s'alignent sur la façon dont le cerveau code le comportement. Comme expliqué dans les sections précédentes, les noyaux gris centraux automatisent les actions répetées, nous permettant de les exécuter sans réflexion délibérée. Pour qu'une habitude atteigne ce niveau d'automatisme, elle doit d'abord être pratiquée avec constance. C'est là que de nombreux efforts bien intentionnés échouent. Les individus se fixent des objectifs qui nécessitent un investissement important en temps et en énergie, investissement qu'ils ne peuvent pas toujours maintenir. Par conséquent, le comportement est exécuté de manière sporadique, sans jamais gagner suffisamment d'adhésion pour devenir une habitude. Les microhabitudes, en revanche, sont durables. Leur petite taille leur permet d'être réalisées même les jours les plus chargés, en maintenant la répétition nécessaire à l'intégration neuronale.

Il est également important de noter que les micro-habitudes ne sont pas statiques. Si leur force réside dans leur simplicité, elles sont conçues pour se développer. Ce concept est appelé « *mise à l'échelle des habitudes* » . Une fois qu'une micro-habitude est établie et automatique, elle devient le fondement sur lequel des comportements plus vastes peuvent être construits. Vous pouvez commencer par un exercice de respiration de deux minutes, puis vous mettre à pratiquer vingt minutes de méditation par jour. L'essentiel est que cette expansion soit naturelle et non forcée. L'identité a évolué, le contexte est familier et la résistance a été érodée par la pratique.

Certains critiques affirment que les petites habitudes sont trop insignifiantes pour avoir de l'importance. C'est passer complètement à côté de l'essentiel. L'objectif d'une micro-habitude n'est pas d'obtenir un résultat dès le premier jour, mais de développer la capacité d'action. Il s'agit d'établir un ancrage comportemental durable, même lorsque la motivation vacille ou que la vie devient imprévisible. Et il s'agit de développer la confiance en soi, la conviction que l'action est possible, que des progrès sont en cours et que le changement est à portée de main.

Ce changement psychologique – ce que l'on pourrait appeler *l'auto-efficacité par la simplicité* – est l'un des bienfaits les plus puissants des micro-habitudes. Lorsque nous accomplissons une petite action en phase avec nos objectifs, nous ressentons un regain de confiance subtil mais significatif. Nous ne sommes plus quelqu'un qui *veut* lire davantage, mais quelqu'un qui *a* lu aujourd'hui. Nous n'attendons pas le bon moment pour commencer, nous avons déjà commencé. Ce sentiment d'autonomie, répété quotidiennement, devient une prophétie autoréalisatrice.

En fin de compte, les micro-habitudes offrent un nouveau récit du changement. Elles remplacent le modèle obsolète de la transformation comme bouleversement par un modèle d'évolution continue. Elles nous enseignent que l'excellence ne naît pas d'un talent occasionnel, mais d'un engagement constant. Et elles nous rappellent que nos vies ne se définissent pas par l'ampleur de nos actions, mais par leur direction. Chaque petit geste est un vote pour la personne que nous souhaitons devenir.

Pourquoi les petits pas sont-ils importants ? Parce que ce sont les seuls que nous pouvons faire lorsque nous sommes fatigués, effrayés, incertains ou dépassés. Et ce sont ces moments qui déterminent la survie ou la mort d'une habitude. Les micro-habitudes sont résilientes car elles sont réalistes. Elles nous rencontrent là où nous sommes, demandent peu et offrent beaucoup. Elles sont l'échafaudage silencieux d'une vie bien vécue, construite non pas sur des sursauts d'énergie, mais sur le rythme régulier de petits choix répétés.

Dans les chapitres suivants, nous approfondirons la manière de construire efficacement ces habitudes, de les intégrer à différents aspects de la vie et de les utiliser comme leviers pour des transformations plus importantes. Mais que ceci soit votre point de départ : en cas de doute, commencez par des choses plus modestes que ce que vous pensez nécessaire. Le cerveau humain ne change pas par la seule intention, il change par le comportement. Et le meilleur comportement à adopter est celui que vous pratiquez réellement. Répétitivement. Sans effort. Même dans les moments les plus chaotiques de la vie.

Car le changement ne nécessite pas de révolution. Il suffit d'un petit geste, répété avec soin et détermination, jusqu'à ce qu'il devienne qui vous êtes.

Le mythe de la motivation

Dans le discours populaire, la motivation a acquis un statut quasi mythique. Elle est présentée comme l'ingrédient secret de chaque acte de grandeur, l'étincelle qui sépare les plus performants des autres et la source de tout effort soutenu. Elle est souvent visualisée dans des montages cinématographiques, où les protagonistes se lèvent tôt, repoussent leurs limites et défient tous les pronostics grâce à une force intérieure féroce. Dans ce récit, la motivation est reine. Si vous réussissez, c'est parce que vous étiez motivé ; si vous échouez, c'est simplement parce que vous ne l'aviez pas suffisamment voulu. Mais si cette vision est enivrante, elle est profondément erronée. L'idée que la motivation seule détermine le comportement et que son absence explique nos échecs est non seulement trompeuse, mais aussi néfaste.

La motivation est, par nature, inconstante. Elle fluctue selon l'humeur, le contexte, l'état physique et l'environnement. Vous pouvez vous sentir très motivé un jour et complètement apathique le lendemain, même si vos objectifs n'ont pas changé. Elle est influencée par la qualité du sommeil, le niveau de stress, l'alimentation, les hormones et des dizaines de facteurs intangibles qui échappent à notre contrôle conscient. Se fier à la motivation pour guider une action cohérente, c'est comme dépendre de la météo pour son trajet : vous pouvez tenir certains jours, mais il y aura beaucoup de jours où vous resterez à la maison simplement parce que les conditions ne sont pas idéales. Construire des habitudes significatives nécessite donc une base plus stable, qui ne dépend pas de votre enthousiasme du moment.

Pour dépasser l'illusion de la motivation, il faut examiner ce qui soutient réellement le comportement au fil du temps. La réponse n'est pas l'inspiration, mais la structure. La cohérence comportementale est bien plus une question de conception que de désir. Ce qui permet à quelqu'un d'aller à la salle de sport chaque matin, ce n'est pas l' *envie* , mais plutôt un système qui facilite l'accès à la salle de sport. L'environnement favorise l'action, le signal est présent, la routine est simple et les frictions sont faibles. Lorsque les habitudes sont ancrées dans notre environnement et ancrées dans des signaux prévisibles, elles commencent à fonctionner avec un minimum d'effort. À l'inverse, lorsque tout repose sur une détermination intérieure, le comportement devient fragile, facilement perturbé par la distraction, l'inconfort ou un changement d'humeur.

Cette compréhension s'accorde avec des décennies de recherche comportementale. Les psychologues ont depuis longtemps constaté que la volonté est une ressource limitée. Dans un phénomène connu sous le nom d'« épuisement de l'ego », les personnes qui exercent une certaine maîtrise de soi ont tendance à la rencontrer plus tard dans la journée. Par exemple, une personne qui passe l'après-midi à résister aux collations risque davantage de sauter sa séance de sport ou de s'emporter le soir même. La volonté n'est pas une source inépuisable : c'est plutôt un muscle qui se fatigue à force d'être utilisé. Lorsque nous construisons nos habitudes autour de la volonté, nous demandons à ce muscle de travailler constamment, sans repos. Il n'est donc pas étonnant que tant d'efforts d'amélioration personnelle s'effondrent sous leur propre poids.

L'alternative consiste à créer des systèmes qui réduisent le besoin constant d'autorégulation. Cela commence par créer un environnement qui rend les comportements souhaités faciles, automatiques et gratifiants. Prenons l'exemple de la lecture avant de se coucher. Si le livre est sur votre table de nuit, qu'une lumière est facilement accessible et que votre téléphone est hors de portée, vous êtes bien plus susceptible de lire que si vous devez fouiller dans un sac, vous lever pour trouver un chargeur ou résister à la tentation des notifications. L'action devient partie intégrante du paysage, et non une tâche à négocier.

Les exemples concrets de ce principe abondent. Prenons le cas d'Harish, un ingénieur logiciel qui souhaitait prendre l'habitude de courir le matin. Pendant des mois, il s'est dit qu'il devait être plus motivé. Il a suivi des influenceurs fitness, regardé des vidéos de motivation et même affiché des objectifs publics de responsabilisation. Rien de tout cela n'a fonctionné longtemps. Ce qui a finalement fait la différence, c'est d'avoir préparé sa tenue de course la veille, préparé sa gourde et posé ses chaussures près de la porte. Ces micro-ajustements ne l'ont pas rendu plus inspiré ; ils ont simplifié son comportement. Il n'avait plus besoin de *choisir* de courir. C'est devenu simplement ce qu'il faisait après s'être réveillé. La motivation n'avait plus d'importance.

Ce que Harish a découvert est partagé par de nombreux athlètes de haut niveau : le secret de la régularité ne réside pas dans un engagement émotionnel plus profond, mais dans un cadre comportemental plus intelligent. Les athlètes olympiques, par exemple, ne se réveillent pas chaque matin débordant de motivation. Ils sont souvent confrontés à l'épuisement, au doute ou à une tension émotionnelle. Ce qui les pousse à s'entraîner, ce n'est pas l'inspiration, mais la routine. Leurs emplois du temps, leurs entraîneurs et leur environnement sont délibérément conçus pour minimiser la prise de décision et maximiser l'exécution. Ils n'ont pas besoin de se préparer mentalement à chaque séance, car l'habitude est déjà ancrée dans leur mode de vie.

La même logique s'applique aux habitudes banales. Se brosser les dents, pour la plupart des adultes, n'est pas un sujet de discussion quotidien. Nul besoin de discours motivants ou d'affirmations pour le faire. L'action est automatique, déclenchée par le contexte, renforcée par l'identité. Vous vous brossez les dents parce que c'est ce que font les gens comme vous. C'est là que les habitudes prennent tout leur pouvoir : non pas lorsqu'elles constituent une liste de choses à faire, mais lorsqu'elles expriment une identité. Et l'identité, une fois renforcée par l'action, devient bien plus stable qu'une motivation passagère.

Un autre élément crucial qui remplace la motivation est *l'élan* . Lorsqu'une habitude est facile à prendre et génère une forme de rétroaction positive, aussi minime soit-elle, elle crée une boucle de renforcement. Le cerveau apprécie l'achèvement. Il aime cocher une case, boucler une boucle ou observer une chaîne de progrès. Le suivi des habitudes, les repères visuels et les micro-récompenses contribuent tous à générer ce sentiment de mouvement. Même si l'action est minime – s'étirer une minute, écrire une seule ligne, méditer trente secondes – elle signale au cerveau qu'une action utile a été accomplie. Ce sentiment de progrès peut devenir auto-entretenu, surtout lorsqu'il est ancré dans un récit plus large de la personne que vous devenez.

Il est important de noter que le mythe de la motivation peut également enfermer les individus dans un cycle d'auto-culpabilisation. Lorsqu'ils n'atteignent pas leurs objectifs, ils supposent souvent qu'ils manquent simplement de discipline ou de passion. Ce récit intérieur est corrosif. Il érode la confiance et décourage les tentatives futures. Mais, vu sous l'angle du design comportemental, le même échec apparaît sous un jour très différent : non pas comme un défaut de caractère, mais comme une faille systémique. La question passe de « Pourquoi n'y parviens-je pas ? » à « Quel changement structurel faciliterait cela ? » Ce recadrage est valorisant. Il transforme l'échec en retour d'information et invite à l'expérimentation plutôt qu'au jugement.

Cette perspective est particulièrement précieuse dans les contextes de stress élevé ou de manque d'énergie. Lorsque la vie devient chaotique – à cause de la pression professionnelle, de la maladie, des exigences parentales ou de bouleversements émotionnels – la motivation a tendance à disparaître. C'est alors que la plupart des habitudes sont abandonnées. Mais lorsqu'elles sont suffisamment modestes et soutenues par le contexte, elles peuvent survivre même aux journées les plus difficiles. Une micro-habitude, comme enfiler ses baskets ou s'asseoir sur son coussin de méditation, demande si peu d'énergie qu'elle peut souvent être réalisée même lorsque tout le reste semble insurmontable. Ces moments d'action, aussi mineurs soient-ils, préservent la continuité. Ils envoient un signal : je suis peut-être en difficulté, mais je n'ai pas arrêté.

Choisir d'agir plutôt que d'attendre la motivation présente également un avantage psychologique caché. Chaque fois que vous faites quelque chose dont vous n'avez pas envie – mais que vous le faites quand même – vous renforcez votre sentiment d'autonomie. Vous apprenez que vous n'êtes pas à la merci de vos émotions, que votre comportement n'est pas uniquement dicté par des conditions météorologiques internes. Avec le temps, cela renforce la résilience. Vous finissez par vous faire confiance, non pas parce que vous vous sentez toujours prêt, mais parce que vous agissez quoi qu'il arrive. Cette confiance est bien plus précieuse que toute motivation passagère, car elle repose sur des preuves, et non sur l'émotion.

Cela ne signifie pas que la motivation est totalement dénuée d'importance. Elle a sa place. Elle peut servir d'étincelle, de catalyseur ou d'accélérateur. Mais elle n'est ni le carburant ni le fondement. Au contraire, la motivation doit être considérée comme un bonus, agréable lorsqu'elle apparaît, mais jamais indispensable. Le véritable processus de formation d'une habitude réside dans la constance, peu attrayante et peu célébrée, de petites actions exécutées en mode automatique. Et cette constance est bien plus atteignable lorsque les habitudes sont ancrées dans l'environnement, la structure et l'identité, et non dans l'inspiration.

Alors, si vous attendez d'être plus motivé avant d'entreprendre quelque chose d'important, n'attendez plus. Posez-vous plutôt une question plus pertinente : quelle est la plus petite version de ce comportement que je peux adopter aujourd'hui ? Quel contexte le faciliterait ? À quel signal puis-je l'associer ? Quelle récompense me fera revenir ? Ce sont ces questions qui créent des habitudes. Ce sont ces questions qui changent des vies.

Car la vérité est la suivante : vous n'avez pas besoin de vous sentir prêt. Il vous suffit de commencer. Et une fois que vous l'aurez fait, vous constaterez que l'action génère souvent la motivation dont vous pensiez avoir besoin auparavant. Et non l'inverse.

Chapitre 2
La science derrière les micro-habitudes

Quand on parle de transformation, on évoque souvent des images de changements radicaux : résolutions drastiques, changements de vie audacieux ou révélations promettant une réinvention instantanée. L'idée a quelque chose de séduisant et cinématographique. Mais le véritable changement ? Celui qui dure ? Il évolue généralement selon des rythmes plus subtils. Silencieux, réguliers, parfois si progressifs qu'ils sont à peine perceptibles jusqu'à ce qu'on y repense. C'est là que les micro-habitudes prennent tout leur sens. Ces petits comportements délibérément choisis, répétés avec régularité, ont la capacité de faire boule de neige et de se transformer en changements extraordinaires au fil du temps. Et ce n'est pas une simple spéculation ; la science qui les sous-tend est à la fois solide et fascinante.

L'une des idées centrales qui sous-tendent les micro-habitudes est celle des gains marginaux. Si cette expression vous dit quelque chose, c'est peut-être en raison de ses origines dans le sport d'élite, et plus précisément dans le cyclisme britannique sous la direction de Sir Dave Brailsford. Sa philosophie était d'une simplicité désarmante : si vous parvenez à améliorer chaque composante de la performance d'un seul pour cent, l'effet global sera spectaculaire. Ajustez la hauteur de la selle. Affinez votre alimentation. Optimisez votre sommeil. Chaque changement, pris isolément, ne mérite guère d'être souligné. Mais collectivement ? Ils ont révolutionné le monde. La même logique s'applique au développement personnel. Une amélioration d'un pour cent chaque jour peut sembler anodine sur le moment, mais elle ne produit pas de progrès linéaires : elle est cumulative. Et cette accumulation, lorsqu'elle est durable, modifie la trajectoire d'une vie.

Ce concept n'est pas une simple métaphore motivationnelle ; il est profondément ancré dans la biologie du cerveau. La neuroplasticité – cette remarquable capacité du cerveau à se reconfigurer en réponse à l'expérience – en constitue le fondement physiologique. Nous pensions autrefois, avec une certaine arrogance, qu'après un certain âge, le cerveau cessait de se modifier. Heureusement, cette idée a disparu. Le cerveau reste adaptable tout au long de la vie. Chaque fois que nous adoptons un comportement, les voies neuronales correspondantes s'activent. Répétez-le, et le signal se renforce. Continuez, et la voie devient une sorte d'autoroute neurologique : plus rapide, plus efficace, plus automatique. Les micro-habitudes exploitent ce processus en encourageant des comportements répétés qui n'épuisent pas les réserves énergétiques limitées du cerveau.

Prenons l'exemple de la pleine conscience. Nombreux sont ceux qui sont attirés par la méditation, mais peinent à en faire une pratique quotidienne. Une séance complète de trente minutes semble admirable, et intimidante. Au contraire, commencer par deux minutes de respiration profonde et intentionnelle est bien plus réalisable : cela active les réseaux neuronaux associés à l'attention et au contrôle émotionnel. On recommence le lendemain. Et le surlendemain. Les circuits se renforcent. Le cerveau commence à s'attendre à cette pratique. Finalement, l'habitude devient moins une corvée et plus une évidence.

L'une des raisons pour lesquelles cette approche fonctionne si bien est qu'elle ne stimule pas les défenses intérieures qui sabotent souvent le changement. La psychologie humaine, comme le soulignent depuis longtemps les économistes comportementaux, est truffée de biais qui nous font trébucher. Le principal d'entre eux est l'aversion à la perte : nous sommes programmés pour craindre la perte plus que pour valoriser le gain. Une transformation radicale de notre mode de vie peut être prometteuse, mais elle menace aussi de bouleverser ce qui nous est familier. Ce sentiment de rupture déclenche une résistance. Les micro-habitudes, si petites et non intrusives, contournent ce système d'alarme. Elles ne semblent pas risquées. Elles semblent réalisables, même dans les mauvais jours.

Il y a aussi la question de l'ancrage. Nos décisions et nos comportements ont tendance à se concentrer sur ce qui vient en premier dans une séquence. Exploitez cette tendance à bon escient et elle deviendra un outil puissant. Par exemple, écrire une seule ligne dans un journal avant d'ouvrir votre boîte de réception crée un ancrage comportemental. C'est un petit geste, mais il instaure un rythme. De même, ce que nous considérons comme la « valeur par défaut » l'emporte souvent par simple facilité. Si un journal est déjà ouvert sur votre bureau ou si vos vêtements de sport sont bien en vue, vous êtes beaucoup plus susceptible de suivre votre exemple. Le comportement devient fluide.

Ce ne sont pas que des constructions théoriques. Elles transparaissent dans la réalité. Prenons l'exemple de Leena, une professionnelle débordée par les réunions, les échéances et le chaos général de sa journée de travail. Elle savait qu'elle devait boire plus d'eau, mais les rappels ne fonctionnaient pas. Au lieu de cela, elle a commencé à poser un verre d'eau sur son bureau avant de se connecter chaque matin. Ce simple geste a tout changé. Le signal était visible. L'action n'a nécessité aucune réflexion. Et en quelques semaines, boire de l'eau tout au long de la journée est devenu une seconde nature. L'habitude s'est enracinée, non pas par la volonté, mais par une subtile volonté.

Ce qui maintient ces comportements en vie sous la surface, c'est le système de récompense du cerveau. La dopamine, un acteur clé, n'est pas seulement libérée en cas de réussite : elle augmente en anticipation de la réussite. Cela signifie que le cerveau commence à anticiper certains comportements lorsqu'il apprend qu'ils sont suivis d'un plaisir ou d'une satisfaction. C'est pourquoi cocher une case sur un outil de suivi des habitudes peut être étrangement gratifiant. L'acte en lui-même est mineur. L'impact neurologique ne l'est pas. Ces petites victoires renforcent le cycle des habitudes, augmentant ainsi le risque de répétition.

Et quelque chose de plus profond commence à changer. La transformation ne se limite pas au comportement : elle touche à l'identité. C'est peut-être l'aspect le plus élégant des micro-habitudes : elles façonnent non seulement ce que vous faites, mais aussi la personne que vous croyez être. Écrire un paragraphe par jour ne produit pas seulement du contenu ; cela nourrit l'identité de l'écrivain. Faire une petite promenade après le dîner n'est pas seulement un exercice physique ; c'est une déclaration, même discrète, que vous êtes quelqu'un qui prend soin de sa santé. Chaque acte est une sorte de vote pour la personne que vous souhaitez devenir. Et ces votes s'accumulent.

Après tout, l'identité est un puissant ancrage comportemental. Une fois que nous nous percevons sous un certain jour, nous avons tendance à agir de manière à affirmer cette image. Les micro-habitudes nous offrent un moyen pratique de remodeler cette image, non par la force, mais par la preuve. Chaque petite action est un murmure : « Voilà qui je suis. » Et parce que l'habitude est si modeste, elle ne provoque ni la résistance ni l'anxiété qui accompagnent souvent les grandes ambitions. C'est un petit coup de pouce, pas une bousculade.

C'est pourquoi les micro-habitudes ne doivent pas être confondues avec des astuces de vie ou des astuces de productivité. Elles offrent quelque chose de plus durable : une méthode d'auto-création. Grâce à elles, nous pouvons réviser non seulement nos routines, mais aussi notre perception de soi. Et cela sans le drame d'un changement radical. Nul besoin de tout repenser d'un coup. Pas besoin de se fier à des poussées de motivation insaisissables. Juste une poignée d'actions cohérentes, faciles à mettre en œuvre et en phase avec ce qui compte pour vous.

Dans les pages suivantes, nous examinerons ces mécanismes plus en détail : le pouvoir des gains progressifs, la flexibilité du cerveau grâce à la neuroplasticité et comment les biais comportementaux peuvent être exploités plutôt que craints. Nous explorerons comment la dopamine relie l'émotion à l'apprentissage et comment les habitudes, même les plus infimes, peuvent évoluer en pratiques identitaires.

Si le premier chapitre nous a expliqué pourquoi nous nous concentrons sur les habitudes, celui-ci va plus loin. Il en expose les mécanismes, non pas au sens strict de conseils et astuces, mais en approfondissant la compréhension de leur efficacité. Grâce à cette perspective, vous saurez non seulement *comment* créer des micro-habitudes, mais aussi *pourquoi* elles sont importantes, comment elles influencent l'esprit et ce que signifie les intégrer à la personne que vous devenez.

Le pouvoir des petits gains

Lorsqu'on réfléchit à un changement significatif, on l'imagine souvent en termes spectaculaires : une avancée soudaine, une décision audacieuse ou un effort extraordinaire qui bouleverse tout. Pourtant, le plus souvent, la véritable transformation ne se produit pas en un seul événement, mais s'accumule grâce à un processus silencieux d'amélioration progressive et constante. C'est l'essence même des *petits gains* , cet avantage cumulatif qui naît lorsque l'on s'efforce de s'améliorer un peu, un peu plus souvent. L'idée peut paraître simple en apparence, mais ses implications scientifiques, psychologiques et pratiques sont profondes. De petits gains, bien que modestes, créent des changements exponentiels au fil du temps.

Le concept de gains marginaux a acquis une renommée mondiale grâce aux travaux de Sir Dave Brailsford, directeur de la performance de British Cycling. Face à une équipe nationale aux résultats médiocres sur la scène internationale, Brailsford a adopté une approche fondée non pas sur la révolution, mais sur le perfectionnement. Il était convaincu que si chaque aspect de la performance pouvait être amélioré d'un seul pour cent – nutrition, récupération, posture, équipement, état d'esprit – les résultats seraient décuplés. Cela semblait modeste. Mais en cinq ans, les cyclistes britanniques ont commencé à dominer les compétitions internationales, remportant des titres du Tour de France et des médailles d'or olympiques en nombre sans précédent. La philosophie des gains marginaux de Brailsford ne reposait pas sur des efforts héroïques. Elle reposait sur les mathématiques de l'amélioration cumulative.

Ce même principe peut être appliqué au quotidien avec la même efficacité. Si vous progressez d'un pour cent chaque jour, l'effet n'est pas additif, mais exponentiel. Une amélioration d'un pour cent répétée de manière constante ne se traduit pas par une amélioration de trente-sept pour cent après trente-sept jours ; elle produit des résultats bien plus significatifs grâce à l'effet capitalisé. Tout comme les intérêts composés accroissent la richesse au fil du temps, les petites améliorations s'accumulent et s'amplifient, transformant les résultats d'une manière qui, rétrospectivement, paraît presque magique.

Pourtant, malgré son efficacité, la notion de petits progrès peine souvent à capter l'attention. Dans un monde dominé par l'immédiateté et le spectacle, la lenteur des progrès paraît peu gratifiante. La nature progressive des petits progrès peut paraître trop subtile, voire invisible, à court terme. On abandonne ses nouvelles habitudes car elles ne produisent pas de résultats immédiats, oubliant que le changement le plus significatif est souvent le plus lent à se manifester. Aller une fois à la salle de sport ne transforme pas sa santé. Économiser cinq livres ne change pas sa situation financière. Écrire un seul paragraphe ne termine pas un roman. Mais répétés quotidiennement, ces gestes deviennent le fondement de résultats transformateurs. Au fil du temps, ils transforment non seulement ce que vous faites, mais aussi qui vous devenez.

L'un des principaux défis psychologiques liés à l'acceptation des petits progrès est de surmonter notre tendance à *penser par les événements* . Nous sommes conditionnés à croire que le changement doit être lié à des événements marquants – une nouvelle année, un anniversaire marquant, une crise ou une échéance. Mais pour développer efficacement des habitudes, il faut adopter une approche par *les processus* , où les progrès se mesurent non pas à des moments marquants, mais à des actions soutenues. Ce changement est valorisant. Il signifie que nous n'avons pas besoin d'attendre le moment idéal ou les circonstances idéales pour commencer à progresser. Nous pouvons commencer dès aujourd'hui, avec les ressources et l'énergie dont nous disposons, car l'ampleur de l'action importe bien moins que la constance de l'effort.

Cette perspective encourage également une relation différente avec le succès et l'échec. Si l'on considère les gains marginaux, un échec ou un contretemps n'est pas catastrophique : c'est un creux temporaire dans une trajectoire ascendante. Si l'amélioration est cumulative, manquer une journée ou échouer fait simplement partie du processus. Ce qui compte, c'est la tendance au fil du temps, et non un instant précis. Cet état d'esprit favorise la résilience. Il aide à rester engagé malgré les inévitables fluctuations de motivation, d'humeur et les imprévus de la vie.

Prenons le cas de Priya, mère de deux enfants et employée à temps plein, qui souhaitait retrouver la santé après des années de négligence. Manquant de temps et d'énergie, elle a commencé à marcher cinq minutes pendant sa pause déjeuner. Au début, cela lui semblait bien peu, surtout comparé aux séances d'entraînement d'une heure qu'elle pratiquait à vingt ans. Mais elle a persévéré. Au fil des semaines, les promenades sont passées à dix minutes, puis quinze. Finalement, elles sont devenues des rituels quotidiens qui ont amélioré son humeur, diminué son stress et ravivé son sentiment d'autonomie. Elle a ensuite ajouté des collations plus saines, de courts étirements le matin et de meilleures habitudes de sommeil. Aucune de ces habitudes n'était impressionnante en soi, mais collectivement, elles ont transformé son bien-être. La force de ses progrès ne résidait pas dans l'intensité, mais dans l'accumulation.

L'élégance des petits progrès réside dans leur accessibilité à tous. Quel que soit votre point de départ – que vous vous sentiez bloqué, dépassé ou découragé – il y a toujours un petit pas à franchir. Nul besoin de talent, de privilèges ou de conditions idéales. Il suffit d'un engagement pour se lancer, même humblement. C'est ce qui rend ce concept si démocratique et stimulant. Il supprime l'intimidation du changement et la remplace par quelque chose de beaucoup plus gérable : un effort délibéré et constant.

D'un point de vue neurologique, cette approche s'aligne également sur la façon dont le cerveau apprend et s'adapte. La répétition est essentielle pour coder les comportements dans les circuits neuronaux du cerveau. Plus un comportement est répété, plus il devient efficace et automatique. Mais pour que la répétition ait lieu, le comportement doit être durable. Les changements importants et ambitieux échouent souvent parce qu'ils nécessitent trop d'efforts pour être répétés systématiquement. Les micro-habitudes, en revanche, réussissent précisément parce qu'elles sont suffisamment petites pour être répétées sans résistance. Cette répétition renforce les voies neuronales concernées, transformant progressivement le comportement d'un comportement exigeant à un comportement sans effort.

Les petits progrès modifient également la perception de soi. Chaque fois que nous tenons un petit engagement, nous renforçons l'identité de quelqu'un qui agit, qui honore ses objectifs et qui les poursuit. Ces micro-signaux comptent. Ils façonnent notre perception de nous-mêmes, et cette identité se répercute sur notre comportement. Si vous pratiquez régulièrement cinq minutes de yoga chaque matin, vous commencez à vous considérer comme quelqu'un qui prend soin de son corps. Si vous lisez une page chaque soir, vous renforcez l'identité du lecteur. Ce changement d'identité, bien que subtil au début, devient le moteur d'un changement plus profond et plus durable.

Le pouvoir des petits progrès possède également une dimension philosophique. Dans un monde qui privilégie les extrêmes – plus vite, plus fort, plus impressionnant –, la discipline de l'amélioration silencieuse et continue devient un acte de résistance. C'est un retour à l'idée que l'excellence se forge non pas par des efforts fulgurants, mais par le perfectionnement constant des habitudes quotidiennes. Cela nous invite à privilégier la cohérence à la nouveauté, la profondeur au spectacle et la patience au perfectionnisme.

Pour appliquer efficacement ce principe, nous devons accepter deux vérités fondamentales. Premièrement, petit ne signifie pas insignifiant. Deuxièmement, le changement ne s'attend pas, il se construit, étape par étape, par nos actions. C'est pourquoi une habitude de deux minutes est importante. Ce n'est pas le résultat qui compte au départ ; c'est l'acte de se manifester, de commencer, de créer une dynamique. Et une fois cette dynamique établie, elle devient une force puissante à part entière.

Il est facile de négliger l'importance d'un choix isolé. Mais les choix ne sont jamais isolés : ils sont cumulatifs. Chaque fois que vous montez les escaliers, lisez un paragraphe, résistez à une distraction ou pratiquez un moment de gratitude, vous votez pour la personne que vous souhaitez devenir. Et avec suffisamment de votes, cette personne prend forme, non par la force, mais par la fréquence. Non par de grandes déclarations, mais par de discrètes répétitions.

Les petits progrès nous apprennent à aimer le processus, à trouver satisfaction non seulement dans les résultats, mais dans le progrès lui-même. Ils nous rappellent que la croissance n'est pas linéaire, mais exponentielle, et que les transformations les plus significatives sont celles qui émergent lentement, naturellement et durablement. De la même manière qu'une goutte d'eau use la pierre au fil du temps, les petites habitudes façonnent l'architecture de nos vies – non pas du jour au lendemain, mais inévitablement.

La force des petits progrès réside dans leur fiabilité. Ils ne reposent pas sur la motivation, n'exigent ni perfection ni héroïsme. Ils exigent plutôt de la constance et la foi dans l'effet cumulé de vos efforts. Si vous vous engagez à progresser un peu, jour après jour, vous pourriez accomplir bien plus que vous ne l'auriez imaginé, sans difficultés, sans drames et sans besoin d'éclairs soudains.

Le grand paradoxe de la croissance est que les plus petites actions créent souvent les plus grandes différences – à terme. Les petits progrès ne se font pas sentir. Ils se murmurent. Mais ceux qui écoutent, qui sont présents et qui font confiance au processus constatent qu'ils ne changent pas seulement leur comportement, mais aussi leur trajectoire. Et c'est là toute la différence.

La neuroplasticité en action

Le cerveau humain, autrefois considéré comme un organe rigide aux capacités d'évolution limitées, est aujourd'hui reconnu pour son extraordinaire adaptabilité. Cette adaptabilité, appelée *neuroplasticité* , désigne la remarquable capacité du cerveau à se reconfigurer en fonction de l'expérience, de l'apprentissage et du comportement. Chacune de nos pensées, chacun de nos mouvements et chaque habitude que nous répétons laisse une trace dans l'architecture neuronale de notre cerveau. Avec le temps, ces traces peuvent devenir des voies profondément ancrées qui guident nos comportements et perceptions automatiques. Lorsqu'on parle de micro-habitudes, il ne s'agit pas simplement de changer de comportement, mais de remodeler la structure même du cerveau.

Au cœur de la neuroplasticité se trouve l'idée que les neurones – les cellules nerveuses du cerveau – peuvent former de nouvelles connexions et renforcer celles existantes. Cela se produit en réponse à des stimulations répétées. Comme le dit l'adage neuroscientifique, « les neurones qui s'activent ensemble se connectent ». Lorsque deux neurones sont activés simultanément, leur connexion se renforce, augmentant ainsi la probabilité qu'ils s'activent à nouveau ensemble. La répétition consolide ce câblage, rendant certains comportements et pensées plus automatiques. Plus vous effectuez un comportement, plus votre cerveau affine et renforce le circuit neuronal qui en est responsable, simplifiant ainsi son exécution.

Les micro-habitudes, de par leur simplicité et leur constance, sont particulièrement adaptées pour exploiter ce principe biologique. Une habitude simple et facile à répéter est plus susceptible d'être pratiquée régulièrement. Cette constance lui confère un ancrage neurologique. Qu'il s'agisse de boire un verre d'eau au réveil, de prendre trois grandes respirations avant une réunion ou d'écrire une phrase chaque jour, ces actions peuvent sembler insignifiantes prises isolément. Pourtant, avec la répétition, elles deviennent l'échafaudage de nouveaux circuits neuronaux, ceux qui soutiennent les comportements que nous souhaitons voir davantage dans nos vies.

Prenons le cas d'Amal, une développeuse de logiciels aux prises avec l'anxiété et des problèmes de concentration. Sur les conseils d'un coach, elle a adopté une micro-habitude de respiration consciente chaque matin : seulement soixante secondes d'attention à sa respiration avant d'ouvrir son ordinateur portable. Au début, cela lui a semblé anodin, mais en quelques semaines, Amal a constaté un changement. Elle est devenue plus sereine avant les réunions, plus patiente dans la résolution des problèmes et moins réactive en cas de problème. Ce qui s'était produit n'était pas seulement psychologique, mais neurobiologique. La pratique répétée avait renforcé les réseaux cérébraux responsables de la régulation de l'attention et du contrôle émotionnel. Cette micro-habitude ne l'apaisait pas seulement, elle la reprogrammait.

Ce qui rend la neuroplasticité si puissante, c'est sa continuité. Elle ne s'arrête pas après l'enfance ou l'adolescence ; elle persiste tout au long de la vie. Cela a de profondes implications sur notre façon d'envisager la croissance et le changement. Nous ne sommes pas figés. Notre cerveau n'est pas statique. Nous portons en nous la capacité de nous adapter et d'évoluer par la pratique délibérée et l'action répétée. Cela signifie que les micro-habitudes ne sont pas de simples ajustements comportementaux : ce sont des outils de transformation neurologique.

Cette compréhension est particulièrement utile pour changer des habitudes ou des schémas de pensée bien ancrés. Nombreux sont ceux qui pensent qu'ils ne sont tout simplement pas programmés pour être disciplinés, créatifs, calmes ou confiants. Mais ces traits ne sont pas immuables : ils sont façonnés par des expériences répétées et des comportements renforcés. Par exemple, si une personne a passé des années à éviter les conversations difficiles, son cerveau est devenu plus efficace pour activer les circuits associés à l'évitement et à la peur. En adoptant une micro-habitude – par exemple, répéter une phrase assertive en privé chaque jour –, elle commence à activer différents circuits. Avec le temps, la répétition et le renforcement, le cerveau évolue. Ce trait autrefois inné devient malléable.

L'impact de la neuroplasticité ne se limite pas aux états ou comportements psychologiques ; il se manifeste également dans les compétences physiques et cognitives. Des études menées auprès de musiciens, d'athlètes et de polyglottes montrent systématiquement que ceux qui pratiquent fréquemment, même à intervalles courts et réguliers, développent des changements mesurables dans les régions cérébrales associées à leurs compétences. Ces recherches ont démontré qu'une pratique soutenue et ciblée peut élargir l'hippocampe (impliqué dans la mémoire), épaissir le cortex moteur (qui contrôle le mouvement) et accroître la connectivité entre les hémisphères. Il est important de noter que ce n'est pas la durée de la pratique qui est à l'origine de ces changements, mais bien la fréquence et la répétition.

Les micro-habitudes s'accordent parfaitement avec cette exigence. Parce qu'elles sont durables, elles garantissent que le comportement est répété suffisamment souvent pour provoquer un changement neurologique. Un écrivain qui rédige un seul paragraphe par jour ne remarquera peut-être pas de résultats immédiats, mais il peaufine les circuits du langage, de la concentration et du processus créatif. Un musicien qui pratique une gamme chaque jour renforce ses capacités motrices et sa sensibilité auditive. Ces adaptations progressives sont discrètes mais efficaces et, avec le temps, elles redéfinissent le champ des possibles.

Il convient de souligner que la neuroplasticité est une arme à double tranchant. Le cerveau ne fait pas la distinction entre habitudes productives et improductives ; il ne fait que renforcer ce qui se répète. C'est pourquoi les comportements indésirables peuvent s'enraciner. Si vous réagissez régulièrement au stress en faisant défiler votre téléphone ou en évitant des tâches, ces comportements deviennent profondément ancrés. Le cerveau devient de plus en plus efficace pour les exécuter, réduisant ainsi l'énergie nécessaire pour les reprendre. C'est pourquoi rompre avec une habitude peut donner l'impression de nager à contre-courant : ce n'est pas seulement une question de choix, mais d'inertie neurologique.

Cependant, même les circuits bien ancrés peuvent être affaiblis et remplacés. La neuroplasticité permet ce que l'on appelle *l'élagage synaptique* : l'affaiblissement et l'élimination progressifs des connexions inutiles. Lorsqu'une habitude est interrompue ou remplacée régulièrement, le cerveau commence à rediriger les ressources. Les anciens schémas s'estompent et de nouveaux les remplacent. C'est là que la cohérence des micro-habitudes devient essentielle. Un petit comportement quotidien qui renforce un résultat souhaité peut potentiellement remplacer un schéma plus fort, mais moins cohérent.

L'application concrète de ce principe est illustrée par la thérapie cognitivo-comportementale, qui utilise souvent des techniques d'exposition répétée et de recadrage pour modifier les schémas de pensée. Par exemple, une personne souffrant d'anxiété sociale peut être encouragée à engager quotidiennement de brèves interactions, même des gestes aussi anodins qu'un contact visuel ou un bonjour. Bien que minimes, ces actions activent les réseaux neuronaux associés à la sécurité et aux liens sociaux plutôt qu'à l'évitement et à la peur. Avec le temps, la réaction d'anxiété diminue, non pas grâce à la volonté, mais grâce à un recadrage.

Les micro-habitudes jouent également un rôle unique dans le renforcement *des boucles de rétroaction positive* . Lorsqu'une action est suivie d'un résultat émotionnel ou fonctionnel positif, le cerveau l'enregistre comme utile. Cela renforce la voie neuronale et augmente la probabilité de répétition. Une personne qui commence sa journée par deux minutes d'étirements peut se sentir légèrement plus énergique ou lucide. Cette légère récompense, enregistrée par le système dopaminergique du cerveau, renforce l'association entre le signal et le comportement. Si le comportement est répété de manière constante, la récompense devient attendue et l'action devient habituelle.

Ce qui distingue les micro-habitudes des changements comportementaux plus importants n'est pas seulement leur ampleur, mais aussi leur adéquation stratégique avec la façon dont le cerveau apprend. Les changements importants échouent souvent parce qu'ils activent des réponses au stress dans le cerveau. Ils semblent dangereux, accablants ou insoutenables. Les micro-habitudes, en revanche, fonctionnent en dessous du seuil de résistance. Elles semblent réalisables, voire agréables, et évitent ainsi de déclencher les mécanismes de lutte ou de fuite du cerveau. Cela en fait des vecteurs idéaux pour exploiter la neuroplasticité, car elles permettent une répétition constante et sans stress. Et c'est la répétition, et non l'intensité, qui reprogramme le cerveau.

L'une des implications les plus profondes de la neuroplasticité est peut-être qu'elle restaure l'autonomie. Nombreux sont ceux qui se sentent prisonniers de leurs comportements passés, de leurs limites actuelles ou de leur manque de potentiel perçu. Mais le cerveau est toujours à l'écoute. Il s'adapte en permanence. Chaque action, aussi petite soit-elle, envoie au cerveau un signal sur ce qui compte, ce qui est utile et ce qui doit être renforcé. Les micro-habitudes constituent un puissant moyen de canaliser ce signal. Elles nous offrent un mécanisme pour influencer notre architecture mentale, une action à la fois.

Cette compréhension encourage également la patience. Le changement neuroplastique n'est pas instantané. Il se déroule lentement, souvent de manière invisible, sur des semaines et des mois. Il n'y a pas d'éclair de lucidité ni de changement soudain. Mais un jour, le comportement semble plus facile. La réaction semble naturelle. L'identité semble authentique. Et c'est à ce moment-là que l'effort cède la place à l'incarnation – lorsque l'habitude n'est plus une action, mais une forme d' *être* .

La réalité scientifique de la neuroplasticité soutient le message le plus encourageant en matière de changement comportemental : vous n'êtes pas bloqué. Votre cerveau n'est pas figé. Grâce à des micro-habitudes cohérentes et intentionnelles, vous pouvez rééduquer votre esprit, modifier vos réactions émotionnelles et développer des capacités que vous pensiez autrefois inaccessibles. Changer ne consiste pas à redoubler d'efforts, mais à s'entraîner plus intelligemment. Et lorsque l'entraînement est doux, cohérent et stratégiquement adapté à la façon dont le cerveau apprend, les résultats peuvent être considérables.

La neuroplasticité n'est pas seulement un principe scientifique ; c'est une philosophie du possible. Elle nous apprend que notre identité n'est pas une vérité statique, mais une construction continue. Les micro-habitudes nous donnent les outils pour participer activement à cette construction, pour devenir, littéralement, les architectes de notre propre esprit. Et cela n'est pas seulement inspirant, c'est valorisant.

Économie comportementale et formation des habitudes

À première vue, la formation d'habitudes peut sembler être une question de discipline et de répétition – une simple séquence consistant à faire la bonne chose suffisamment souvent jusqu'à ce que cela devienne automatique. Si la répétition est bel et bien une pierre angulaire du développement des habitudes, cette vision omet une dimension importante et souvent négligée : les biais cognitifs et les raccourcis psychologiques qui façonnent notre comportement de manière superficielle. C'est là que l'économie comportementale offre un éclairage précieux. En examinant comment les individus prennent des décisions – de manière imparfaite, émotionnelle et contextuelle –, il apparaît clairement que la formation d'habitudes est autant une question de conception que de désir. Comprendre des principes tels que l'aversion aux pertes, l'ancrage et le biais par défaut nous permet de concevoir des habitudes qui s'adaptent *à* nos inclinations naturelles, plutôt que de les contrer.

L'un des concepts les plus convaincants de l'économie comportementale est *l'aversion à la perte* . Identifiée pour la première fois par les psychologues Daniel Kahneman et Amos Tversky, l'aversion à la perte désigne la tendance des individus à ressentir la douleur d'une perte plus intensément que le plaisir d'un gain équivalent. Autrement dit, perdre 50 £ est nettement plus désagréable que gagner 50 £ ne procure un bienfait. Cette asymétrie d'impact émotionnel a de profondes implications sur la façon dont nous construisons et maintenons nos habitudes. Les individus sont bien plus susceptibles d'agir pour éviter une perte perçue que pour obtenir un bénéfice potentiel.

Concrètement, cela signifie que les habitudes présentées comme un moyen de *prévenir* les pertes sont souvent plus motivantes que celles présentées comme des opportunités de gain. Par exemple, dire à quelqu'un que sauter sa promenade du soir annulera ses récents progrès peut être plus convaincant que de mettre en avant les bienfaits pour la santé cardiovasculaire. De même, les applications qui utilisent des enjeux financiers – comme la perte d'argent si une habitude n'est pas mise en œuvre – exploitent l'aversion à la perte pour favoriser la constance. Si cette approche doit être utilisée avec discernement pour éviter le stress négatif, elle illustre comment la compréhension des biais cognitifs peut augmenter les chances de persévérance.

L'aversion à la perte explique également pourquoi les gens ont du mal à se défaire de leurs habitudes, même lorsqu'elles sont contre-productives. Renoncer aux écrans nocturnes, à la caféine excessive ou aux achats impulsifs est ressenti comme une perte, non seulement du comportement lui-même, mais aussi du confort ou de l'évasion qu'il procure. Lorsque la récompense liée à une habitude existante est immédiate et agréable, l'idée de s'en défaire déclenche une résistance psychologique. Un changement d'habitude efficace doit donc proposer une alternative qui réponde au même besoin psychologique, réduisant le sentiment de perte et augmentant l'attrait du nouveau comportement.

Un autre principe de l'économie comportementale qui influence la formation des habitudes est *l'ancrage*. L'ancrage décrit notre tendance à nous fier fortement à la première information qui nous est présentée pour prendre des décisions. Ce biais peut influencer notre perception de la valeur, la définition de nos objectifs et l'évaluation de nos progrès. Dans le contexte des habitudes, l'ancrage joue un rôle essentiel pour déterminer ce que nous considérons comme un point de départ raisonnable ou efficace. Si quelqu'un croit que la « vraie » méditation nécessite trente minutes de silence en tailleur, il risque de ne jamais commencer. L'ancrage – la norme exagérée – crée un état d'esprit du tout ou rien qui compromet l'initiation.

C'est là que les micro-habitudes offrent un avantage stratégique. En fixant délibérément un ancrage bas – deux minutes de méditation, un paragraphe d'écriture, une minute d'étirements – nous redéfinissons la notion de réussite. Ces ancrages bas réduisent l'intimidation, créent des victoires rapides et créent une dynamique. Avec le temps, le comportement se développe souvent naturellement, mais il le fait par confiance plutôt que par coercition. Ainsi, l'ancrage n'est pas seulement un biais cognitif à atténuer, c'est un outil psychologique à utiliser intentionnellement.

L'ancrage influence également la façon dont nous suivons nos progrès. On se fixe souvent des attentes irréalistes, et lorsque nos progrès ne sont pas à la hauteur de la référence initiale, on se sent démoralisé. Prenons l'exemple d'une personne qui essaie de se remettre en forme. Si son ancrage est l'image d'un athlète musclé s'entraînant deux heures par jour, ses modestes séances de 15 minutes peuvent sembler insuffisantes. Pourtant, ces efforts constants sont précisément ce qui conduit à des résultats durables. Ajuster son ancrage – en se comparant non pas à des résultats idéalisés, mais à son passé – peut considérablement améliorer sa motivation et réduire le risque d'abandonner complètement cette habitude.

Un troisième concept comportemental essentiel à la compréhension de la formation des habitudes est le *biais par défaut* , cette tendance à s'en tenir à l'option prédéfinie ou au statu quo. Ce biais ne relève pas de la paresse, mais de l'efficacité cognitive. Prendre des décisions exige un effort mental, et notre cerveau cherche constamment à économiser son énergie. Par conséquent, nous avons tendance à choisir la voie de la moindre résistance, surtout lorsque nous sommes occupés, fatigués ou distraits. L'implication pour la conception des habitudes est claire : plus un comportement est facile à exécuter et plus il ressemble à une valeur par défaut, plus il a de chances de se produire.

C'est pourquoi l'aménagement de l'environnement est une stratégie si efficace pour changer les comportements. Si les en-cas sains sont visibles et à portée de main, tandis que les moins sains sont cachés, la tendance naturelle du cerveau à privilégier l'option par défaut nous pousse à faire de meilleurs choix. De même, si *un* journal est laissé ouvert sur le bureau ou si des vêtements de sport sont posés près du lit, l'action qu'ils favorisent a plus de chances de paraître automatique. L'objectif est de créer des frictions *entre* les habitudes que nous souhaitons développer et celles que nous souhaitons éliminer. Plus le comportement souhaité est fluide, moins il requiert de volonté.

Les plateformes numériques exploitent depuis longtemps les biais par défaut. Les services de streaming lancent automatiquement l'épisode suivant, les applications de réseaux sociaux proposent un défilement infini et les modèles d'abonnement se renouvellent automatiquement. Ces valeurs par défaut ne sont pas neutres : elles guident les comportements. Les mêmes principes peuvent être utilisés de manière constructive. Les applications de développement d'habitudes qui enregistrent automatiquement les progrès, les appareils intelligents qui rappellent aux utilisateurs de se lever ou de respirer, et les agendas qui démarrent chaque journée par une liste de contrôle des habitudes utilisent tous ces biais par défaut pour favoriser la cohérence. Lorsqu'un bon comportement devient la norme – quelque chose que nous devons *refuser* plutôt *qu'adopter* – il devient beaucoup plus facile à maintenir.

Ces principes d'économie comportementale sont particulièrement efficaces lorsqu'ils sont combinés. Imaginez une initiative en entreprise visant à encourager la lecture chez les employés. Si le programme propose un outil de suivi visible (ancrant la réussite à de petits objectifs de lecture quotidiens), inclut une incitation financière qui disparaît en cas d'atteinte des objectifs (exploitant l'aversion aux pertes) et fournit des supports de lecture numériques préchargés chaque matin (exploitant le biais par défaut), la probabilité d'un engagement constant augmente considérablement. Chaque composante aborde une dimension différente de la prise de décision humaine, créant ainsi un système holistique qui favorise l'habitude souhaitée.

Cette analyse révèle une vérité plus vaste : la formation d'habitudes ne se résume pas à une force intérieure ou à une ambition personnelle. Il s'agit de travailler avec l'architecture cognitive de l'esprit humain. L'économie comportementale ne minimise pas le rôle de l'intention ou de la motivation, mais elle nous rappelle que les intentions sont souvent vouées à l'échec si elles ne sont pas soutenues par une conception intelligente. Les habitudes les plus efficaces ne sont pas celles alimentées par une volonté herculéenne, mais celles qui s'ancrent dans la vie quotidienne grâce à des signaux, des ancrages et des valeurs par défaut faciles à appliquer.

Pour chacun, cela implique d'adopter une approche différente du développement personnel. Au lieu de se demander : « Comment puis-je être plus discipliné ? », une question plus productive pourrait être : « Comment puis-je concevoir cette habitude pour qu'elle soit plus facile à suivre qu'à éviter ? » Ce changement déplace l'attention des luttes internes vers un soutien extérieur, passant de l'effort à la définition de valeurs par défaut plus judicieuses.

Cela favorise également une relation plus bienveillante avec soi-même. Un comportement qui paraît paresseux ou incohérent peut, en réalité, être parfaitement rationnel compte tenu de nos biais cognitifs. En comprenant comment des facteurs comme l'aversion aux pertes, l'ancrage et le biais par défaut influencent nos choix, nous pouvons cesser de nous culpabiliser de ne pas en faire plus et, au contraire, commencer à créer les conditions qui font de l'amélioration un résultat naturel.

L'économie comportementale offre ainsi non seulement des explications, mais aussi une stratégie. Elle nous fournit les outils nécessaires pour décoder nos comportements et, surtout, comment nous pourrions les modifier. En intégrant ces connaissances à la conception de micro-habitudes, nous créons des routines qui correspondent à la réalité de la psychologie humaine. Il en résulte non seulement des changements de comportement plus durables, mais aussi une meilleure compréhension de ce que signifie réellement agir intentionnellement dans un monde de raccourcis mentaux.

En fin de compte, la formation d'habitudes ne consiste pas à lutter contre nos préjugés, mais à les accepter et à les utiliser à notre avantage. En comprenant les forces invisibles qui guident nos décisions, nous sommes mieux armés pour construire des habitudes durables, non seulement par l'effort, mais grâce à une conception intelligente. Et c'est sur ce fondement que se construit un changement réel et durable.

Le rôle de la dopamine

Au cœur de la formation des habitudes se trouve un messager neurochimique qui joue un rôle subtil mais profond dans le comportement humain : *la dopamine* . Souvent réduite à l'état de « substance chimique du plaisir », la dopamine est bien plus complexe qu'une simple molécule du bien-être. Elle opère au sein d'un système de récompense complexe qui guide la motivation, renforce l'apprentissage et renforce les habitudes. Comprendre le rôle de la dopamine est essentiel pour comprendre pourquoi les petites victoires comptent, pourquoi la régularité prime sur l'intensité et pourquoi les micro-habitudes sont si efficaces pour créer des changements comportementaux durables.

La dopamine est un neurotransmetteur, un signal chimique qui transmet des messages entre les cellules nerveuses. Elle est produite dans plusieurs zones du cerveau, mais la plus importante pour le changement de comportement est la *voie mésolimbique* , souvent appelée voie de la récompense. Ce réseau comprend des structures clés telles que l' *aire tegmentale ventrale* (ATV) et le *noyau accumbens* , qui jouent tous deux un rôle central dans la réponse du cerveau aux stimuli de récompense. Lorsque nous nous engageons dans une activité que le cerveau juge valorisante – manger, socialiser, accomplir une tâche –, de la dopamine est libérée, renforçant le comportement et augmentant la probabilité que nous le répétions.

Contrairement à la croyance populaire, la dopamine n'est pas seulement une réponse au plaisir. Elle est profondément impliquée dans *l'anticipation* et *la motivation* . Ce neurotransmetteur atteint un pic non seulement lorsque nous recevons une récompense, mais aussi en réponse à des signaux annonçant l'arrivée d'une récompense. Cette anticipation est à l'origine des comportements orientés vers un objectif. Lorsque vous recevez une notification sur votre téléphone, la légère poussée de dopamine ne provient pas de la lecture du message, mais de l'attente d'une récompense. C'est une distinction cruciale. La dopamine alimente le désir et la poursuite ; elle dynamise l'effort et ancre les comportements dans les résultats.

Ce mécanisme est fondamental dans la formation des habitudes. Dans la boucle signal-routine-récompense, la dopamine est libérée lorsque le cerveau reconnaît un signal ayant précédemment conduit à une expérience gratifiante. Le pic de dopamine motive le comportement (routine), et lorsque la récompense attendue suit, le cerveau renforce l'association. Avec le temps, l'habitude s'enracine, non pas parce que le comportement est intrinsèquement valorisant, mais parce que le cerveau a appris qu'il conduit *de manière prévisible* à un sentiment de satisfaction induit par la dopamine.

C'est là que *les petites victoires* prennent un pouvoir incroyable. Chaque fois que nous accomplissons une micro-habitude – qu'il s'agisse d'écrire une phrase, de boire un verre d'eau ou de nous étirer pendant deux minutes – le cerveau enregistre une action réussie et fournit souvent une dose modeste mais significative de dopamine. Cette réponse renforce le comportement, créant un cercle vicieux qui récompense la régularité plutôt que l'ampleur. Ce n'est pas l'ampleur de l'action qui compte, mais la fiabilité du résultat. Lorsque le cerveau apprend qu'un petit comportement engendre systématiquement un sentiment positif, aussi léger soit-il, il est plus enclin à reproduire ce comportement.

L'importance de cette constance est indéniable. Dans la formation des habitudes, l'imprévisibilité est l'ennemi du renforcement. Si un comportement est parfois agréable et parfois désagréable, le cerveau s'y intéresse moins. En revanche, s'il produit systématiquement une récompense, même minime, il commence à automatiser la séquence. C'est pourquoi les habitudes satisfaisantes sur le moment ont beaucoup plus de chances de perdurer. C'est aussi pourquoi encadrer les comportements de manière à mettre en avant la progression, la conclusion ou l'achèvement peut considérablement améliorer l'adhésion.

Par exemple, de nombreux systèmes de productivité intègrent une forme de rétroaction visuelle : suivi des habitudes, barres de progression ou listes de contrôle. Ces outils peuvent paraître anodins, mais ils sont stratégiquement puissants, car ils exploitent la réponse dopaminergique à l'accomplissement. Cocher une case ou remplir un suivi procure une récompense tangible, un signal momentané envoyé au cerveau que l'effort en valait la peine. C'est pourquoi on éprouve un sentiment de satisfaction lorsqu'on raye une tâche d'une liste de choses à faire. Le comportement en lui-même peut être anodin – envoyer un e-mail ou boire une tasse de thé –, mais l'acte accompli déclenche une récompense neurochimique qui encourage la répétition.

Pour comprendre les implications de ce phénomène, prenons un exemple concret. James, un enseignant surmené, peinait à maintenir une habitude d'écriture quotidienne. Il se fixait des objectifs ambitieux, mais échouait constamment à les atteindre, démoralisé par le décalage entre l'intention et l'exécution. Il a finalement adopté une approche basée sur les micro-habitudes : écrire une phrase par jour et la noter sur un simple calendrier. L'acte d'écrire la phrase lui prenait moins de deux minutes, mais chaque achèvement lui procurait une légère satisfaction. Avec le temps, ce comportement s'est développé naturellement. Plus important encore, la constance a transformé sa perception de lui-même : de quelqu'un qui *voulait* écrire, il est devenu quelqu'un qui écrit *réellement*. La dopamine a joué un rôle central dans cette transformation, non seulement par le plaisir, mais aussi par l'anticipation, la répétition et le renforcement.

Ce mécanisme neurologique explique également pourquoi les habitudes ancrées dans des récompenses immédiates sont plus efficaces que celles offrant des bénéfices différés. Le cerveau humain est notoirement biaisé par le présent ; il privilégie la gratification à court terme aux gains à long terme. Il s'agit d'un mécanisme de survie – il a aidé nos ancêtres à se concentrer sur les ressources et les menaces immédiates – mais dans la vie moderne, il peut saper nos aspirations. Manger un beignet, sauter une séance de sport ou procrastiner peut procurer un soulagement ou un plaisir immédiat, tandis que les conséquences à long terme restent abstraites. Les habitudes qui inversent ce déséquilibre – en offrant une forme de satisfaction immédiate, même symbolique – peuvent contribuer à faire pencher la balance vers de meilleurs choix.

Créer des habitudes pour inclure ces petits moments de satisfaction peut être aussi simple que d'associer le comportement à un moment agréable, de saluer la réalisation par un geste ou une phrase, ou d'utiliser des outils qui rendent les progrès visibles. Ces tactiques ne sont pas des gadgets ; elles reposent sur une compréhension approfondie de la façon dont le système de récompense façonne le comportement. Lorsque le cerveau reçoit un signal de dopamine indiquant qu'un comportement est complet et satisfaisant, il enregistre cette information comme un schéma à reproduire.

Il est intéressant de noter que la dopamine joue également un rôle dans *l'anticipation des habitudes* . Une fois une habitude bien ancrée, la simple pensée ou le signal associé au comportement peut déclencher une libération de dopamine. Cet effet d'anticipation signifie que le corps et l'esprit se préparent à la récompense avant même que le comportement ne se manifeste. Pour un coureur régulier, enfiler des chaussures de course peut être énergisant. Pour un méditant quotidien, entendre le son du minuteur peut évoquer le calme avant même le début de la séance. Ces réponses conditionnées approfondissent le rythme comportemental, rendant l'habitude plus naturelle et automatique au fil du temps.

Cependant, la dopamine n'est pas infaillible. Elle peut également renforcer des habitudes néfastes, celles qui procurent un plaisir à court terme au détriment du long terme. C'est pourquoi des habitudes comme le jeu, la suralimentation ou l'utilisation compulsive du téléphone sont si difficiles à rompre. Elles créent de puissants cycles de récompense, inondant le cerveau de dopamine en réponse à des signaux et des comportements offrant une stimulation immédiate. Le cerveau, programmé pour la survie et l'efficacité, privilégie ce qui est gratifiant sur le moment, plutôt que ce qui sera bénéfique plus tard.

Pour contrer ces schémas, une stratégie efficace consiste à *repenser* la boucle des habitudes, en identifiant des comportements alternatifs susceptibles d'offrir des récompenses similaires, mais de manière plus saine. Par exemple, remplacer une collation tardive par une tisane chaude et une routine relaxante peut ne pas compenser la poussée de dopamine induite par le sucre ou le sel, mais avec de la régularité, cela peut devenir une source de réconfort et de récompense. Avec le temps, le cerveau s'adapte. Le nouveau comportement, s'il est répété et renforcé positivement, commence à générer sa propre anticipation dopaminergique.

Comprendre le rôle de la dopamine présente également un puissant avantage psychologique. Cela démystifie la motivation. Nombreux sont ceux qui se reprochent leur manque de volonté, ignorant que leurs habitudes sont souvent le produit d'un conditionnement neurochimique. Une fois que nous avons compris comment la dopamine favorise la répétition, nous pouvons passer de l'auto-accusation à la conception systémique. Nous pouvons commencer à nous poser de meilleures questions : comment rendre cette habitude plus gratifiante ? Comment créer un sentiment d'accomplissement ? Comment générer une petite victoire qui maintiendra ce comportement ?

Ces questions ne sont pas seulement stratégiques : elles sont transformatrices. Elles invitent à une approche plus humaine et scientifiquement fondée du développement personnel. Elles reconnaissent que le comportement humain n'est pas seulement une question de force morale, mais aussi de boucles de rétroaction biologiques qui peuvent être ajustées et affinées. Et elles renforcent l'idée qu'un changement, même profond, peut commencer par quelque chose d'aussi simple qu'une simple coche sur une liste de contrôle ou une tâche de deux minutes accomplie avec satisfaction.

La dopamine n'est donc pas seulement le carburant du plaisir, c'est le moteur du renforcement. Elle façonne nos aspirations, nos actions et nos répétitions. Comprendre son rôle dans le comportement nous offre un allié puissant dans la formation des habitudes. Nous apprenons à concevoir des actions agréables à faire, et pas seulement agréables à avoir faites. Nous apprenons à croire en la valeur des petites victoires. Et nous commençons à comprendre que la véritable architecture du changement ne se construit pas par des efforts colossaux, mais par des récompenses discrètes et constantes – un signal de dopamine à la fois.

Le lien habitude-identité

L'un des aspects les plus négligés, et pourtant profondément transformateurs, de la formation des habitudes est la relation subtile mais puissante entre nos comportements et notre perception de soi. Sous la surface de chaque action répétée se cache un récit que nous construisons sur qui nous sommes. Lorsque nous parlons d'habitudes, nous avons tendance à nous concentrer sur *ce que* nous faisons : nos routines, nos schémas et nos résultats. Mais pour comprendre un changement durable, nous devons nous poser une question plus profonde : *qui devenons-nous par nos actions répétées ?* C'est l'essence même du lien habitude-identité. Les micro-habitudes, apparemment mineures prises isolément, peuvent progressivement et de manière convaincante remodeler notre perception de nous-mêmes et, ce faisant, redéfinir la trajectoire de notre vie.

L'identité n'est pas figée. Si nous conservons certaines caractéristiques durables, une grande partie de notre identité est fluide, dépendante du contexte et constamment renforcée ou remise en question par nos comportements. Les psychologues savent depuis longtemps que le soi est en partie une construction sociale et comportementale : nous découvrons qui nous sommes à travers nos actions et la façon dont les autres réagissent à nos actions. Lorsqu'une personne fait régulièrement preuve de gentillesse, elle commence à intérioriser l'identité d'une personne bienveillante. Lorsqu'une personne réalise régulièrement un travail créatif, aussi petit soit-il, elle commence à se percevoir comme un individu créatif. L'inverse est également vrai : lorsque les comportements sont incompatibles avec les identités souhaitées, une dissonance apparaît, conduisant souvent au doute, à la frustration ou au désengagement.

C'est là que les micro-habitudes exercent leur plus grand pouvoir. Parce qu'elles sont modestes et réalisables, elles fournissent des preuves quotidiennes qui soutiennent et renforcent une nouvelle identité. Elles nous permettent de voter pour le type de personne que nous voulons devenir, comme le dit si bien James Clear. Ces votes n'ont pas besoin d'être spectaculaires ou impressionnants. Ce qui compte, c'est la constance. Chaque fois que nous mettons en pratique une micro-habitude, nous envoyons à notre cerveau un signal subtil : « *Voilà ce que fait quelqu'un comme moi* . » Au fil du temps, ces signaux s'accumulent, formant une nouvelle image de soi, ancrée dans l'action plutôt que dans une aspiration abstraite.

Prenons l'exemple de Priya, une femme d'affaires qui a toujours rêvé de devenir une lectrice régulière. Elle admirait les lecteurs, achetait des livres et se fixait des objectifs de lecture ambitieux, mais peinait à les atteindre. Chaque échec renforçait un raisonnement intérieur : « Je ne suis pas vraiment une lectrice. » Frustrée, elle décida de revoir ses attentes à la baisse et de commencer par une page par jour. Cette nouvelle habitude était si simple qu'elle en paraissait presque absurde, mais elle était aussi facile à maintenir. Elle la maintint pendant des semaines, finissant par lire plusieurs pages par jour sans pression. Plus important encore, elle commença à se percevoir différemment. Son identité passa de celle qui *voulait* être une lectrice à celle qui *était* une lectrice. Ce changement dans la perception d'elle-même devint le catalyseur d'une vie de lecture plus riche, non pas parce que son environnement ou ses motivations avaient changé, mais parce que sa perception d'elle-même avait évolué.

Ce phénomène rejoint ce que les psychologues appellent *la théorie de l'autoperception* , selon laquelle chacun apprend à se connaître en observant son propre comportement. Si je constate que je continue à écrire, ne serait-ce que deux minutes par jour, je commence à croire que je suis un écrivain. Si je constate que je médite régulièrement, je me perçois comme quelqu'un qui valorise la pleine conscience. Ce comportement ne reflète pas seulement l'identité, il la façonne.

Il est important de noter que les habitudes identitaires diffèrent des objectifs axés sur les résultats. Lorsque les gens se concentrent uniquement sur les résultats – « Je veux perdre 10 kilos », « Je veux être promu », « Je veux économiser 5 000 £ » – ils placent leur identité au second plan. Cela peut être motivant à court terme, mais comporte aussi un risque : si les progrès stagnent, la motivation s'affaiblit. L'identité reste externe, conditionnée aux résultats. Avec les micro-habitudes, en revanche, l'attention se porte sur l'intérieur. On se concentre moins sur ce que l'on *accomplit* que sur ce que l'on *devient* . On commence à vivre comme la personne que l'on aspire à être, avant même que les résultats tangibles ne se produisent.

Il ne s'agit pas seulement d'une distinction sémantique, mais aussi d'une conséquence comportementale. Lorsque l'identité guide le processus, les habitudes deviennent plus faciles à maintenir, car elles correspondent à la perception que nous avons de nous-mêmes. Plutôt que de se demander : « Devrais-je aller courir aujourd'hui ? », on se demande : « Que ferait une personne en bonne santé ? » Si nous nous percevons comme tels, le comportement nous semble cohérent. Sinon, il ressemble à une tentative laborieuse de changement, souvent confrontée à une certaine résistance. C'est pourquoi le changement d'habitudes doit commencer par l'image de soi. Lorsque nos habitudes et nos identités sont en harmonie, le changement semble naturel, voire inévitable.

Bien sûr, les changements d'identité sont rarement instantanés. Ils émergent grâce à des preuves répétées. C'est là que les micro-habitudes sont particulièrement bien placées pour faciliter le processus. Parce qu'elles sont petites, elles sont moins susceptibles de rencontrer de la résistance. Parce qu'elles sont cohérentes, elles fournissent des données fiables au cerveau. Parce qu'elles sont réalisables, elles créent une dynamique. Et parce qu'elles sont orientées vers l'action, elles évitent les pièges de la réflexion excessive, de la procrastination et du perfectionnisme.

Par exemple, une personne qui peine à prendre la parole en public peut adopter une micro-habitude consistant à répéter une phrase devant un miroir chaque jour. À elle seule, cette action ne fera pas d'elle un orateur de renom, mais elle permettra de passer du discours « Je suis nul en prise de parole en public » à « Je suis quelqu'un qui s'entraîne à parler ». Avec le temps, ce léger changement d'identité peut ouvrir la voie à des comportements plus ambitieux : se porter volontaire pour animer une réunion d'équipe, rejoindre un groupe de parole local ou participer à un atelier. Mais les fondations ne se posent pas par de grandes actions, mais par le renforcement constant d'une nouvelle identité.

Cette approche favorise également un développement personnel plus humain et durable. Plutôt que d'osciller entre ambition et honte, chacun peut développer des habitudes qui favorisent une évolution constante. Nul besoin d'attendre de se sentir prêt à devenir la personne que l'on souhaite être. Commencez dès maintenant, par de petites actions intentionnelles, en phase avec l'identité que vous souhaitez incarner. Répétées régulièrement, ces actions feront plus que créer des habitudes : elles transformeront votre personnalité.

Un autre aspect important du lien habitude-identité est son rôle dans le développement de la résilience. Lorsque l'identité est ancrée dans le comportement plutôt que dans les résultats, les échecs deviennent moins menaçants. Manquer une séance de sport ne signifie pas que vous n'êtes plus en bonne santé. Manquer une séance d'écriture ne signifie pas que vous n'êtes plus un écrivain. Les écarts temporaires ne minent pas l'identité, car celle-ci repose sur une base solide d'actions constantes. Cela permet de se remettre des échecs sans sombrer dans le doute ou l'auto-sabotage.

Prenons l'exemple de Daniel, designer indépendant qui souhaitait approfondir sa pratique créative. Il a pris la micro-habitude de dessiner un objet chaque matin avant de consulter ses e-mails. Au fil du temps, cette habitude s'est instaurée, tout comme sa confiance en lui. Il a commencé à se considérer non plus comme un simple freelance, mais comme un *artiste en activité* . Lorsqu'un projet important était retardé et qu'il perdait sa motivation, il revenait toujours à ses croquis matinaux. Son identité était ancrée non pas dans une validation extérieure, mais dans la pratique quotidienne. Cet ancrage l'a aidé à surmonter les perturbations et à se consacrer à un travail plus approfondi le moment venu.

Cette interaction dynamique entre habitude et identité a également des implications sociales. À mesure que nous nous percevons différemment, nous nous comportons différemment dans nos relations, notre travail et notre communauté. Une personne qui commence à se considérer comme disciplinée peut fixer des limites plus claires. Une personne qui se perçoit comme compatissante peut offrir son soutien plus librement. L'identité façonne le comportement, et le comportement, à son tour, renforce l'identité. La relation est cyclique, auto-entretenue et, lorsqu'elle est exploitée judicieusement, transformatrice.

Dans le contexte plus large des micro-habitudes, le changement d'identité est souvent le résultat le plus significatif. Si les objectifs peuvent être atteints et les routines modifiées, l'histoire intérieure que nous racontons sur qui nous sommes demeure. Et lorsque cette histoire est fondée sur des preuves – actions entreprises, habitudes conservées – elle devient plus résiliente, plus crédible et plus valorisante.

En fin de compte, la question n'est pas simplement « Quelles habitudes adopter ? », mais « Qui suis-je en train de devenir grâce à ces habitudes ? » Lorsque nous commençons à répondre à cette question, la formation d'habitudes cesse d'être une tentative superficielle de contrôle comportemental. Elle devient une forme d'auto-création – un processus délibéré et réfléchi pour devenir la personne que nous aspirons à être. Et dans ce processus, les micro-habitudes ne sont pas de simples outils pratiques : elles sont les traits de notre identité, peignant peu à peu une nouvelle image de nous-mêmes.

Chapitre 3
Concevoir vos micro-habitudes pour réussir

Pour la plupart d'entre nous, l'incapacité à changer ne résulte pas de paresse ou d'un manque d'envie. Ce n'est pas une question de motivation ou de détermination. L'obstacle est souvent plus subtil : nous ignorons l'ampleur et le timing. Nous visons trop haut, trop tôt, et ce faisant, nous passons à côté de la force d'être présent, jour après jour. Fixez-vous un objectif ambitieux – terminer un marathon, écrire un roman, améliorer votre santé – et l'envie vous prend de l'atteindre. Mais la mentalité du « voir grand ou rentrer », bien que spectaculaire, s'effondre souvent sous son propre poids. L'ambition, non maîtrisée, a le don de se retourner contre nous.

Et si on inversait le scénario ? Et si, au lieu de se focaliser sur l'action dramatique, on commençait par la version la plus douce possible du progrès ? Et si la réussite, loin de se résumer à fournir plus d'efforts, consistait à accepter moins – moins de pression, moins de perfectionnisme – et à appliquer plus systématiquement ?

C'est le principe des micro-habitudes. Ne vous laissez pas tromper par leur nom : ce ne sont pas des versions diluées des « vraies » habitudes, mais plutôt les fondements structurels d'un changement durable. Elles contournent les résistances, abaissent la barrière d'entrée et créent un rythme là où auparavant il n'y avait que l'intention. Dans ce chapitre, nous examinons comment développer ces habitudes en harmonie avec le comportement réel des individus, et non avec celui qu'ils souhaiteraient adopter lors d'une journée idéale. Nous décortiquerons tout, de la règle des deux minutes, pourtant si efficace, à l'accumulation d'habitudes, en passant par l'utilisation de signaux environnementaux subtils qui nous poussent à avancer sans tambour ni trompette.

La première chose à faire ? Repenser ses objectifs. Les objectifs traditionnels ont tendance à être obsédés par la ligne d'arrivée : perdre dix kilos, décrocher cette promotion, publier ce livre. Ces résultats sont séduisants, certes, mais ils sont aussi abstraits, souvent déconnectés du quotidien. Rêver d'écrire un roman, c'est bien beau ; s'asseoir à 20 h un jeudi, ordinateur ouvert, l'énergie en berne, c'en est une autre. La meilleure approche, peut-être contre-intuitivement, est de se concentrer sur le prochain point d'appui, de cesser de fixer son regard sur le sommet.

Ce changement nous conduit à des micro-comportements : de petites actions qui ouvrent la voie à des changements plus importants. Si vous souhaitez méditer régulièrement, ne commencez pas par une séance de trente minutes, mais par une minute de respiration consciente après vous être brossé les dents. Vous envisagez d'aller à la salle de sport ? Commencez par enfiler une tenue de sport et faire cinq pompes. Ces mini-habitudes ne sont pas des concessions, mais des gestes tactiques. Elles assouplissent l'esprit, réduisent les frictions et génèrent de petites victoires qui renforcent l'élan psychologique.

Voici la règle des deux minutes. C'est une de ces idées qui semblent trop simples pour être prises en compte, et pourtant, c'est précisément grâce à cette simplicité qu'elle fonctionne. Largement popularisée par les sciences du comportement, cette idée est simple : toute habitude devrait commencer par une action qui prend moins de deux minutes à réaliser. Si elle est aussi courte, elle ne demande pas beaucoup de volonté, de planification ou d'énergie. Commencer devient une habitude. Et voilà le hic : une fois commencé, on continue souvent. Enfiler ses baskets pour un petit pas dehors peut se transformer en une promenade de quinze minutes. Mais même si ce n'est pas le cas, vous êtes présent. Ça compte.

La beauté réside dans la nuance : les micro-habitudes ne vous incitent pas à réduire vos aspirations. Vous visez toujours haut, mais vous commencez bas. Il ne s'agit pas de limiter qui vous voulez devenir, mais de faciliter le cheminement vers cette personne. Avec le temps, ce qui commence comme une micro-habitude peut prendre de l'ampleur, mais l'important est que vous ne l'ayez pas forcée. Vous laissez l'habitude mûrir à son rythme, la répétition servant d'échafaudage silencieux.

Pour renforcer ces habitudes, pensez à l'empilement d'habitudes, une technique qui consiste à associer un nouveau comportement à une pratique courante sans réfléchir. C'est une technique astucieuse de superposition comportementale. Notre cerveau adore la prévisibilité ; il se fie aux signaux pour anticiper la suite. Si vous préparez toujours votre café le matin, c'est une occasion toute trouvée de consulter votre agenda ou de vous détendre un instant. En intégrant une nouvelle action à une routine établie, vous réduisez la fatigue décisionnelle et augmentez vos chances de la pérenniser.

Bien sûr, tous les ancrages ne fonctionnent pas aussi bien. L'accumulation d'habitudes est plus efficace lorsque le signal choisi est stable – quelque chose qui se produit quotidiennement – et que le nouveau comportement est bref. Imaginons que vous vous brossiez les dents tous les matins (on l'espère) ; ajoutez à cela l'habitude de noter un petit mot de gratitude ou de vous asseoir contre un mur. Prenez votre trajet quotidien en train : pourquoi ne pas le consacrer à apprendre du vocabulaire sur une application de langues ou à lire une simple page ? L'astuce consiste à construire une chaîne comportementale fluide où chaque acte entraîne le suivant en douceur.

Pourtant, même la méthode d'empilement la plus ingénieuse ne sauvera pas une habitude mal conçue. Ce qui nous amène à un principe sous-estimé mais crucial : la simplicité. Les habitudes qui survivent ne sont pas celles qui paraissent impressionnantes sur le papier. Ce sont celles qui sont faciles à comprendre, à mettre en pratique et, surtout, à reproduire. La simplicité est l'antidote aux frictions. La complexité, en revanche, est un piège : elle engendre un encombrement mental, le doute et une plus grande probabilité de se désengager complètement.

La clarté est plus efficace que l'intelligence. Imaginez que vous souhaitez être plus réfléchi. Ne vous engagez pas vaguement à « réfléchir profondément chaque jour ». Définissez plutôt un comportement précis : « Écris une phrase dans mon journal après le petit-déjeuner. » Votre cerveau sait ce qu'il doit faire. Il n'a pas besoin de négocier. Les intentions vagues favorisent la procrastination ; les micro-habitudes spécifiques lèvent l'ambiguïté et rendent l'action automatique.

Et puis il y a l'élément visuel, une autre force tranquille qui contribue à la pérennité du changement. Les êtres humains sont étonnamment réceptifs à ce qu'ils voient. Un outil de suivi des habitudes, un calendrier mural, une simple liste de contrôle : ce ne sont pas des gadgets enfantins. Ce sont de puissants outils de renforcement. Le simple fait de cocher une case ou d'enregistrer une victoire procure une petite, mais significative, dose de satisfaction. Au fil du temps, ces indices visuels contribuent à maintenir les séquences, à renforcer la fierté et, plus surprenant encore, à créer une boucle de rétroaction qui favorise la constance.

Le suivi, même dans sa forme la plus simple, favorise également une forme de responsabilisation personnelle. On commence à identifier des schémas. On remarque nos points de constance et nos points faibles. Cette prise de conscience devient un levier d'ajustement. Et lorsque l'on manque inévitablement une journée (comme c'est le cas pour tous), garder un journal atténue la culpabilité et permet de se ressourcer avec clarté plutôt que honte.

Prenons l'exemple d'Andrew, un ingénieur logiciel en convalescence après une longue période d'inactivité physique. Il ne s'est pas inscrit à une salle de sport ni acheté d'équipement sophistiqué. Il a commencé par cinq squats chaque matin après s'être brossé les dents. C'est tout. Un petit geste quotidien. Chaque habitude accomplie lui valait un point vert sur son calendrier. Cinq squats sont vite devenus dix, puis vingt. Il n'a pas changé de repère – le brossage des dents est resté le point d'ancrage – mais le comportement a évolué à mesure qu'il s'est familiarisé. Les points verts ont servi à la fois de marqueur de progrès et de soutien discret. L'habitude a perduré, non pas par héroïsme, mais parce qu'elle était intelligente, modeste et conçue pour durer.

Ce qui nous amène à une vérité plus profonde : concevoir des micro-habitudes ne consiste pas à faire preuve de discipline. Il s'agit de construire une architecture. Vous ne vous forcez pas à changer, vous créez un environnement où le changement paraît naturel. Ce système comprend des signaux, des actions, des retours d'information et une identité. Il est structuré par la clarté, soutenu par la simplicité et alimenté par la répétition. Et sous-jacent à tout cela se trouve une question simple mais profonde : qui devenez-vous ?

Dans la suite de ce chapitre, nous verrons comment intégrer ces micro-habitudes à votre vie, avec soin, intention et sans idéalisation. Vous constaterez que les changements les plus significatifs s'annoncent rarement avec éclat. Ils naissent d'actions discrètes et constantes. Au fil du temps, ces petits comportements ne façonnent pas seulement vos actions, mais aussi la façon dont vous vous percevez. Et c'est là, finalement, que commence la véritable transformation.

Commencez petit, pensez grand

L'ambition est une arme à double tranchant. D'un côté, elle incite à se dépasser, à grandir et à dépasser ses limites. De l'autre, elle peut vite devenir écrasante. Les grands objectifs s'accompagnent souvent de complexité, d'incertitude et d'échéances irréalistes. Plus la vision est ambitieuse, plus elle suscite de résistances. Pourtant, le problème ne réside pas dans l'ambition elle-même, mais dans la manière dont on l'aborde. Plutôt que de se lancer dans un changement monumental d'un seul coup, une stratégie bien plus efficace consiste à commencer petit tout en gardant une vision large. Ce principe – commencer petit, voir grand – est la clé de voûte d'une transformation personnelle durable. Il nous permet de préserver l'ampleur de nos aspirations tout en réduisant les frictions psychologiques et logistiques qui freinent si souvent le progrès.

Les êtres humains ne sont pas programmés pour fonctionner par sauts conceptuels vertigineux. Notre cerveau a besoin de clarté, de structure et d'étapes concrètes. Lorsqu'on nous présente un objectif ambitieux – par exemple, écrire un roman ou courir un marathon – notre réaction immédiate n'est souvent pas l'excitation, mais la paralysie. L'ampleur de l'effort requis semble décourageante, et l'absence de point de départ clair rend la première étape ambiguë. Dans cet état, beaucoup retardent l'action, convaincus qu'il leur faut plus de temps, de meilleures conditions ou un regain de motivation avant de se lancer. Mais en réalité, l'action engendre la clarté. La seule façon de rendre un objectif ambitieux moins intimidant est de le décomposer en quelque chose de si petit qu'il puisse être réalisé aujourd'hui, même au milieu du chaos, de la fatigue ou de l'incertitude.

Prenons l'exemple de Mira, une professeure d'université qui rêvait depuis longtemps d'écrire un livre. Chaque année, elle l'ajoutait à sa liste de résolutions, et chaque année, elle ne les réalisait pas. L'idée d'écrire 70 000 mots lui semblait herculéenne au milieu de ses responsabilités professionnelles et familiales. Finalement, elle adopta la stratégie de commencer par un micro-engagement : écrire deux minutes par jour, pas plus. Au début, l'objectif semblait presque insignifiant. Mais en quelques semaines, ces deux minutes sont devenues cinq, puis dix. Ce geste a créé une dynamique. Plus important encore, il a transformé son identité : de celle qui voulait écrire, elle est devenue celle qui *écrivait*, tous les jours. Dix-huit mois plus tard, son manuscrit était terminé. Son succès n'était pas le fruit d'un effort héroïque, mais d'un travail humble et constant.

L'efficacité de cette approche repose à la fois sur la psychologie et les sciences comportementales. Les objectifs ambitieux se situent généralement dans le cortex préfrontal, la partie rationnelle et analytique du cerveau impliquée dans la planification et l'abstraction. Mais lorsque le cortex préfrontal est sollicité par le stress, la fatigue ou des exigences concurrentes, sa capacité à prioriser et à entreprendre des tâches complexes diminue. C'est alors que les individus ont recours à l'évitement, à la procrastination ou à l'autojustification. En revanche, les actions simples et spécifiques sollicitent des voies neuronales plus simples. Elles nécessitent moins d'effort cognitif, produisent des récompenses plus rapides et sont beaucoup plus susceptibles d'être répétées. Il ne s'agit pas d'abaisser ses exigences, mais de réduire l'énergie d'activation nécessaire à l'initiation d'un comportement.

En physique, l'énergie d'activation est l'énergie minimale nécessaire pour déclencher une réaction. Le même principe s'applique au comportement humain. Une tâche qui nécessite 45 minutes, une concentration intense et un environnement parfaitement calme possède une énergie d'activation élevée. Une tâche qui prend deux minutes et peut être effectuée n'importe où possède une énergie d'activation faible. En abaissant systématiquement votre seuil d'action, vous augmentez vos chances d'être présent. Et lorsque vous êtes présent, jour après jour, vos efforts s'accumulent. Ce qui commence comme un petit pas devient un rituel, et ce qui commence comme un rituel devient une partie intégrante de votre vie.

On pense souvent à tort que les petites actions ne conviennent qu'aux débutants ou aux personnes peu confiantes. En réalité, cette méthode est utilisée par les meilleurs athlètes de toutes disciplines. Les athlètes d'élite commencent leurs séances d'entraînement par des exercices de base. Des auteurs reconnus fixent des minima quotidiens souvent modestes. Les entrepreneurs à succès s'accordent de courtes périodes de concentration pour la pensée créative. Commencer petit n'est pas un compromis, c'est une stratégie. Cela permet de conserver son énergie, de développer sa maîtrise et d'établir la constance nécessaire à la réussite.

Cette méthode est également remarquablement polyvalente. Que votre objectif soit d'améliorer votre santé, d'approfondir vos relations, de développer une nouvelle compétence ou de gérer vos finances plus intelligemment, elle peut être décomposée en micro-comportements faciles à instaurer et à maintenir. Pour être en meilleure forme, commencez par une marche quotidienne de cinq minutes. Pour être plus présent en famille, commencez par ranger votre téléphone pendant les dix premières minutes suivant votre retour à la maison. Pour développer la pleine conscience, commencez par une respiration consciente au réveil. Ces actions peuvent sembler insignifiantes, mais elles sont la matière première à partir de laquelle un changement plus important se construit. Chaque répétition renforce une boucle d'habitudes : signal, routine, récompense. Au fil du temps, cette boucle s'ancre dans vos circuits neuronaux, réduisant ainsi le recours à la volonté et augmentant l'automatisme.

Il est également important de noter que commencer petit vous protège des obstacles les plus courants au développement personnel : le perfectionnisme et le « tout ou rien ». Lorsque l'on se fixe de grands objectifs, on y associe souvent des attentes perfectionnistes. S'il manque une séance d'entraînement ou s'il n'écrit pas pendant une journée, on a le sentiment d'avoir complètement échoué. Cet état d'esprit engendre la fragilité. À l'inverse, les micro-habitudes sont anti-fragiles. Elles sont conçues pour survivre aux aléas de la vie. Si votre objectif est de passer du fil dentaire sur une dent, il n'y a aucune excuse pour ne pas le faire. Et une fois que vous l'aurez fait, vous en ferez probablement plus. Mais même si vous n'y parvenez pas, vous aurez quand même réussi. Cette constance renforce la confiance et l'élan bien plus efficacement qu'une intensité occasionnelle.

De plus, commencer petit favorise un environnement riche en feedback. À chaque petite victoire, on acquiert un sentiment de progrès. Ce sentiment d'avancer est essentiel à la motivation. Le système de récompense du cerveau, en particulier la libération de dopamine, n'est pas uniquement activé par les résultats, mais aussi par l' *anticipation* et *la perception* des progrès. Lorsque vous vous voyez progresser, même progressivement, votre cerveau renforce ce comportement. Cette boucle de rétroaction transforme l'action en habitude, et l'habitude en identité.

Revenons au cas de Tariq, un artiste en herbe qui n'avait pas touché un crayon depuis des années. Il rêvait d'illustrer une bande dessinée, mais se sentait déconnecté de sa créativité. Au lieu de se fixer comme objectif de dessiner une heure par jour, il s'est engagé à esquisser un trait chaque soir. C'est tout ! Un seul trait. La simplicité de la tâche a dissipé toute résistance. Avec le temps, prendre le crayon est devenu une seconde nature. La plupart des soirs, il dessinait plus d'un trait, mais même lorsqu'il ne le faisait pas, il conservait cette habitude. En six mois, il avait rempli deux carnets de croquis et se sentait plus créatif qu'il ne l'avait été en dix ans. Commencer petit n'a pas limité sa vision ; il l'a ravivée.

La magie de cette approche réside dans le fait que la première étape paraît sûre, réalisable et immédiate. Et une fois franchie, la seconde devient plus facile. Commencer petit ne signifie pas penser petit. La vision ultime peut rester vaste : courir ce marathon, développer cette entreprise, maîtriser cette compétence. Mais au lieu de foncer, on pose une pierre chaque jour, un acte délibéré à la fois. Au final, ces pierres forment une fondation suffisamment solide pour soutenir n'importe quelle ambition.

Pour appliquer ce principe efficacement, il est utile de commencer chaque objectif par une question éclairante : *quelle est la plus petite action possible aujourd'hui pour me rapprocher de cet objectif ?* La réponse devrait sembler ridiculement facile. C'est bon signe. Si elle ne semble pas trop petite, c'est probablement trop grand. Et si elle semble suffisamment facile à réaliser, même lors de vos pires journées, vous avez trouvé un point de départ durable.

Commencer petit enseigne également l'humilité et le respect du processus. Cela nous rappelle que les changements significatifs ne se font pas par de grandes déclarations, mais par de simples répétitions. Que la grandeur est moins une question de talent ou de passion que de persévérance et de patience. Que même les résultats les plus extraordinaires naissent d'un acte ordinaire : une minute de concentration, un étirement, une respiration, une phrase, un pas.

En fin de compte, l'idée n'est pas de diminuer son ambition, mais de construire l'échafaudage nécessaire à sa pérennité. Une grande réflexion exige de petites actions. Une vision exige un rituel. Le changement exige une dynamique. Et la dynamique commence lorsque nous réduisons la distance entre notre situation actuelle et notre point de départ. En apprenant à penser de manière élargie tout en agissant progressivement, nous découvrons le secret non seulement du démarrage, mais aussi de la poursuite, de l'évolution et, finalement, de la réussite.

Commencez petit. Voyez grand. Puis persévérez. L'ampleur de votre réussite ne dépendra pas de la manière dont vous commencerez, mais de votre discrétion et de votre persévérance.

La règle des deux minutes en pratique

L'une des idées fausses les plus répandues sur la formation des habitudes est l'idée qu'un changement efficace doit être laborieux et chronophage. On croit souvent qu'à moins qu'un comportement soit substantiel – séances d'entraînement de vingt minutes, séances d'écriture d'une heure, méditations élaborées – il est peu probable qu'il produise des résultats significatifs. Cette croyance est non seulement inexacte, mais profondément contre-productive. Elle exerce une pression inutile sur l'individu pour qu'il commence intensément, augmentant ainsi le risque de résistance, de retard, voire d'abandon. L'alternative, ancrée dans les sciences du comportement et la sagesse pratique, est étonnamment simple : commencer si petit que cela prenne moins de deux minutes. C'est l'essence même de la règle des deux minutes.

La règle des deux minutes est bien plus qu'une simple astuce pour gagner en productivité. C'est une méthode stratégique pour vaincre l'inertie et établir une cohérence comportementale. Le principe est simple : toute nouvelle habitude devrait prendre moins de deux minutes à mettre en œuvre au départ. La logique de cette approche repose sur une vérité fondamentale du comportement humain : le plus difficile dans toute habitude n'est pas de la terminer, mais de la démarrer. En simplifiant la mise en place de l'habitude au point de la rendre presque insurmontable, nous augmentons considérablement les chances de la mettre en œuvre. Et une fois qu'un comportement est adopté, il perdure souvent au-delà du micro-engagement initial.

Imaginez quelqu'un qui souhaite développer une habitude de lecture régulière. Au lieu de viser un chapitre par jour, il commence par s'engager à lire une phrase. Cela prend moins de deux minutes, semble parfaitement gérable, et pourtant, cela conserve l'essence de l'identité souhaitée : « Je suis quelqu'un qui lit. » Au fil du temps, une phrase devient une page, une page cinq, et bientôt l'habitude se développe naturellement, sans contrainte. La véritable victoire ne réside pas dans la quantité de lecture quotidienne, mais dans la régularité de la lecture. Après tout, les habitudes se forgent par la fréquence, et non par l'intensité.

Les exemples concrets de la règle des deux minutes abondent dans tous les domaines de la vie. Une personne en quête d'une meilleure forme physique pourrait commencer par prendre l'habitude d'enfiler ses chaussures de course et de sortir. Elle ne s'engage pas dans une séance d'entraînement, mais simplement à s'équiper et à ouvrir la porte. Souvent, la résistance se dissipe une fois le seuil franchi, et la marche ou la course se fait naturellement. Mais même si ce n'est pas le cas, l'habitude est respectée. La motivation est vivante. L'identité est renforcée. De même, une personne souhaitant pratiquer la gratitude peut commencer par écrire un mot ou une ligne dans un journal chaque soir. L'effort est minime, mais le bénéfice émotionnel peut être considérable, surtout s'il est maintenu dans la durée.

Le génie de la règle des deux minutes réside dans sa capacité à contourner les barrières mentales qui freinent le comportement. Notre cerveau est programmé pour éviter l'effort perçu. Lorsqu'une tâche paraît immense, elle active nos mécanismes de défense internes : procrastination, rationalisation, évitement. Mais une tâche qui semble rapide et facile échappe à ces défenses. Elle est perçue mentalement non pas comme un défi, mais comme une banalité, une chose à laquelle il vaut à peine la peine de résister. Ce recadrage est crucial. Une fois le comportement amorcé, l'élan prend le dessus. Le principe d'activation comportementale entre en jeu : l'action précède la motivation. Nous sommes plus enclins à continuer une fois que nous sommes déjà en mouvement.

Ce principe a été clairement illustré par le cas d'Anya, une aidante à temps plein qui souhaitait intégrer la pleine conscience à son quotidien surchargé. Plutôt que de tenter une méditation de 15 minutes, elle a commencé par une pause de deux minutes chaque matin, assise simplement, les yeux fermés, à respirer lentement. Cette habitude était si discrète qu'elle s'est intégrée sans effort à sa journée. En quelques semaines, cette courte pause est devenue un moment qu'elle attendait avec impatience. Elle a fini par passer à cinq minutes, puis parfois à dix. Mais même les jours les plus difficiles, elle a respecté son engagement initial de deux minutes. Cette pratique l'a ancrée, non pas par sa durée, mais par sa fiabilité.

Une autre application convaincante de cette règle est le travail créatif. Nombre d'écrivains, d'artistes ou de musiciens en herbe se sentent paralysés par le perfectionnisme et la peur de produire quelque chose de médiocre. La règle des deux minutes permet de contourner cette censure interne. Par exemple, un écrivain peut s'engager à écrire une phrase ou à ouvrir son document et à saisir un seul mot. L'ouverture du document devient alors une habitude. Une fois la première phrase écrite, l'esprit a généralement envie de la compléter. Cette approche non seulement brise la paralysie de la page blanche, mais renforce également la force de l'engagement, ce qui est sans doute l'élément le plus important de toute pratique créative.

La règle des deux minutes joue également un rôle essentiel dans la transformation de la perception de soi. Chaque fois que nous adoptons une micro-habitude, aussi insignifiante soit-elle, nous affirmons l'identité que nous cherchons à construire. Se brosser une dent renforce l'identité de quelqu'un qui prend soin de son hygiène. Ranger un objet renforce l'identité de quelqu'un qui maintient un espace organisé. Ces micro-engagements se renforcent au fil du temps, non seulement en termes de résultats, mais aussi dans la façon dont nous nous percevons. Et une fois l'identité modifiée, le comportement s'adapte plus facilement. Nous agissons en accord avec ce que nous pensons être.

Ce concept revêt également une valeur sociétale plus large. Nombreux sont ceux qui se sentent constamment à court de temps, débordés et submergés par des responsabilités concurrentes. La règle des deux minutes reconnaît cette réalité. Elle propose un modèle de changement adapté à la réalité, et non une version idéalisée. Elle va à la rencontre des gens là où ils se trouvent – à la fin d' une longue journée, au milieu du chaos parental, en marge d'un emploi du temps chargé – et leur dit : *vous pouvez commencer ici* . Nul besoin de bouleverser votre vie pour progresser. Il suffit de deux minutes d'action délibérée.

Bien sûr, les critiques peuvent arguer que deux minutes sont trop insignifiantes pour avoir de l'importance. Mais cette vision méconnaît la nature du comportement cumulatif. L'objectif de la règle des deux minutes n'est pas de s'y tenir indéfiniment. Il s'agit d'initier un comportement qui, une fois amorcé, perdure souvent. Mais même si ce n'est pas le cas, la véritable valeur réside dans la constance. Celui qui médite deux minutes par jour accumulera, avec le temps, bien plus de pratique que celui qui médite vingt minutes une fois par semaine – ou pas du tout, car il attend le moment idéal.

De plus, l'habitude de deux minutes crée ce que les psychologues appellent un *comportement clé* : une petite action qui mène à d'autres comportements positifs. Par exemple, une personne qui consacre deux minutes à préparer un en-cas sain est plus susceptible de bien manger tout au long de la journée. Une personne qui organise son bureau pendant deux minutes peut se retrouver à se concentrer sur son travail. Ce premier comportement donne le ton, active un état d'esprit et ouvre la voie à d'autres actions. Ainsi, l'habitude de deux minutes devient l'étincelle d'une cascade comportementale plus vaste.

Pour pérenniser cette approche, il est utile d'appliquer deux stratégies complémentaires : l'ancrage et le suivi. L'ancrage consiste à lier la nouvelle habitude à une routine existante, ce qui facilite sa mémorisation et sa mise en pratique. Par exemple, s'étirer deux minutes après s'être brossé les dents ou écrire un journal juste après avoir préparé son café du matin. Le suivi, quant à lui, introduit un renforcement visuel : l'utilisation d'un calendrier, d'une application ou d'un carnet permet de noter chaque habitude réussie. La preuve visuelle de la régularité crée sa propre forme de motivation, exploitant le goût du cerveau pour l'achèvement et le progrès.

L'essentiel, cependant, est de tenir son engagement. Si l'habitude se définit comme prenant deux minutes, en faire plus est facultatif, et non obligatoire. Cela préserve l'intégrité de l'habitude. Les jours difficiles, la version micro est tout de même réalisée, préservant ainsi la dynamique et renforçant l'identité. Les jours plus favorables, l'habitude peut se développer naturellement. Mais cette expansion est un bonus, pas une base. La sécurité psychologique de cette règle – son absence de pression – est ce qui lui confère une telle force durable.

En fin de compte, la règle des deux minutes est une réorientation de notre façon d'appréhender le changement. Elle nous enseigne qu'une transformation significative ne nécessite pas de grands gestes ni d'élans de volonté. Elle exige de la fiabilité. Elle exige de se lancer. Elle exige d'être présent. Deux minutes peuvent sembler peu, mais elles représentent tout lorsqu'elles deviennent un tremplin pour construire la cohérence, la confiance et l'identité.

En adoptant des habitudes suffisamment simples pour réussir et faciles à répéter, nous créons un cheminement durable vers le développement personnel, intégré au quotidien. La véritable valeur de la règle des deux minutes ne réside pas dans ce qui est accompli en deux minutes, mais dans ce qu'elle initie : l'habitude. L'élan. Le changement de perception de soi. Et c'est là l'architecture d'un changement durable.

Empilement d'habitudes

L'un des plus grands défis dans l'adoption de nouvelles habitudes n'est pas le comportement lui-même, mais le fait de se souvenir de le mettre en pratique. On a beau avoir l'intention de s'étirer le matin, de boire plus d'eau ou d'écrire un mot de gratitude chaque soir, ces intentions sont fragiles. La vie est rythmée par les distractions, les interruptions et la surcharge cognitive, qui minent notre capacité à agir efficacement vers de nouveaux objectifs comportementaux. Il ne s'agit pas seulement d'un plan, mais d'un point d'ancrage : une cohérence dans notre quotidien qui puisse servir de déclencheur à l'émergence de la nouvelle habitude. C'est la logique psychologique qui sous-tend *l'accumulation d'habitudes* , une stratégie d'une simplicité trompeuse, mais remarquablement efficace pour créer des routines comportementales durables et automatiques.

L'empilement d'habitudes consiste à lier une nouvelle habitude à une habitude existante, de sorte que le comportement actuel serve de déclencheur à la nouvelle. Il s'agit d'exploiter la prévisibilité de nos routines établies et de les transformer en tremplins vers de nouvelles pratiques. Correctement mise en œuvre, cette approche contourne de nombreux obstacles liés à la formation d'habitudes, notamment l'oubli et le manque de contexte, en intégrant de nouvelles actions à nos habitudes existantes. Plutôt que de compter sur la volonté ou les rappels, nous intégrons les habitudes au cours de notre vie, les rendant plus intuitives, automatiques et résilientes.

Cette idée trouve ses racines dans la psychologie comportementale, et plus particulièrement dans le principe de la formation d'habitudes par des signaux. Comme évoqué précédemment dans le contexte de la boucle d'habitudes, chaque comportement habituel est initié par un signal – un moment de la journée, un lieu, un état émotionnel ou un autre comportement antérieur. En choisissant consciemment d'associer une habitude souhaitée à un signal fiable – souvent une action que nous effectuons déjà régulièrement –, nous exploitons les connexions cérébrales existantes plutôt que de tenter de créer un chemin entièrement nouveau de toutes pièces. L'effort mental requis pour instaurer une nouvelle habitude est considérablement réduit, ce qui augmente ses chances de pérennité.

Prenons l'exemple de Rajiv, un développeur de logiciels qui souhaitait commencer à pratiquer la pleine conscience, mais peinait à trouver le temps ou à se souvenir de méditer. Après avoir réfléchi à sa routine quotidienne, il s'est rendu compte qu'il préparait systématiquement du café chaque matin . Il a décidé d'y ajouter une simple méditation axée sur la respiration pendant l'infusion. En ancrant sa nouvelle habitude dans un comportement préexistant, il a créé une séquence d'actions-signaux fiable. En quelques semaines, la méditation est devenue aussi naturelle pour lui que le café lui-même, non pas grâce à sa discipline supérieure, mais parce qu'il avait conçu un système qui lui éliminait le besoin de prendre des décisions conscientes.

Ce qui rend l'accumulation d'habitudes si puissante, c'est qu'elle transforme des intentions abstraites en comportements concrets et situationnels. Plutôt que de vous engager vaguement à « lire davantage », vous décidez de lire une page après vous être brossé les dents chaque soir. Au lieu d'espérer pratiquer la gratitude, vous notez une chose pour laquelle vous êtes reconnaissant juste après avoir éteint votre ordinateur portable pour la journée. Ces liens, petits mais intentionnels, relient le comportement souhaité à un moment précis de votre emploi du temps, levant ainsi toute ambiguïté et augmentant la clarté. Et la clarté, comme le montrent à maintes reprises les recherches comportementales, est l'un des facteurs les plus importants pour l'adhésion aux habitudes.

Cette stratégie fonctionne également dans différents domaines de la vie : santé physique, bien-être mental, productivité, relations, etc. Une personne qui cherche à prendre l'habitude de s'hydrater pourrait boire un verre d'eau immédiatement après être allée aux toilettes. Une personne qui travaille la force pourrait faire cinq squats après avoir consulté son téléphone le matin. Un professionnel cherchant à améliorer sa communication pourrait envoyer un message de remerciement à un collègue à la fin d'une réunion. Ces associations peuvent paraître anodines, voire triviales, mais leur force réside dans la cohérence et le contexte. Lorsque de nouvelles habitudes sont ancrées dans des routines fiables, elles ont beaucoup plus de chances de perdurer.

Il est important de noter que toutes les associations ne se valent pas. La réussite de l'accumulation d'habitudes dépend du choix du *bon* comportement d'ancrage : un comportement déjà profondément ancré, régulier et nécessitant peu de réflexion pour être initié. Plus l'ancrage est constant, plus le signal est fiable. Par exemple, se brosser les dents, allumer la bouilloire ou ouvrir son ordinateur portable peuvent être d'excellents ancrages, car ils se produisent de manière prévisible dans des contextes spécifiques. En revanche, les événements sporadiques ou les comportements instables sont de mauvais choix pour l'accumulation.

Un autre aspect clé d'une accumulation d'habitudes réussie est la spécificité. Plus vous définissez précisément le comportement et son insertion dans le temps, plus il est facile à mettre en œuvre. Des plans ambigus comme « Je m'étirerai plus souvent » ou « Je tiendrai un journal quand j'aurai le temps » sont sujets à la distraction et aux retards. Mais lorsque vous vous engagez à « Je m'étirerai deux minutes après avoir enfilé mon pyjama » ou « J'écrirai une phrase dans mon journal après avoir éteint ma lampe de bureau », la décision est déjà prise. Vous ne négociez pas avec vous-même sur le moment ; vous suivez une séquence claire, déjà préparée mentalement.

Ce séquençage structuré a un effet en cascade sur le comportement. Une fois qu'une habitude est ancrée et appliquée de manière fiable, elle ouvre la voie à l'ajout d'autres habitudes. Ce concept, parfois appelé enchaînement comportemental, permet de construire progressivement des routines complexes. Ce qui commence par une méditation de deux minutes après avoir versé du thé peut évoluer vers un rituel matinal de respiration, d'étirements, de journalisation et de planification, le tout initié par le simple fait de faire bouillir de l'eau. Chaque maillon de la chaîne renforce le suivant, créant un rythme de comportements qui se soutiennent et se renforcent mutuellement.

Il est important de noter que l'accumulation d'habitudes réduit également le recours à la motivation, notoirement peu fiable à long terme. Lorsque le comportement devient contextuel plutôt qu'émotionnel, déclenché par une routine plutôt que par une humeur, il devient plus stable. C'est particulièrement utile pendant les périodes de stress ou de baisse d'énergie, où la motivation a tendance à faiblir. Si votre routine d'étirements est liée au brossage des dents, vous serez plus susceptible de le faire même lorsque vous êtes fatigué. Si votre gratitude quotidienne est liée à l'arrêt de votre ordinateur, vous risquez moins de l'oublier les jours de forte activité. Le système vous soutient malgré les fluctuations de la volonté, car il ne dépend pas de la volonté pour fonctionner.

L'un des aspects les plus élégants de l'accumulation d'habitudes est qu'elle favorise la construction de l'identité. Chaque fois que vous suivez la séquence, vous renforcez votre identité. Si vous tenez un journal après vous être brossé les dents chaque soir, vous commencez à vous percevoir comme quelqu'un de réfléchi. Si vous revoyez vos objectifs après avoir préparé votre café du matin, vous commencez à vous sentir utile. Ces signaux identitaires sont subtils mais puissants. Ils ne nécessitent pas d'affirmations fracassantes ni de déclarations fracassantes, mais simplement de petites actions cohérentes, ancrées dans votre vie actuelle.

Prenons l'exemple de Nia, une jeune avocate qui souhaitait améliorer sa posture et sa conscience corporelle. Elle s'est engagée à effectuer un test de posture de 30 secondes après chaque appel vidéo. Cette nouvelle habitude s'est parfaitement intégrée à une activité quotidienne, sans planification ni rappels supplémentaires. Au fil du temps, Nia s'est naturellement redressée, a respiré plus profondément et a même évolué avec plus d'assurance. L'effet n'était pas seulement physique : il a influencé la façon dont elle se percevait : une personne posée, ancrée dans ses pensées et attentive aux détails. Son ensemble d'habitudes est devenu un soutien subtil et structurel pour son identité en évolution.

L'accumulation d'habitudes revêt également une certaine élégance émotionnelle. Parce que ce comportement est ancré dans un environnement familier, il semble sûr et gérable. Cette familiarité engendre un sentiment de calme et de prévisibilité, particulièrement précieux dans les environnements chaotiques ou sous pression. Au lieu de perturber votre journée, la nouvelle habitude s'intègre à son tissu. Elle apparaît comme une extension naturelle de ce que vous faites déjà, et non comme un ajout intrusif exigeant votre attention.

Cependant, comme tout outil comportemental, l'accumulation d'habitudes n'est pas à l'abri des perturbations. Les circonstances de vie changent, les routines sont interrompues et les ancrages peuvent se déplacer. La clé du maintien de l'accumulation d'habitudes dans de telles situations est l'adaptabilité. Lorsque l'ancrage initial disparaît, par exemple suite à un changement d'horaire ou à un déménagement, il est important de réévaluer l'habitude et de la rattacher à un nouveau comportement stable. La flexibilité de réancrage assure la continuité sans repartir de zéro.

Pour appliquer l'empilement d'habitudes à votre vie, commencez par identifier une routine fiable et quotidienne. Choisissez une habitude qui correspond à vos valeurs ou objectifs généraux et définissez-la en termes clairs et concrets. Testez ensuite l'empilement pendant quelques jours. Si cela vous semble trop forcé ou maladroit, adaptez le timing ou le comportement lui-même. L'objectif n'est pas la perfection, mais l'adéquation : trouver un schéma suffisamment naturel pour être répété sans effort.

Au fil du temps, ces petites séquences se transformeront en changements significatifs. L'habitude de laisser ses chaussures près de la porte après avoir rangé la cuisine peut favoriser des promenades régulières. Faire le point sur ses finances après ses courses hebdomadaires peut instaurer une discipline financière durable. Aucun de ces changements ne nécessite d'efforts considérables. Ils nécessitent une combinaison réfléchie de comportements et la patience de laisser de petits gestes quotidiens façonner votre avenir.

L'accumulation d'habitudes nous rappelle que le changement de comportement n'a pas besoin d'être révolutionnaire. Il peut être rythmé, contextuel et discrètement puissant. En reliant de nouvelles habitudes aux ancrages qui unissent déjà nos journées, nous créons des structures comportementales qui favorisent la cohérence, réduisent les frictions et honorent l'identité que nous nous efforçons d'incarner. C'est ainsi qu'une transformation durable n'est pas imposée à la vie, mais s'y intègre harmonieusement.

L'art de la simplicité

À une époque où la complexité et la surperformance sont souvent glorifiées, la simplicité peut sembler contre-culturelle, presque trop modeste pour être efficace. Pourtant, lorsqu'il s'agit de changer de comportement et de développer des habitudes durables, la simplicité est non seulement bénéfique, mais essentielle. L'art de la simplicité réside dans la conception stratégique de comportements si clairs, fluides et gérables qu'ils deviennent quasiment insensibles à la résistance. Il s'agit de créer des habitudes faciles à adopter, faciles à maintenir et, finalement, difficiles à abandonner, non pas par discipline ou motivation, mais parce que leur conception favorise naturellement la durabilité.

La simplicité fonctionne parce que le cerveau humain, malgré toute sa sophistication cognitive, est remarquablement conservateur lorsqu'il s'agit de dépenser de l'énergie. Nos systèmes cognitifs sont conçus pour économiser l'effort. Face à une tâche complexe ou ambiguë, le cerveau la retarde, l'évite ou la délègue instinctivement à une version imaginaire de vous-même qui, d'une manière ou d'une autre, dispose de plus de temps, d'énergie et de volonté. La simplicité court-circuite cette hésitation. Elle réduit les points de décision, élimine l'ambiguïté et diminue le coût psychologique de l'action. Une habitude qui demande peu de réflexion ou de préparation a bien plus de chances d'être appliquée systématiquement qu'une habitude qui exige une planification élaborée ou une auto-négociation.

Ce principe transparaît clairement dans les travaux de spécialistes du comportement tels que B.J. Fogg et James Clear, qui soulignent tous deux l'importance de réduire les comportements à leur plus simple expression. Lorsqu'une habitude paraît trop difficile à adopter, la solution ne consiste pas à faire appel à davantage de volonté, mais à la repenser pour qu'elle paraisse facile à instaurer. Plus elle est facile à mettre en place, plus elle est susceptible d'être répétée. Et la répétition, comme nous le savons, est la clé de voûte de la formation des habitudes.

Prenons l'exemple de Sophie, une analyste financière qui aspirait à intégrer des étirements réguliers à sa journée de travail sédentaire. Son objectif initial – assister à un cours de yoga de 60 minutes trois fois par semaine – était louable, mais irréaliste compte tenu de sa charge de travail et de son niveau d'énergie. Après plusieurs tentatives infructueuses et une frustration croissante, elle a repensé son habitude sous l'angle de la simplicité. Elle a commencé par un étirement d'une minute chaque matin avant de consulter ses e-mails. Ce léger ajustement a transformé son expérience. Cette habitude n'était plus perçue comme pesante ou perturbatrice. Elle est devenue partie intégrante de son rythme quotidien. En quelques semaines, elle s'étirait plus longtemps et plus fréquemment, non pas parce qu'elle se forçait à en faire plus, mais parce que ce comportement initial était devenu profondément ancré et agréable.

L'expérience de Sophie illustre que la simplicité ne signifie pas penser petit ; il s'agit *de commencer* petit et d'éliminer les frictions inutiles. En termes comportementaux, la friction désigne tout ce qui rend une habitude plus difficile à réaliser : contraintes de temps, environnement encombré, étapes suivantes floues ou surcharge cognitive. Lorsque les habitudes sont trop élaborées ou exigent des décisions multiples, les frictions s'accumulent. Chaque étape supplémentaire ou point d'incertitude devient un obstacle. À terme, ces obstacles minent la détermination, conduisant à l'évitement ou à l'incohérence.

C'est pourquoi les habitudes les plus durables sont celles qui nécessitent un minimum d'installation, d'outils et d'efforts cognitifs. Imaginez la différence entre décider de lire une page d'un livre laissé sur votre oreiller et trouver un livre, choisir un chapitre et s'installer confortablement dans un fauteuil de lecture spécifique. La deuxième routine peut sembler plus complète, mais la première a beaucoup plus de chances d'être répétée. La simplicité l'emporte non pas en offrant une expérience parfaite, mais en offrant une expérience *reproductible* .

La simplicité favorise également la flexibilité. La vie est imprévisible. Les horaires changent, les humeurs fluctuent, les obligations surgissent. Les habitudes trop rigides ou gourmandes en ressources ont tendance à s'effondrer sous le poids des aléas du monde réel. Mais les habitudes simples peuvent s'adapter sans se briser. Elles peuvent s'adapter à différents contextes et survivre aux journées de faible motivation. Si votre habitude de journal intime se résume à

« écrire une phrase » plutôt qu'à « écrire pendant 20 minutes dans un silence complet », elle peut survivre à une maison bruyante, une nuit tardive ou une journée émotionnellement éprouvante. Vous pouvez continuer à pratiquer cette habitude, et la pratiquer, même à son niveau le plus élémentaire, renforce l'identité et la continuité qui vous maintiennent engagé sur le long terme.

Un autre aspect puissant de la simplicité est sa capacité à créer une dynamique psychologique. Lorsqu'une habitude est facile à mettre en œuvre, elle crée un sentiment de réussite et de clôture. Ce succès déclenche une petite réaction de récompense dans le cerveau, libérant de la dopamine et renforçant le comportement. Avec le temps, l'association entre le signal et l'habitude devient plus profondément ancrée, nécessitant moins d'effort conscient pour être réalisée. Finalement, l'habitude paraît automatique, non pas parce qu'elle est monumentale, mais parce qu'elle est facile et satisfaisante à répéter.

Cet élan de simplicité a également un effet multiplicateur. Une simple habitude devient souvent le point d'ancrage de comportements supplémentaires. Une personne qui commence par passer le fil dentaire sur une dent peut naturellement passer sur toutes les dents. Une personne qui ouvre son application d'écriture pour taper une ligne peut finir par écrire un paragraphe. Ces développements ne sont pas obligatoires ; ils sont bienvenus, car ils naissent d'une volonté et d'un rythme plutôt que d'une pression. L'essentiel est que le comportement de base reste suffisamment simple pour ne jamais être intimidant.

La simplicité favorise également la clarté, essentielle à la prise d'habitudes. Des intentions vagues comme « manger plus sainement » ou « être plus organisé » sont quasiment impossibles à mettre en pratique de manière cohérente, faute de point de départ défini. Mais lorsque les habitudes sont simplifiées en actions concrètes et visibles – « manger un fruit au petit-déjeuner » ou « débarrasser un objet de mon bureau avant de commencer à travailler » – elles deviennent réalisables. Le cerveau n'a plus besoin de se demander quoi faire. Il le fait, tout simplement.

Les applications concrètes de la simplicité sont nombreuses. Dans les environnements professionnels, simplifier les flux de travail et réduire la fatigue décisionnelle se traduit souvent par une productivité accrue. Dans l'éducation, décomposer les tâches en étapes claires et concises favorise l'engagement des étudiants. Dans le domaine de la santé, des gestes simples comme poser une bouteille d'eau sur son bureau ou prendre les escaliers plutôt que l'ascenseur permettent de bouger au quotidien sans nécessiter de temps d'exercice physique formel. L'impact cumulé de ces petits gestes simples est bien plus important que des efforts ponctuels et complexes.

Pourtant, l'avantage le plus souvent négligé de la simplicité est peut-être sa grâce psychologique. Elle nous libère de la tyrannie du perfectionnisme et de la comparaison constante avec des versions idéalisées de ce que nous pensons devoir être. La simplicité nous permet de commencer là où nous sommes, avec ce que nous avons. Elle élimine la pression d'optimiser, d'impressionner ou de performer, et la remplace par la douce discipline de la répétition. Elle nous insinue que la constance compte plus que l'ambition, et que le progrès est davantage une question de rythme que de révolution.

Cela ne signifie pas qu'il faille toujours éviter la complexité. Il y a un temps et un lieu pour les routines exigeantes, le travail en profondeur et les objectifs ambitieux. Mais ceux-ci doivent reposer *sur* la simplicité. Ils doivent émerger d'habitudes déjà stables, fiables et fluides. Ainsi, la simplicité devient le terreau sur lequel des comportements plus ambitieux peuvent se développer, non pas en les forçant, mais en créant les conditions propices à leur épanouissement.

Dans la formation des habitudes, moins c'est vraiment plus. En éliminant le superflu, on révèle l'essentiel. En simplifiant, on crée un espace de cohérence, d'identité et de croissance. Et en honorant l'art de la simplicité – non pas comme une contrainte, mais comme une stratégie – on découvre que les changements les plus durables commencent souvent par les gestes les plus simples et les plus faciles.

La simplicité n'est pas l'absence de sophistication. C'est sa forme la plus aboutie. En concevant des habitudes élégamment minimalistes, nous les invitons à perdurer non pas parce qu'elles sont grandioses, mais parce qu'elles sont *réalisables* . Chaque jour. Sans exception. Tel est l'art – et le pouvoir – de la simplicité.

Suivi du succès

Dans l'architecture de la formation des habitudes, un élément s'avère systématiquement plus puissant qu'il n'y paraît : le suivi visuel. Bien qu'il puisse sembler modeste – se contenter de noter un calendrier, de cocher une case ou de remplir un journal numérique –, le suivi des habitudes apporte une structure psychologique, un renforcement émotionnel et une clarté stratégique. Il transforme les intentions fugaces en données tangibles, transformant les efforts subjectifs en données objectives. Plus important encore, il crée un récit visible de cohérence, qui entretient la motivation bien après que l'enthousiasme initial se soit estompé.

Le cerveau humain est programmé pour réagir aux progrès. Nous aspirons à la conclusion, à l'achèvement et à la preuve d'un mouvement vers quelque chose de significatif. Lorsque les progrès sont visibles, même les plus infimes, ils déclenchent une réponse dopaminergique gratifiante qui renforce les schémas comportementaux. Ce mécanisme neurologique est au cœur de l'efficacité du suivi. Chaque fois que nous marquons une habitude accomplie – que ce soit en traçant un « X » sur un calendrier ou en enregistrant une séance d'entraînement dans une application – nous éprouvons un sentiment subtil mais puissant d'accomplissement. Ce moment d'achèvement renforce le comportement et augmente la probabilité de répétition.

Prenons le cas de Leah, une étudiante qui peinait à maintenir une routine d'étude malgré un emploi du temps chargé et des fluctuations d'énergie. Après plusieurs tentatives infructueuses pour s'en tenir à des agendas complexes et des rappels numériques, elle a créé un simple outil de suivi des habitudes à l'aide d'une grille accrochée au mur de sa chambre. Chaque soir, elle coloriait un carré pour chaque séance d'étude terminée. Le coloriage est devenu un mini-rituel, qui l'aidait non seulement à visualiser sa régularité, mais lui procurait aussi un sentiment de satisfaction paisible. Au fil du temps, l'accumulation visuelle des progrès l'a motivée à ne pas rompre la chaîne. L'outil a transformé ses efforts en preuve : un rappel subtil et quotidien qu'elle était du genre à persévérer.

Cette visibilité est cruciale. Sans elle, les habitudes fonctionnent souvent en vase clos. Nous les adoptons, les oublions et oublions leur impact cumulatif. Le suivi visuel réintroduit la conscience. Il nous permet d'observer la continuité de nos actions, donnant forme à ce qui serait autrement intangible. Qu'il s'agisse d'un calendrier à cocher, d'un carnet à barres colorées ou d'un tableau de bord numérique affichant des graphiques de progression, la présence d'un repère visuel contribue à combler le fossé psychologique entre effort et récompense.

Un principe comportemental important entre également en jeu ici : ce qui est mesuré est géré. Lorsque nous suivons une habitude, nous ne nous contentons pas d'enregistrer ses résultats, nous y prêtons attention. Et l'attention modifie le comportement. Il ne s'agit pas de surveillance, mais d'autogestion. En conservant un journal visuel de nos habitudes, nous augmentons notre attention à leur égard. Nous commençons à repérer des schémas récurrents : nos moments de constance, nos moments d'inconstance et ce qui tend à interférer. Cette boucle de rétroaction permet une adaptation intelligente. Plutôt que d'abandonner une habitude lorsque la vie devient trop chargée ou que les progrès stagnent, nous pouvons procéder à des ajustements éclairés. Nous devenons plus stratégiques, et pas seulement plus disciplinés.

Cette approche est particulièrement précieuse pour ceux qui poursuivent des objectifs à long terme ou à rendement différé. De nombreuses habitudes bénéfiques, comme l'exercice physique, la lecture, l'épargne ou la méditation, n'offrent pas de résultats immédiats. Leurs bienfaits s'accumulent lentement, presque imperceptiblement. Sans système de suivi, il est facile de perdre de vue cette accumulation et de penser que l'effort n'en vaut pas la peine. Un outil de suivi des habitudes rend visible l'invisible. Il témoigne du progrès, non pas par la transformation, mais par la répétition.

Par exemple, James, propriétaire d'une petite entreprise qui cherchait à réduire son temps d'écran le soir, a commencé à compter le nombre de nuits où il rangeait son téléphone avant 21 h. Au début, l'habitude en elle-même lui semblait sans conséquence, parfois même frustrante, car l'envie de consulter les notifications restait forte. Mais son tracker a commencé à se remplir, et à mesure que la chaîne de jours consécutifs s'allongeait, son sentiment de contrôle et de satisfaction grandissait également. Cette séquence est devenue une forme de responsabilité. Il ne voulait pas la rompre, non pas par culpabilité, mais par fierté de la maintenir. Le tracker avait transformé un léger changement de comportement en source de crédibilité personnelle.

Le poids psychologique des séquences ne doit pas être sous-estimé. Elles contribuent à notre désir intrinsèque de constance et d'intégrité. Après avoir appliqué une habitude plusieurs jours d'affilée, nous commençons à nous percevoir comme quelqu'un qui la pratique régulièrement. Cette identité est précieuse, et la plupart des gens feront tout leur possible pour la protéger. C'est pourquoi on hésite à rompre une séquence, même si l'habitude elle-même ne dure qu'une minute. Le suivi crée un investissement émotionnel dans le comportement, ce qui renforce ensuite la boucle de renforcement identitaire. Plus la séquence est longue, plus l'identité est forte. Et plus l'identité est forte, plus il est facile d'agir en accord avec elle.

Il est intéressant de noter que même lorsque les séquences sont interrompues – ce qui est inévitable –, la présence d'un outil de suivi offre un moyen structuré de réfléchir et de repartir du bon pied. Plutôt que d'interpréter une journée manquée comme un échec, l'outil permet de prendre du recul. Vous constatez que vous avez appliqué l'habitude 25 jours sur 30, et non pas échoué cinq fois. Ce changement de perspective préserve la motivation et favorise la résilience. Il transforme les revers, parfois catastrophiques, en données. Avec une vision claire de votre schéma global, il est plus facile de se remettre sur les rails plutôt que de sombrer dans le découragement.

Ce principe est particulièrement précieux dans le contexte des micro-habitudes, qui peuvent sembler trop anodines pour avoir une importance à elles seules. Écrire une ligne dans son journal, boire un verre d'eau ou faire cinq squats peut être un gain immédiat subtil. Mais le suivi de ces petits gestes leur donne du poids. Cela transforme l'expérience, passant d'un simple souvenir à quelque chose d'inoubliable, en quelque chose d'inoubliable. Et au fil des jours, ce qui paraissait insignifiant devient le témoignage d'un engagement constant – une manifestation concrète de discipline intérieure.

D'un point de vue conceptuel, les meilleurs systèmes de suivi sont les plus simples. Ils doivent être faciles à utiliser, rapides à mettre à jour et immédiatement visibles. La complexité nuit à la cohérence. Si le suivi d'une habitude prend plus de temps que sa mise en pratique, la résistance s'installe. Un calendrier papier, un tableau mural ou une application minimaliste peuvent être plus efficaces que des outils sophistiqués et riches en fonctionnalités. L'objectif n'est pas d'analyser vos habitudes de manière obsessionnelle, mais de leur donner une présence visuelle dans votre quotidien – un petit coup de pouce qui renforce l'engagement.

De plus, les repères visuels ne se limitent pas aux traqueurs. Placer des objets dans votre environnement qui vous rappellent vos habitudes peut remplir une fonction similaire. Un tapis de yoga déroulé près de votre lit, un livre posé sur votre oreiller, une bouteille d'eau remplie sur votre bureau : ces repères visuels parlent au cerveau dans un langage qu'il comprend. Ils réduisent les frictions, renforcent le contexte et déclenchent un comportement inconsciemment. Comme les traqueurs, ils rendent l'action souhaitée proche, sans être abstraite ou exigeante.

Il est important que le suivi ne devienne pas punitif. Il ne s'agit pas d'un système d'autocritique ou d'anxiété de performance. C'est plutôt un outil bienveillant de réflexion et d'encouragement. Utilisé correctement, il favorise un sentiment d'autonomie et de continuité. Il devient une confirmation concrète que le changement est possible, non pas par une transformation radicale, mais par un effort constant et visible. C'est un rappel que même les petits gestes, répétés suffisamment souvent, peuvent créer quelque chose de significatif.

Ce passage de la pression à la présence, de la perfection à la routine, est ce qui rend le suivi si efficace. Il recadre le comportement comme un long chemin d'auto-alignement, plutôt qu'une épreuve de volonté. En enregistrant l'action, nous la célébrons. Nous reconnaissons que l'habitude compte, non pas parce qu'elle impressionne les autres, mais parce qu'elle renforce nos valeurs, nos aspirations et notre identité en évolution.

Dans le paysage de la création d'habitudes, le suivi n'est pas un simple accessoire, c'est un point d'ancrage. Il ancre nos efforts dans des faits. Il révèle la vérité sur ce que nous faisons, et non sur ce que nous souhaiterions faire. Ce faisant, il nous donne la clarté nécessaire pour maintenir le cap ou ajuster nos actions si nécessaire. Le suivi n'instaure pas la discipline, mais il la révèle. Il nous offre l'occasion de constater notre constance, de célébrer nos progrès et de mieux nous comprendre à travers les schémas que nous laissons derrière nous.

Ainsi, un outil de suivi des habitudes est plus qu'un simple outil. C'est un miroir, une boussole et une forme discrète de respect de soi. Utilisé à bon escient, il devient l'un des alliés les plus puissants dans la quête d'un changement significatif et durable.

Chapitre 4
Créer un environnement propice aux habitudes

On attribue souvent la réussite à l'adoption d'habitudes durables à des qualités insaisissables comme la discipline, la motivation ou la volonté. Et si celles-ci ont leur importance, le véritable moteur d'un comportement constant se cache souvent sous nos yeux : notre environnement. Les espaces que nous traversons, les objets que nous croisons, les personnes qui nous entourent : ces éléments discrets et omniprésents influencent nos actions plus que nous ne voulons l'admettre. En fait, ils façonnent souvent nos actions avant même que nous ayons eu la possibilité de prendre une décision consciente. Si vous préparez bien le terrain, un bon comportement peut sembler presque naturel. Mais si votre environnement joue contre vous, même les meilleures intentions ont tendance à céder.

Concevoir un environnement propice à vos habitudes ne consiste pas à contrôler chaque variable, ni à rechercher une perfection stérile. Il s'agit plutôt d'agir délibérément. Il s'agit de créer des conditions où la voie de moindre résistance vous guide doucement vers les comportements que vous souhaitez renforcer. Les bonnes habitudes, bien encadrées, peuvent devenir la solution la plus simple. Les mauvaises ? Un peu plus compliquées. Cette réorientation subtile peut faire toute la différence.

Au cœur de cette approche se trouvent les signaux environnementaux – ces petits coups de pouce, souvent visuels ou tactiles, qui incitent à l'action avant même que nous ayons consciemment décidé d'agir. Une paire de baskets visible près de la porte. Un livre laissé sur votre oreiller. Un post-it à hauteur des yeux sur le réfrigérateur. Ces signaux ne crient pas, ils murmurent. Et leur pouvoir réside dans cette subtilité. Intégrés à des routines existantes, ils encouragent discrètement la répétition. Inutile de vous forcer à boire plus d'eau si un verre rempli vous attend déjà sur votre bureau. Inutile de vous forcer à mémoriser une habitude ancrée dans votre environnement.

Prenons l'exemple de Dev, un conseiller commercial qui peinait à boire suffisamment d'eau pendant ses journées de travail chargées. Il n'a pas téléchargé d'application tape-à-l'œil ni programmé de rappels horaires. Au lieu de cela, il commençait chaque matin en plaçant un grand verre d'eau à côté de son ordinateur. C'est tout. La simplicité du geste était son génie. Le verre est devenu un signal silencieux, persistant, visible, difficile à ignorer. Finalement, l'hydratation est devenue automatique, non pas parce que Dev est devenu plus discipliné, mais parce que l'environnement a cessé d'exiger de la discipline.

Bien sûr, cette dynamique est réciproque. Les environnements qui favorisent les bonnes habitudes peuvent tout aussi bien favoriser celles que nous préférerions éviter. Pensez aux en-cas laissés à la vue de tous, aux téléphones qui vibrent constamment à cause des notifications, ou à la télécommande qui traîne à portée de main. Ces fonctionnalités ne font pas que favoriser la distraction, elles la garantissent. La solution ? Pas plus de retenue, mais moins de tentation. Pas de contrôle interne, mais une refonte externe. Pour éviter de scroller sans réfléchir, supprimez l'application. Si vous essayez de freiner vos envies de sucre, ne laissez pas de biscuits sur le comptoir. Introduisez une friction, même minime, et le comportement devient suffisamment gênant pour vous faire réfléchir. Et parfois, une simple pause suffit.

Cette notion de friction comme levier comportemental n'est pas une astuce, mais un principe. La friction rend les choses difficiles plus difficiles et les choses faciles plus faciles. Pour encourager une habitude, supprimez les étapes qui vous ralentissent. Envie de faire du sport ? Préparez votre équipement la veille. Envie de bien manger ? Préparez votre déjeuner à l'avance. Moins il y a d'obstacles, moins il faut d'efforts pour les surmonter. Moins vous faites d'efforts, plus vous devenez constant.

D'un autre côté, ajouter de la friction peut désamorcer les habitudes indésirables avec une élégance surprenante. Désactivez la lecture automatique de votre service de streaming. Rangez votre téléphone dans une autre pièce après 21 h. Cachez les bonbons sur l'étagère la plus haute. Le but n'est pas d'interdire le plaisir ou de nier le confort, mais de briser la boucle inconsciente. Cette petite interruption crée de l'espace. Et dans cet espace, vous pouvez choisir, plutôt que de réagir.

Mais les environnements ne sont pas seulement physiques : ils sont sociaux. Plus encore que les objets et les signaux, les autres façonnent notre comportement. Nous imitons, reflétons et nous adaptons à ceux qui nous entourent, souvent sans nous en rendre compte. Ce n'est pas de la faiblesse, c'est la nature humaine. Si votre équipe fait des pauses marche, vous vous joindrez probablement à eux. Si vos amis vont régulièrement à la salle de sport, il semble normal de faire de l'exercice. Mais si votre entourage banalise l'épuisement professionnel, les crises de boulimie ou l'auto-négligence, aller à contre-courant peut commencer à ressembler à de la résistance.

C'est là que l'intentionnalité devient cruciale. Créer un environnement social favorable ne consiste pas à couper les ponts avec tous ceux qui ne méditent pas ou ne cuisinent pas. Il s'agit d'intégrer des voix qui reflètent vos valeurs, afin que vos objectifs ne soient pas perçus comme des occupations solitaires. Un ami qui prend des nouvelles de vos habitudes d'écriture. Un groupe de course à pied local qui se réunit deux fois par semaine. Un canal Slack pour les freelances qui partagent leurs progrès. Ce ne sont pas des choses anodines ; ce sont des points d'ancrage. Ils élargissent votre environnement au-delà des murs de votre domicile ou de votre bureau pour en faire quelque chose de relationnel et de enrichissant.

Jaya, illustratrice indépendante, en est un parfait exemple. Pendant des années, elle a peiné à maintenir une routine de dessin régulière. Le problème n'était pas le talent, mais la solitude. Son succès ne s'est pas fait grâce à des astuces de productivité, mais en rejoignant une communauté de dessinateurs en ligne. La différence a été immédiate. N'étant plus isolée, son habitude créative est devenue sociale, partagée, observée. Cette habitude n'était plus seulement la sienne : elle s'inscrivait dans un rythme plus large, et cela a tout changé.

Il est important de le répéter : un aménagement ambiant efficace ne nécessite pas de refonte complète. Il se nourrit de petites modifications délibérées. Un mantra sur le miroir. Un calendrier bien en vue. Des haltères près du canapé. Ces choses peuvent paraître anodines, voire un peu désuètes. Mais elles s'additionnent. Elles envoient un message, non seulement à votre conscient, mais aussi à votre subconscient : cet espace, cette vie, est en phase avec vos intentions. Vous ne vous contentez pas de penser au changement. Vous l'invitez.

Et là réside une récompense plus profonde. Lorsque votre environnement commence à refléter vos aspirations, un sentiment subtil mais puissant d'intégrité se fait sentir. Votre environnement cesse d'être neutre ou chaotique. Il devient cohérent. Et cette cohérence allège le poids du changement. Elle crée un flux. Elle vous stabilise. Vous commencez à sentir que vos actions quotidiennes correspondent à l'histoire que vous essayez d'écrire sur qui vous êtes.

Sera-ce parfait ? Bien sûr que non. Les environnements sont dynamiques. Ils deviennent chaotiques. Les influences sociales s'affrontent. Les frictions reviennent. Certains jours, vous serez désynchronisé. Mais la perfection n'a jamais été le but. Plus vous façonnez votre environnement avec soin, moins vous aurez à lutter contre vos impulsions. Il ne s'agit pas d'avoir plus de contrôle sur vous-même, mais de façonner le monde qui vous entoure pour qu'il offre un peu moins de résistance.

Au final, créer un environnement propice aux habitudes est à la fois une démarche pratique et morale. Cela signifie : « Je reconnais que le changement est difficile, et je vais le rendre un peu plus facile. » C'est un clin d'œil au fait que la motivation va et vient, mais que la structure peut perdurer. Et c'est un refus silencieux de se laisser façonner par accident par son environnement. Chaque petit changement dans votre espace devient un vote : pour les habitudes que vous souhaitez, la vie que vous imaginez et la personne que vous devenez.

Le pouvoir de la conception environnementale

Une grande partie de ce que nous attribuons à la discipline est en réalité le fruit d'une conception. Si la volonté personnelle est généralement considérée comme la marque de fabrique des personnes qui réussissent, un nombre croissant de travaux en sciences du comportement suggèrent que notre environnement physique et social façonne nos actions bien plus que nous ne voulons l'admettre. Notre environnement, souvent de manière subtile et imperceptible, guide nos décisions, influence nos habitudes et détermine la facilité ou la difficulté avec laquelle nous poursuivons nos objectifs. Si la volonté est un muscle qui s'épuise à force d'être sollicité, l'environnement est l'échafaudage qui maintient le comportement en place lorsque la motivation faiblit.

Ce constat n'est pas nouveau. Le psychologue Kurt Lewin, l'un des fondateurs de la psychologie sociale moderne, a avancé que le comportement est fonction de la personne et de son environnement. Dans sa célèbre équation, $B = f(P,E)$, il a reconnu que même l'individu le plus doué se comporterait différemment dans des circonstances changeantes. Un étudiant motivé pourrait avoir du mal à étudier dans une salle bruyante, tout comme un grignoteur invétéré pourrait inconsciemment se tourner vers des chips alors qu'un bol est toujours à portée de main. Il ne s'agit pas de défauts de caractère, mais de conséquences du contexte.

L'aménagement de l'environnement ne consiste donc pas à contrôler chaque aspect de votre environnement, mais à le façonner intentionnellement pour favoriser les comportements que vous souhaitez cultiver. Il s'agit d'aligner vos environnements physiques et sociaux sur vos objectifs afin que les habitudes souhaitées deviennent la voie de la facilité. Un environnement bien structuré rend le comportement souhaité plus facile, plus intuitif et plus automatique. Cela allège votre volonté et renforce la fiabilité de vos routines.

L'un des exemples les plus convaincants de ce principe provient de la recherche en santé publique. Au début des années 2000, la cafétéria d'un hôpital universitaire américain a repensé son aménagement pour promouvoir une alimentation plus saine. En plaçant des bouteilles d'eau à hauteur des yeux à plusieurs endroits et en rendant les boissons sucrées moins accessibles, les achats d'eau ont considérablement augmenté et la consommation de sodas a diminué. Fait important, il n'y a eu ni conférences, ni affiches, ni appel à la motivation ; juste une modification de la présentation des choix. Ce léger changement de contexte a entraîné des changements de comportement mesurables sans nécessiter d'efforts supplémentaires de la part des personnes concernées.

Cette expérience reflète une vérité plus vaste : nos actions sont très sensibles aux signaux de notre environnement immédiat. Si nous souhaitons écrire davantage, un ordinateur portable posé sur un bureau propre est plus attrayant qu'un ordinateur enfoui sous les papiers. Si nous souhaitons mieux manger, une coupe de fruits sur le comptoir est préférable à un réfrigérateur rempli de plats préparés. Si nous souhaitons bouger davantage, garder nos chaussures de course visibles et accessibles est bien plus efficace que de les ranger dans un placard sous l'escalier. Ce ne sont pas des actes du hasard, mais des actes intentionnels. Ils créent un comportement par défaut qui joue *en* notre faveur, plutôt qu'en notre défaveur.

Bien sûr, les signaux environnementaux peuvent tout aussi facilement favoriser des comportements indésirables. Le smartphone posé sur la table de chevet, source de navigation insensée. Le tiroir à en-cas à portée de main au bureau, source de grignotages fréquents. La télécommande de télévision bien en vue sur la table basse, qui fait du visionnage compulsif de séries l'activité habituelle après le dîner. Ces aménagements ne sont pas neutres ; ils nous incitent activement à adopter des comportements qui ne correspondent pas forcément à nos valeurs. Reconnaître ces influences nous permet d'opérer des ajustements conscients, même modestes, qui commencent à transformer nos comportements habituels en quelque chose de plus constructif.

L'une des stratégies les plus efficaces en matière de conception d'environnements consiste à *réduire les frictions* pour les comportements souhaités et *à les augmenter* pour les comportements indésirables. Dans ce contexte, la friction désigne tout petit obstacle qui ajoute de l'effort, du temps ou de la complexité à une action. Même des désagréments mineurs, comme devoir fouiller dans un tiroir ou se connecter à une application distincte, peuvent suffire à faire dérailler une habitude. À l'inverse, lorsqu'un comportement est rendu fluide et facile à initier, il est plus susceptible de se produire.

Prenons le cas de Rahul, un comptable qui souhaitait commencer à tenir un journal le soir. Au début, il laissait son journal dans un tiroir, l'oubliant souvent ou se sentant trop fatigué pour le récupérer en fin de journée. Après avoir réévalué son installation, il a placé le journal et le stylo directement sur son oreiller chaque matin. Ce changement a transformé cette habitude, passant d'une tâche pénible à un élément naturel de sa routine nocturne. C'est l'environnement qui l'a incité à le faire, et non sa mémoire ou sa volonté.

Le pouvoir des incitations environnementales a également été exploité dans les environnements de travail. Les bureaux ouverts, équipés de bureaux debout et d'espaces de détente, favorisent généralement la mobilité et la collaboration informelle. Lorsque des en-cas sains sont mis à disposition gratuitement, tandis que les en-cas industriels sont cachés ou nécessitent un effort pour y accéder, les employés se tournent naturellement vers l'option la plus saine. De même, les environnements numériques peuvent être conçus pour favoriser ou nuire à la productivité. Un bureau sans icônes distrayantes, avec des applications configurées pour se lancer directement en mode travail concentré, peut améliorer considérablement la concentration.

Il est important de comprendre que l'aménagement d'un environnement n'est pas un concept universel. L'efficacité de chaque élément ou configuration dépend des tendances individuelles, des contraintes de style de vie et des associations personnelles. Pour certains, un bureau minimaliste et épuré est inspirant ; pour d'autres, il paraît stérile. L'objectif n'est pas de reproduire une version idéalisée de l'ordre, mais de créer un environnement qui soit favorable et en harmonie avec vos propres rythmes. Cela nécessite un peu d'expérimentation et de réflexion : tester différentes configurations et observer celles qui offrent plus de cohérence et de fluidité.

L'environnement social a une influence égale, voire supérieure. Nos comportements sont continuellement façonnés par les personnes qui nous entourent : ce qu'elles normalisent, encouragent et récompensent. Les attentes de la famille, des amis, des collègues et de la communauté créent une sorte de pesanteur comportementale qui peut nous encourager ou nous alourdir. Si vous fréquentez des personnes qui valorisent la curiosité, vous êtes plus susceptible de lire. Si vos pairs privilégient l'exercice physique, vous bougerez probablement davantage. À l'inverse, si votre entourage est imprégné de négativité, d'évitement ou d'excès, résister à cette influence demande des efforts considérables.

Être attentif à son environnement social ne signifie pas s'isoler ou rechercher la perfection chez les autres. Cela signifie être attentif à ceux qui influencent nos habitudes et comment. Cela peut signifier choisir de passer plus de temps avec ceux qui partagent nos valeurs, ou créer de nouveaux groupes – comme des rencontres d'écriture, des clubs de marche ou des cercles de responsabilité partagée – qui renforcent les habitudes que vous souhaitez cultiver. Lorsque votre environnement comprend des personnes qui attendent de vous et vous encouragent à être présent, la constance devient moins un combat solitaire qu'une norme partagée.

Les environnements numériques méritent eux aussi d'être examinés de près. Les applications que nous installons, les notifications que nous autorisons, les sites web que nous enregistrons dans nos favoris : tous ces éléments constituent un paysage numérique qui favorise ou entrave notre concentration et notre intention. Optimiser cet environnement en désactivant les alertes, en organisant l'écran d'accueil de votre téléphone autour des outils de productivité ou en utilisant des bloqueurs de sites web pendant les heures de travail peut générer des bénéfices comportementaux considérables. Là encore, la réussite ne réside pas dans le renforcement des résistances internes, mais dans la réduction des déclencheurs externes.

Lorsqu'on entend parler d'aménagement de l'environnement, on imagine parfois qu'il s'agit de repenser complètement sa vie ou son espace de vie. Pourtant, de petits changements délibérés sont généralement plus efficaces. Un capteur de lumière dans le couloir qui incite à s'étirer. Un carnet placé près de la bouilloire pour encourager la gratitude matinale. Une playlist prête pour la salle de sport. Ces ajustements peuvent paraître anodins, mais leur influence s'amplifie. Au fil du temps, ils créent un environnement qui soutient l'identité que vous vous efforcez d'incarner.

Ce qui rend cette approche particulièrement stimulante, c'est qu'elle déplace le centre de contrôle de la volonté – une ressource capricieuse et épuisable – vers la stratégie. Elle reconnaît que le comportement humain est autant façonné par le chemin que nous empruntons que par la direction que nous souhaitons prendre. Si le chemin est clair, bien éclairé et invitant, nous sommes plus susceptibles d'avancer. S'il est encombré d'obstacles et de distractions, nous hésiterons, ferons un détour ou nous arrêterons complètement.

En fin de compte, la puissance de l'aménagement d'environnement réside dans sa subtilité. Il n'exige pas de discipline ; il invite à la détente. Il ne crie pas d'instructions ; il murmure des suggestions. Et avec le temps, ces suggestions façonnent les routines, ces routines construisent des habitudes, et ces habitudes deviennent l'architecture d'une vie pleine de sens et d'intention.

En aménageant notre environnement avec soin et détermination, nous respectons le principe selon lequel le comportement est déterminé par le contexte. Nous nous positionnons pour réussir non pas en redoublant d'efforts, mais en facilitant les bons comportements. Ce faisant, nous créons un monde – notre propre microcosme – qui soutient silencieusement, continuellement et sûrement la personne que nous souhaitons devenir.

Indices et déclencheurs

Toute habitude commence par un signal. Consciemment ou non, nos actions sont généralement précédées d'un signal : un indice environnemental, un rappel temporel, une sensation physique ou un état émotionnel. Ces signaux sont les leviers invisibles du comportement, façonnant discrètement nos routines et nos réactions. La science du changement comportemental, notamment telle qu'elle est décrite dans le modèle signal-routine-récompense, souligne l'importance de reconnaître et de concevoir des déclencheurs efficaces pour cultiver des habitudes durables et significatives. Sans signal, même l'habitude la mieux intentionnée reste latente. Avec le bon signal, un comportement souhaité peut devenir non seulement automatique, mais aussi facile.

Les signaux sont puissants car ils opèrent sous la surface de la conscience. Ce ne sont pas des ordres, mais des suggestions : des incitations subtiles qui incitent à un comportement particulier. Au fil du temps, l'exposition répétée à un signal spécifique lié à une action particulière renforce la voie neurologique qui les relie. Ce processus, appelé apprentissage associatif, est ce qui rend les habitudes naturelles. Le cerveau, toujours performant, apprend à associer certains stimuli à certaines réponses, nous permettant d'agir avec un minimum de réflexion. Cet automatisme est ce qui rend les habitudes durables. Mais pour qu'une habitude devienne automatique, elle doit d'abord être déclenchée de manière fiable. C'est là qu'intervient la conception des signaux.

L'une des erreurs les plus courantes lorsqu'on tente de créer une nouvelle habitude est de se fier uniquement à la motivation ou à la volonté. On suppose que si le désir est suffisamment fort, l'action suivra. Or, sans signal fiable, l'intention manque d'ancrage dans la vie quotidienne. Le comportement ne trouve jamais de fondement. Concevoir des signaux efficaces n'est donc pas une option dans la formation d'une habitude : c'est fondamental. Le signal est le point d'entrée de l'habitude dans le monde réel.

Les signaux efficaces présentent plusieurs qualités clés. Ils sont précis, cohérents et facilement observables. Une intention vague comme « J'irai courir plus tard » a peu de chances de se concrétiser, faute d'indice clair. Il n'y a ni moment, ni lieu, ni incitation spécifiques pour initier le comportement. En revanche, un signal comme « J'enfilerai mes chaussures de course immédiatement après m'être brossé les dents le matin » lie le comportement à un point d'ancrage fixe dans votre routine existante. Ce type de signal est appelé signal temporel ou séquentiel : il utilise une pratique courante comme tremplin pour la nouvelle habitude. Grâce à cet ancrage fiable, le nouveau comportement devient plus facile à mémoriser et à mettre en œuvre.

Cette stratégie était cruciale pour Mina, rédactrice indépendante, qui souhaitait développer une habitude de lecture régulière. Malgré son amour des livres, elle prenait rarement le temps de lire pendant la journée. Après réflexion, elle a décidé d'associer la lecture à sa pause déjeuner. Elle a posé un roman sur sa table et s'est engagée à en lire une page avant de manger. Le signal – se mettre à table – était déjà ancré dans sa journée. En associant la lecture à cette routine établie, elle a instauré une habitude fluide. Ce qui n'était au départ qu'un engagement d'une page s'est progressivement étendu, mais la régularité est venue de la fiabilité du signal.

Les signaux environnementaux constituent une autre catégorie efficace. Notre environnement regorge de déclencheurs qui influencent notre comportement, parfois positivement, souvent inconsciemment. Une kettlebell au milieu du salon peut vous inciter à vous étirer ou à faire quelques répétitions. Un coussin de méditation bien en vue peut vous rappeler de faire une pause et de respirer. L'agencement de votre espace peut servir de carte comportementale, vous incitant à entreprendre ou non certaines actions. Lors de la conception des signaux, l'emplacement est important. Si le signal est hors de vue, il pourrait tout aussi bien ne pas exister. La visibilité renforce la visibilité, et la visibilité augmente la probabilité d'action.

Ce principe est magistralement appliqué dans les environnements de vente au détail et de marketing. Les épiceries placent les produits à forte marge à hauteur des yeux, les cafés placent les pâtisseries sous des cloches en verre près de la caisse, et les applications mobiles utilisent des badges rouges pour susciter l'engagement des utilisateurs. Ce sont autant de signaux artificiels, des stimuli délibérés destinés à influencer le comportement. Dans notre vie personnelle, nous pouvons utiliser la même logique, mais avec une intention plus affirmée. Nous pouvons concevoir nos environnements non pas pour nous vendre quelque chose, mais pour soutenir la personne que nous souhaitons devenir.

Les signaux sensoriels, tels que les odeurs, les sons et les sensations tactiles, peuvent également être remarquablement efficaces. L'odeur de l'huile essentielle de menthe poivrée peut inciter à un moment de respiration concentrée. Le son d'une playlist particulière peut déclencher une séance d'écriture. Ces associations sensorielles peuvent être puissantes une fois établies, mais elles nécessitent répétition et constance. En associant une expérience sensorielle à un comportement spécifique au fil du temps, le signal devient un déclencheur comportemental.

Les signaux émotionnels sont plus complexes. Ils apparaissent lorsque certains sentiments ou états mentaux induisent des comportements spécifiques. Le stress, l'ennui, l'anxiété ou même la célébration peuvent devenir des signaux d'action. Par exemple, une personne peut saisir son téléphone lorsqu'elle se sent anxieuse, ou ouvrir un placard à collations lorsqu'elle s'ennuie. Ces boucles émotionnelles-comportementales sous-tendent souvent les habitudes que nous souhaitons changer. Reconnaître les déclencheurs émotionnels des habitudes indésirables est la première étape pour les repenser. Si l'anxiété conduit à surfer sur les réseaux sociaux, par exemple, on peut remplacer cette boucle par une réponse plus saine, comme écrire dans un journal ou pratiquer la respiration profonde. Mais cette substitution ne sera durable que si le signal émotionnel reste constant et si le nouveau comportement est facilement accessible.

Les signaux temporels jouent également un rôle. Il s'agit d'habitudes liées à un moment précis de la journée, comme se brosser les dents à 7 h ou s'étirer avant de se coucher. Bien que le temps passé seul soit moins efficace que les signaux liés à un événement ou à un lieu, il peut être renforcé par la structure d'un emploi du temps quotidien. Les outils numériques comme les alarmes et les rappels d'agenda peuvent servir de signaux de substitution, même s'ils sont plus efficaces lorsqu'ils sont liés à un comportement que vous adoptez déjà. Une alarme vous invitant à vous lever toutes les heures peut être ignorée, sauf si elle coïncide avec une activité comme remplir votre bouteille d'eau ou aller à l'imprimante.

La clé pour créer des signaux efficaces réside dans la prévisibilité. Plus un signal apparaît régulièrement dans votre journée, plus son association avec le comportement souhaité est forte. Des déclencheurs aléatoires ou incohérents conduisent à une exécution erratique. La constance est le terreau de l'automatisme. Avec le temps, l'association répétée signal-comportement devient si ancrée que l'action semble presque inévitable. Vous ne décidez pas de l'exécuter, vous l'exécutez, tout simplement.

L'une des applications les plus élégantes de la conception basée sur les signaux est la technique d'empilement d'habitudes, où de nouvelles habitudes sont rattachées à celles existantes. Cette technique exploite la force des routines déjà ancrées dans votre architecture neurologique. Si vous préparez déjà du café tous les matins, ce comportement devient un point d'ancrage fiable pour une autre habitude, comme revoir vos objectifs, écrire une ligne dans un journal ou lire un paragraphe d'un ouvrage de non-fiction. Le café est le signal ; le comportement est la réponse. Cette séquence devient la boucle.

Cependant, les signaux peuvent aussi se retourner contre vous s'ils ne sont pas conçus avec soin. Si l'habitude d'ancrage est incohérente, la nouvelle habitude risque de ne jamais s'installer. Si le signal est associé à plusieurs comportements, dont certains indésirables, cela peut engendrer confusion ou conflit. Par exemple, si vous essayez de méditer chaque fois que vous vous asseyez sur votre canapé, alors que c'est aussi l'endroit où vous regardez la télévision en boucle, le signal manque de clarté. Dans ce cas, il peut être nécessaire de créer un espace dédié ou de choisir un signal différent.

La clarté contextuelle est essentielle. Un signal doit inciter à *une* action, et non à plusieurs. Il doit être aussi clair que possible. La force d'un signal ne réside pas dans son intensité, mais dans sa fiabilité et sa spécificité. Avec le temps, un signal bien conçu devient moins une simple incitation qu'un simple interrupteur. Il indique à votre cerveau : « Maintenant, on fait ceci », et votre cerveau s'exécute avec un minimum de friction.

Cette dynamique explique pourquoi les habitudes efficaces semblent souvent faciles à mettre en œuvre, non pas parce qu'elles sont naturellement aisées, mais parce que la prise de décision a été confiée à la conception. Le signal gère l'initiation. Le comportement découle de cette initiation. La boucle se renforce avec la répétition. Finalement, le comportement devient moins une tâche à accomplir qu'une partie intégrante de votre système d'exploitation.

Concevoir des signaux efficaces n'est donc pas un détail anodin : c'est une pratique fondamentale de l'architecture comportementale. Il s'agit de créer un environnement, tant externe qu'interne, qui rend le comportement souhaité non seulement probable, mais automatique. En intégrant des signaux clairs, cohérents et contextuels à votre rythme quotidien, vous réduisez le besoin de volonté, augmentez votre capacité de cohérence et alignez vos habitudes sur la vie que vous souhaitez mener. Avec des signaux conçus pour la facilité, le plus difficile n'est pas d'adopter le comportement, mais de *ne pas* l'adopter. C'est à ce moment-là que vous savez que votre système fonctionne.

Élimination des frottements

Lorsque les gens peinent à adopter de nouvelles habitudes, ils invoquent souvent un manque de discipline, de temps ou de motivation. Si ces facteurs peuvent certainement contribuer aux incohérences comportementales, ils en sont rarement la cause profonde. Le plus souvent, le véritable coupable est la friction : ces petits obstacles, souvent invisibles, qui rendent une habitude plus difficile qu'elle ne devrait l'être. La friction ne nous empêche pas forcément d'agir ; elle rend simplement l'action difficile, laborieuse ou cognitivement éprouvante. Avec le temps, cette résistance s'accroît, minant progressivement notre cohérence. Pour cultiver des habitudes durables, nous devons donc apprendre non seulement à travailler plus dur, mais aussi plus *intelligemment* , en identifiant et en éliminant les frictions dès qu'elles surviennent.

Les frictions prennent de nombreuses formes. Parfois physiques : vos chaussures de course sont enfouies dans le placard, votre carnet est introuvable, ou vos aliments sains sont rangés derrière des en-cas industriels. Parfois logistiques : la salle de sport est loin de chez vous, le programme alimentaire nécessite des ingrédients obscurs, ou l'application est complexe à utiliser. D'autres fois, psychologiques : la tâche semble insurmontable, le processus est flou, ou le résultat n'est pas immédiat. Chaque friction ajoute une couche de résistance entre vous et votre intention. Même légère, elle crée juste assez d'hésitation pour faire dérailler l'habitude avant même qu'elle ne prenne racine.

La bonne nouvelle, c'est que la friction est modifiable. Il ne s'agit pas d'une barrière fixe, mais d'une barrière variable : elle peut être réduite pour les habitudes positives et augmentée pour les habitudes négatives. Il ne s'agit pas de rendre les habitudes plus vertueuses, mais de les *faciliter* . De même, pour les comportements que nous souhaitons réduire ou éliminer, il n'est pas nécessaire de recourir à la force ou à l'abnégation ; il suffit de les rendre plus difficiles à mettre en œuvre. La friction, lorsqu'elle est comprise et appliquée stratégiquement, devient l'un des outils les plus puissants de l'architecture du changement comportemental.

Commencez par observer les points de friction dans vos routines actuelles. Ils se manifestent souvent par les micro-retards qui précèdent l'action : la pause avant une séance de sport, le défilement avant d'ouvrir un document, la réticence à cuisiner parce qu'il faut couper les ingrédients. Ces moments sont autant d'occasions d'intervenir. L'essentiel est de rationaliser la phase d'initiation de l'habitude, car une fois lancée, l'élan a tendance à vous porter. Par conséquent, l'une des stratégies les plus efficaces consiste à préparer votre environnement à l'avance, afin d'éviter de devoir prendre des décisions au moment de l'action.

Ce fut une véritable révolution pour Ravi, un client qui souhaitait commencer à faire du sport le matin, mais qui n'y parvenait jamais. Chaque matin, il se réveillait et décidait s'il voulait s'entraîner, quoi porter et quelle routine suivre. Le temps de réfléchir, la fenêtre d'opportunité était passée. Après un bilan de ses habitudes, il a commencé à préparer ses vêtements la veille, à choisir son entraînement à l'avance et à placer son tapis de yoga près de son lit. Le changement était subtil, mais l'impact était significatif. En réduisant le nombre de décisions à prendre le matin, il a diminué les frictions et a rendu l'habitude beaucoup plus facile à maintenir.

Cette approche – supprimer des étapes, des décisions ou des sources de retard – est largement applicable. Si vous souhaitez manger plus sainement, lavez et préparez les légumes dès leur achat. Si vous souhaitez boire plus d'eau, gardez toujours une bouteille remplie à portée de main. Si vous écrivez régulièrement, laissez votre manuscrit ouvert sur votre bureau afin de pouvoir reprendre immédiatement. Ces ajustements peuvent paraître mineurs, mais ils modifient l'équation coûts-bénéfices comportementale. Ils éliminent l'hésitation initiale qui empêche souvent l'action, la remplaçant par une voie à suivre claire et fluide.

À l'inverse, face aux mauvaises habitudes, l'objectif est d' *ajouter* des frictions. Cela ne nécessite ni privation ni punition ; il faut une conception intelligente. Si vous souhaitez réduire le temps passé devant un écran, déconnectez-vous des réseaux sociaux ou supprimez-les de votre écran d'accueil. Si vous avez tendance à grignoter sans réfléchir, gardez les options moins saines hors de vue ou dans des endroits difficiles d'accès. Si regarder la télévision tard le soir vous empêche de dormir, débranchez-la ou retirez les piles de la télécommande en fin de soirée. Ces interventions ne mettent pas fin au comportement d'emblée ; elles instaurent simplement une pause, un moment de réflexion qui vous donne l'occasion de faire des choix différents.

Ce principe de friction croissante a été appliqué avec succès par Nina, une enseignante de lycée qui se retrouvait constamment distraite par son téléphone pendant ses heures de travail. Plutôt que de recourir à la seule force de sa volonté, elle a commencé à ranger son téléphone dans un tiroir à l'autre bout de la pièce et à activer le mode « Ne pas déranger ». Cela a créé une barrière, petite mais significative. Consulter son téléphone nécessitait désormais de se lever et de traverser la pièce – une rupture de rythme qui l'a amenée à se demander si cela en valait la peine. Résultat : son utilisation du téléphone a considérablement diminué et sa capacité de concentration s'est améliorée sans effort ni motivation supplémentaires.

Il est important de comprendre que les frictions ne sont pas purement logistiques ; elles peuvent aussi être émotionnelles ou cognitives. Par exemple, si une habitude est associée à l'incertitude – comme ne pas savoir comment commencer à méditer ou quoi manger au petit-déjeuner – cette ambiguïté crée des frictions. Le cerveau résiste à l'incertitude car elle exige un traitement cognitif. Pour réduire cette forme de friction, créez des scripts, des modèles ou des routines qui clarifient la marche à suivre. Au lieu de viser « méditer 10 minutes », utilisez une application guidée et asseyez-vous à la même heure et au même endroit chaque jour. Au lieu de « prendre un petit-déjeuner sain », dressez une liste de plats que vous aimez et que vous pouvez préparer rapidement. Ces stratégies réduisent la fatigue décisionnelle et favorisent l'exécution régulière.

Une autre forme de friction cognitive est l'absence de conclusion. Lorsqu'une habitude n'a pas de but précis, il semble plus difficile de la démarrer. C'est pourquoi les objectifs ouverts, comme « écrire plus » ou « être plus actif », sont moins efficaces que des objectifs précis comme « écrire 100 mots » ou « marcher dix minutes ». Définir la fin permet de définir le début. On sait quand on a terminé, ce qui rend le début moins intimidant.

Un facteur de friction souvent négligé est le décalage entre environnement et habitudes. Tenter de se concentrer dans un espace encombré, se détendre dans une pièce bruyante ou faire de l'exercice dans un espace manquant d'intimité crée des tensions qui drainent l'énergie mentale. Dans de tels cas, la solution ne consiste pas seulement à adapter l'habitude, mais aussi le cadre. Créez un espace qui stimule et soutient le comportement souhaité. Même des signaux symboliques – une bougie pour la réflexion, une playlist pour la concentration, une chaise pour la lecture – peuvent réduire la résistance interne en signalant que « c'est ici que ce comportement se produit ».

Les frictions sociales jouent également un rôle. Si votre environnement comprend des personnes qui minent vos habitudes – en se moquant, en les rejetant ou en sabotant involontairement vos efforts – la résistance peut être importante. Gérer cette situation exige du tact, mais aussi de la clarté. Vous devrez peut-être expliquer vos objectifs, fixer des limites ou trouver des alliés qui renforcent vos engagements plutôt que de les affaiblir. L'alignement social réduit les frictions psychologiques liées au fait de déroger à la norme et vous permet de ne plus avoir l'impression de nager à contre-courant.

Tout cela souligne une vérité plus vaste : la réussite de la formation d'habitudes ne se limite pas à l'instauration d'une discipline, mais à la mise en place de systèmes. Lorsque votre environnement est conçu avec soin et que les frictions sont intelligemment gérées, les habitudes peuvent se développer avec une certaine facilité et une certaine inéluctabilité. Elles nécessitent moins de réflexion, moins de négociation intérieure et moins de stress émotionnel. Le comportement devient le fruit d'une structure plutôt que d'une simple volonté.

Cela ne signifie pas que chaque habitude sera toujours facile à prendre. Il y aura toujours des jours de résistance, de fatigue ou de demandes concurrentes. Mais une habitude sans friction est bien plus résistante à ces fluctuations qu'une habitude qui repose sur une inspiration quotidienne. Elle est également plus adaptable. Lorsque les circonstances changent, l'habitude peut être réajustée en identifiant les nouvelles sources de friction et en les traitant directement. Cela rend la pratique du maintien des habitudes aussi dynamique que notre vie.

Supprimer les frictions ne signifie donc pas éliminer tous les efforts, mais plutôt les efforts *inutiles* . Il s'agit de dégager la voie pour que vos comportements puissent décoller sans avoir à constamment chercher à résoudre les problèmes. C'est la discipline discrète, souvent invisible, qui consiste à aplanir le chemin afin que l'essentiel puisse se concrétiser avec le moins de résistance possible.

En réduisant les frictions autour de nos comportements souhaités et en les augmentant autour de ceux que nous souhaitons éviter, nous renversons l'équation comportementale en notre faveur. Nous rendons la cohérence plus naturelle, plus fiable et plus profondément ancrée dans nos routines quotidiennes. Et à chaque couche de résistance éliminée, nous nous rapprochons d'un système où l'action n'est pas une lutte pour laquelle on se bat, mais une évidence.

L'influence des cercles sociaux

Le comportement humain n'est jamais entièrement individuel. Malgré notre conception de l'autonomie, nos décisions, nos actions et nos habitudes sont profondément façonnées par les personnes que nous fréquentons. Nos cercles sociaux agissent comme des architectes silencieux de nos normes comportementales. Ils renforcent ce qui est acceptable, souhaitable et typique, souvent sans instruction explicite. Cette influence opère avec une telle subtilité que nous la remarquons rarement, et pourtant son pouvoir est omniprésent. En matière de formation d'habitudes, le rôle de l'environnement social ne peut être surestimé. Notre contexte social peut servir soit d'échafaudage pour la croissance, soit de sable mouvant qui nous ramène à l'inertie et à l'incohérence.

Une grande partie de cette dynamique repose sur notre schéma évolutif. Les humains ont évolué au sein de groupes soudés où l'appartenance était essentielle à la survie. De ce fait, nous avons développé une sensibilité sociale aiguë, un radar finement réglé pour détecter les signaux d'acceptation, de rejet et de conformité. Aujourd'hui encore, dans nos sociétés modernes plus individualistes, cet instinct persiste. Nous reproduisons les comportements, le langage, les postures et même les réactions émotionnelles de ceux qui nous entourent. Le terme psychologique pour cela est « contagion sociale » : le phénomène par lequel les attitudes et les comportements se propagent au sein des groupes, parfois aussi rapidement qu'un virus.

Lorsque les personnes qui nous entourent incarnent les habitudes que nous aspirons à adopter, leur présence devient une puissante force motivante et structurelle. Un groupe d'amis pratiquant régulièrement une activité physique rendra le mouvement naturel. Des collègues soucieux de la ponctualité encourageront subtilement la ponctualité. Un club de lecture qui se réunit chaque semaine renforcera une habitude de lecture qui, autrement, serait sporadique. Le groupe n'a pas besoin d'exiger quoi que ce soit explicitement ; ses attentes et ses routines collectives façonnent le comportement des individus par la pression ambiante.

C'était le cas de Shreya, une étudiante en médecine qui peinait depuis longtemps à rester concentrée lors de longues séances d'étude. Elle a commencé à participer à un groupe d'étude sur le campus, non pas parce qu'elle espérait que cela révolutionnerait son apprentissage, mais parce qu'elle en avait assez de travailler seule. Elle a cependant découvert que le silence partagé et l'atmosphère de concentration du groupe amélioraient considérablement sa productivité. Être entourée de personnes partageant le même comportement l'aidait à maintenir son attention et sa constance. Son environnement ne réclamait pas son attention avec insistance ; il modelait un rythme qu'elle pouvait suivre.

Il est important de noter que le soutien social ne vient pas toujours de ceux qui poursuivent les *mêmes* objectifs. Il peut aussi provenir de personnes qui respectent et encouragent simplement vos efforts. Un partenaire qui respecte votre routine d'exercice matinale, un colocataire qui s'abstient de vous offrir une cigarette ou un manager qui s'adapte à votre pause méditation : ces alliés créent un environnement permissif et encourageant où les habitudes ont plus de chances de s'installer. Ils réduisent la résistance non pas en vous poussant à aller de l'avant, mais en ne vous freinant pas.

Mais l'inverse est également vrai. Lorsque notre environnement social rejette, raille ou sape nos habitudes, ces comportements deviennent plus difficiles à maintenir. La pression sociale peut ne pas être manifeste, mais elle peut être corrosive. Des commentaires sarcastiques sur votre alimentation saine, une résistance passive à votre nouvel horaire de sommeil ou un désintérêt subtil pour vos ambitions créatives : tout cela crée un frein psychologique. Ce comportement est ressenti comme une déviation de la norme du groupe, ce qui déclenche un conflit interne. Le conformisme, souvent inconscient, commence à éroder l'habitude.

Prenons l'exemple de Raj, un associé junior dans un cabinet de conseil. Après avoir lu les bienfaits du travail en profondeur, il a commencé à se réserver deux heures chaque matin pour une concentration ininterrompue. Au début, il trouvait cette routine énergisante et productive. Mais lorsque les membres de son équipe ont commencé à plaisanter sur ses « disparitions » ou à se demander pourquoi il ne répondait pas immédiatement sur le chat, il a commencé à culpabiliser. Sans opposition directe, les signaux sociaux ambiants ont suffi à perturber sa routine. Il a fini par revenir à sa disponibilité constante par défaut, non pas parce que cette habitude lui avait fait défaut, mais parce que son environnement, lui, l'avait trahi.

La bonne nouvelle, c'est que la conscience de l'influence sociale permet une intervention stratégique. Nous ne choisissons pas toujours nos collègues ou les membres de notre famille, mais nous *pouvons* choisir ceux vers qui nous nous tournons pour obtenir du soutien. C'est là que l'idée des communautés identitaires prend tout son sens. Qu'il s'agisse d'un club de course à pied, d'un espace de coworking pour écrivains ou d'une retraite de pleine conscience, rejoindre un groupe où l'habitude souhaitée est la norme crée un climat de responsabilité implicite. Vous commencez à vous percevoir non seulement comme quelqu'un *qui cherche* à développer une habitude, mais comme quelqu'un qui *appartient* à une communauté où cette habitude est valorisée.

Ce sentiment d'appartenance est transformateur. Lorsque les habitudes sont portées par l'identité – « Je fais partie d'un groupe qui fait cela » – elles gagnent en profondeur émotionnelle. Le comportement devient non seulement une tâche à accomplir, mais l'expression de valeurs partagées. On se sent connecté à quelque chose de plus grand que soi. Ce lien réduit le coût psychologique de l'habitude et renforce l'engagement par l'affirmation sociale.

La technologie peut également être mise à profit pour amplifier l'influence sociale positive. Les forums en ligne, les communautés de suivi des habitudes et les applications de défis créent un sentiment d'élan collectif. Si les relations virtuelles peuvent manquer de l'intimité du soutien en personne, elles offrent néanmoins validation, encouragement et une cohérence visible. Même un simple commentaire d'encouragement de la part d'un inconnu qui comprend votre objectif peut vous apporter une motivation surprenante.

Cependant, la responsabilité sociale ne se valent pas toutes. Le ton est important. La honte publique ou les commentaires punitifs peuvent se retourner contre vous et engendrer une attitude défensive et un désengagement. Le véritable soutien est empathique, et non évaluatif. Il va à la rencontre des personnes là où elles se trouvent, valorise les efforts et crée une sécurité psychologique. C'est pourquoi il est important de s'entourer non seulement de personnes performantes, mais aussi de personnes bienveillantes, de personnes qui vous inspirent sans vous faire sentir incompétent.

Tout aussi important est le rôle que nous jouons dans la formation des habitudes des autres. Tout comme nous sommes façonnés par ceux qui nous entourent, nous les façonnons aussi. Nos habitudes transmettent des signaux : ce qui est possible, ce qui est souhaitable et ce qui est acceptable. Quand vous vous levez tôt pour courir, quelqu'un le remarque. Quand vous choisissez de ne pas boire à une fête, quelqu'un l'observe. Quand vous portez un livre plutôt que votre téléphone, quelqu'un enregistre ce choix. Ces actes subtils créent un effet d'entraînement. Ils sèment l'idée que des alternatives existent, que les habitudes peuvent changer, que l'identité est fluide.

Comprendre cette nature réciproque de l'influence ajoute une dimension de responsabilité, mais aussi d'opportunité. En faisant preuve de cohérence, de résilience et de curiosité, nous devenons des alliés silencieux dans la transformation d'autrui. Nous contribuons non seulement à notre propre écosystème comportemental, mais aussi à l'écosystème collectif.

Des dynamiques culturelles entrent également en jeu. Dans certains environnements, le conformisme est fortement encouragé et les écarts sont mal vus. Dans d'autres, l'individualité est valorisée et l'expérimentation est bienvenue. Reconnaître les valeurs sociales plus larges de votre lieu de travail, de votre famille ou de votre communauté vous aide à anticiper les situations où le soutien sera important et celles où une résistance pourrait émerger. Cette connaissance vous permet de vous préparer, de vous adapter et de rechercher un soutien supplémentaire si nécessaire.

Enfin, il est utile de réfléchir à vos scénarios sociaux intériorisés. Parfois, les voix de notre passé – parents, enseignants, pairs – continuent d'influencer nos habitudes bien après que le contexte social a changé. Ces critiques ou attentes intériorisées peuvent façonner nos comportements avec autant de force que nos relations actuelles. Mettre ces influences en lumière permet une renégociation consciente. Vous pouvez choisir les voix que vous continuez d'écouter et celles que vous laissez derrière vous.

L'influence sociale n'est ni positive ni négative en soi ; elle est simplement *puissante* . Son orientation dépend de la conscience et de la conception. En vous entourant de personnes qui reflètent les habitudes et les valeurs que vous aspirez à incarner, vous rendez votre développement naturel. Vous supprimez les frictions de l'isolement et les remplacez par la facilité de l'alignement. Vos habitudes sont soutenues, non seulement par l'intention, mais aussi par l'interaction.

Au fil de notre vie, nos habitudes deviennent les scénarios de notre vie, et nos cercles sociaux, les co-auteurs de ces scénarios. Bien choisir ses collaborateurs et comprendre son rôle dans le leur transforme la formation d'habitudes, d'une démarche solitaire, en une démarche relationnelle. Ce faisant, le changement passe d'un travail *individuel* à une construction *collective* .

Micro-ajustements pour un impact macro

L'idée que de petits changements peuvent produire des résultats significatifs est un concept souvent évoqué, mais rarement appréhendé dans son contexte comportemental complet. Appliqués avec soin, de micro-ajustements – de subtiles modifications de notre environnement quotidien – peuvent transformer radicalement nos habitudes. Ces ajustements ne nécessitent ni grands gestes ni une refonte complète de notre mode de vie. Ils reposent plutôt sur l'art de la modification stratégique : identifier et affiner les conditions de notre comportement. Lorsque notre environnement est légèrement réorienté pour soutenir nos intentions, les résultats peuvent être étonnamment profonds.

La psychologie comportementale moderne, et notamment les recherches sur la formation des habitudes, suggère que nos choix découlent davantage du contexte que d'une réflexion consciente. Nous pouvons nous croire rationnels, prenant des décisions fondées sur la logique et la volonté, mais la plupart de nos actions sont guidées par les signaux et les conditions immédiates qui nous entourent. Notre environnement agit comme un scénario comportemental, guidant subtilement nos actions par sa conception, son emplacement et son accessibilité. Comprendre cela nous permet d'interagir avec notre environnement non pas passivement, mais en tant que co-auteurs du façonnement de notre comportement.

Les micro-ajustements fonctionnent selon le principe de l'avantage cumulatif. Un petit avantage – faire quelque chose de mieux d'un pour cent, une minute plus tôt ou un pas plus près – se multiplie avec le temps. L'objectif n'est pas de révolutionner nos modes de vie, mais d'en affiner les détails. Ces changements environnementaux mineurs n'augmentent pas seulement la probabilité d'adopter une habitude souhaitée ; ils rendent également ce comportement plus durable, car ils minimisent les frictions et la lassitude décisionnelle.

Prenons le cas d'Ashwin, un avocat qui souhaitait développer une habitude de lecture malgré son emploi du temps chargé. Il n'a pas créé de toute pièce une nouvelle routine de lecture. Il a plutôt procédé à deux ajustements mineurs : il a placé un livre de poche sur le coussin de son fauteuil préféré chaque soir et il a placé son chargeur de téléphone à l'autre bout de la pièce plutôt que sur la table de chevet. Ces petits changements ont bouleversé sa tendance naturelle à faire défiler les pages et l'ont remplacée par une invitation à la lecture. En quelques semaines, le fauteuil est devenu son lieu de lecture, et le livre a intégré son rituel de détente. Cette habitude s'est développée non pas grâce à un gain de temps ou de motivation, mais grâce à un léger changement de contexte physique.

Les micro-ajustements fonctionnent car ils réduisent la résistance cognitive et émotionnelle associée au changement. Entreprendre quelque chose de nouveau semble souvent intimidant, non pas parce que le comportement en lui-même est difficile, mais parce que notre environnement n'a pas été préparé à le soutenir. Lorsque tout autour de nous rappelle l'ancienne routine, la nouvelle semble intrusive ou fragile. Mais lorsque le contexte commence à changer, même légèrement, notre comportement suit avec beaucoup moins d'effort. Ces impulsions contextuelles ont le pouvoir de transformer le « j'aurais dû » en « j'ai fait ».

Pour ceux qui tentent d'intégrer l'exercice à un mode de vie sédentaire, un micro-ajustement pourrait consister à préparer sa tenue de sport la veille au soir ou à placer une paire de baskets spécifique près de la porte. Pour quelqu'un qui souhaite boire plus d'eau, placer une bouteille bien en vue sur le bureau rend l'habitude presque réflexive. Ces actions ne durent que quelques secondes, mais créent un signal visuel persistant. Le cerveau, en phase avec son environnement, apprend progressivement à associer ces signaux au nouveau comportement. Avec le temps, la répétition crée une boucle, et l'habitude devient moins dépendante de l'intention et davantage une question de défaut.

Il est facile de sous-estimer l'influence de notre environnement physique, car nous nous y adaptons très rapidement. Ce qui semble être un bruit de fond joue en réalité un rôle majeur dans nos habitudes. L'aménagement de votre cuisine peut influencer votre façon de manger. L'agencement de votre espace de travail influence votre façon de penser et de vous concentrer. La position de vos appareils numériques influence votre capacité d'attention. Ces paramètres ne sont pas neutres : ils participent activement à votre comportement quotidien. Quelques centimètres d'aménagement, un changement d'éclairage ou un changement de rangement peuvent favoriser ou entraver les habitudes que nous souhaitons conserver.

La vie de Karen, graphiste travaillant à domicile, en est un parfait exemple. Aux prises avec la procrastination, elle se sentait constamment distraite par le désordre et le bruit visuel de son espace de travail. Plutôt que de modifier radicalement son mode de vie, elle a procédé à une série de micro-ajustements. Elle a retiré tous les objets superflus de son bureau, réservé un plateau unique à son téléphone et à ses papiers non pertinents, et allumé une bougie spécifique lorsqu'elle commençait à se concentrer. Ces ajustements ont réduit la surcharge sensorielle et ont indiqué à son cerveau qu'il était temps de se concentrer. Sa productivité s'est améliorée non pas parce qu'elle est soudainement devenue plus disciplinée, mais parce que son environnement a progressivement supprimé le besoin d'autorégulation supplémentaire.

Ce qui rend les micro-ajustements particulièrement efficaces, c'est leur adaptabilité. Ils permettent un retour d'information immédiat et des ajustements précis. Contrairement aux changements de mode de vie majeurs, qui peuvent être émotionnellement perturbants et logistiquement complexes, les micro-ajustements sont faciles à mettre en œuvre et à inverser. Cette flexibilité encourage l'expérimentation. Vous pouvez essayer de déplacer votre coussin de méditation vers un endroit plus ensoleillé, de poser votre journal sur votre ordinateur portable ou d'orienter votre bureau vers une direction plus calme. Si cela fonctionne, conservez-le. Sinon, essayez autre chose. Le design comportemental est itératif. L'objectif n'est pas la perfection, mais l'optimisation.

Il est également important de reconnaître que les micro-ajustements ne se limitent pas aux objets physiques ou à l'espace. Ils s'appliquent également aux environnements numériques, aux routines et même aux interactions sociales. Une personne cherchant à réduire son temps d'écran pourrait supprimer ses applications les plus distrayantes de l'écran d'accueil. Une personne cherchant à se concentrer davantage pourrait désactiver les notifications à certaines heures ou définir des restrictions spécifiques sur son navigateur. Ce sont des équivalents numériques du réaménagement des meubles : des ajustements qui réduisent la distraction et augmentent l'intentionnalité. Là encore, l'effort est modeste, mais le retour comportemental peut être substantiel.

Les micro-ajustements sociaux sont tout aussi efficaces. Si votre habitude est subtilement mise à mal par votre contexte social, modifier vos modes et moments d'interaction peut avoir des effets significatifs. Une limite subtile, comme porter un casque audio dans un espace partagé pour signaler votre concentration, ou refuser poliment d'aborder certains sujets à certains moments, peut contribuer à renforcer les limites comportementales. Vous ne coupez pas les ponts avec les autres ; vous remodelez vos interactions pour mieux soutenir vos habitudes et votre bien-être.

L'un des principaux atouts des micro-ajustements est leur capacité à réduire la fatigue décisionnelle. Contraints de prendre des décisions répétées tout au long de la journée (quels vêtements porter, quand faire de l'exercice, quoi manger), nos ressources cognitives s'épuisent. Il devient alors plus difficile de résister à la tentation et de maintenir de nouveaux comportements. Les micro-ajustements résolvent ce problème en prévoyant certains choix à l'avance. Lorsque votre environnement est déjà aligné avec vos objectifs, moins de décisions sont nécessaires. Vous ne vous demandez plus s'il faut lire ou feuilleter ; le livre est déjà ouvert. Vous ne vous demandez plus s'il faut vous étirer ; votre tapis est déjà déroulé. Cette simplicité favorise la durabilité.

De plus, les micro-ajustements renforcent la confiance. En réussissant un petit changement, vous vous montrez capable de vous adapter. Cela crée un sentiment de progrès, ce qui renforce la motivation. Ces victoires peuvent paraître insignifiantes à première vue, mais leur poids psychologique s'accumule. Elles prouvent que le changement est possible, gérable et reproductible. Ce sentiment croissant d'autonomie devient le fondement du développement futur.

C'est ce qu'a vécu Omar, un maître de conférences universitaire qui souhaitait améliorer sa santé mentale par la réflexion régulière. Ses ambitions de journal intime avaient échoué à maintes reprises. Mais un jour, il a simplement posé un petit bloc-notes sur son oreiller, un stylo posé dessus. Le simple fait de déplacer le stylo pour l'allonger est devenu le signal d'écrire une phrase. Au fil des semaines, cette phrase s'est multipliée. Parfois, ce n'était pas le cas, et c'était normal. Mais l'habitude a perduré, non pas à cause de son ampleur, mais parce que le contexte la soutenait. Un stylo. Un bloc-notes. Un moment de calme. Cela lui a suffi.

Ces exemples révèlent une vérité plus profonde sur le design comportemental : des résultats importants ne nécessitent souvent pas d'interventions majeures. Ils nécessitent des interventions précises. Modifier le contexte de quelques degrés dans la bonne direction peut, à terme, modifier radicalement la trajectoire. Tout comme la trajectoire d'un avion est déterminée par de légères modifications en début de vol, nos habitudes suivent les trajectoires façonnées par les conditions initiales. Lorsque ces conditions sont en adéquation avec nos valeurs et nos objectifs, les résultats parlent d'eux-mêmes.

Dans la quête d'un changement de comportement, la tentation est grande de voir grand : se fixer des objectifs ambitieux, faire des déclarations audacieuses et imaginer une transformation du jour au lendemain. Mais le véritable changement a tendance à se produire discrètement, progressivement et en réponse à des signaux subtils. La puissance des micro-ajustements réside dans leur humilité. Ils demandent peu, mais produisent beaucoup. Ils n'exigent pas de motivation radicale ; ils fournissent une orientation douce. Et avec le temps, ils s'accumulent pour donner une vie plus harmonieuse, plus intentionnelle et plus résiliente.

La tâche n'est donc pas de transformer votre vie, mais de l'observer. De repérer les points de friction, les manques de soutien et les points où votre environnement pourrait être légèrement influencé en votre faveur. Il s'agit de concevoir un monde – aussi petit et local soit-il – qui s'adapte *à* vos habitudes, et non les contrecarre. Ce faisant, vous ne vous contentez pas de modifier votre comportement. Vous façonnez les conditions qui permettent à de meilleurs comportements de s'épanouir.

Les micro-ajustements ne sont pas un raccourci vers le changement. Ils en sont le fondement. Appréhendés avec réflexion et curiosité, ils deviennent le moyen le plus durable et le plus valorisant de construire une vie d'action cohérente et significative.

Chapitre 5
Surmonter la résistance et rester cohérent

Il y a quelque chose d'enivrant dans la décision de changer. Dans les premiers instants – peut-être des heures, voire des jours – nous sommes portés par une vague d'intention : se lever plus tôt, s'engager à écrire, faire du sport régulièrement, méditer avant de se coucher. La vision est claire, l'énergie est à son comble. Mais ensuite, comme toujours, la vie intervient. Cette énergie initiale s'émousse, une résistance s'installe et, avant même de s'en rendre compte, notre nouvelle routine flambant neuve commence à vaciller. Nous remettons à plus tard, rationalisons, abandonnons. Non pas parce que nous avons oublié ce que nous voulons, mais parce que la répétition, franchement, est difficile.

Le comportement lui-même est rarement le véritable obstacle. Ce sont les frictions, internes et externes, qui rendent la persévérance si pénible. Statique mentale, lassitude émotionnelle, pressions croissantes au fil de la journée… Ces courants sous-jacents sabotent silencieusement notre détermination. Si la formation d'habitudes se résumait à *savoir* quoi faire, nous serions tous en train de cocher nos objectifs avec une précision mécanique. Mais bien sûr, nous ne sommes pas des machines.

Ce chapitre aborde ce terrain difficile. Il n'enjolive pas le processus et ne se complaît pas dans le défaitisme. Il tente plutôt quelque chose de plus utile : une analyse de la résistance elle-même : pourquoi elle surgit, comment elle nous perturbe et ce qui peut être fait lorsqu'elle réapparaît inévitablement. Car créer des habitudes n'est pas une question de volonté. C'est une danse entre l'intention et la réalité, et comme toute danse, il est utile d'en connaître les étapes.

Commençons par l'un des visages les plus familiers de la résistance : la procrastination. En surface, elle se présente comme de la paresse, comme si nous n'en avions tout simplement pas envie. Mais sous ce masque de paresse se cache souvent quelque chose de plus vulnérable : l'évitement né de l'inconfort. Nous remettons à plus tard non pas parce que nous n'y prêtons pas attention, mais parce que nous nous attendons à ce que la tâche soit désagréable, pénible ou, pire encore, qu'elle reflète nos limites. L'effort paraît pesant avant même d'avoir commencé.

Mais voilà le hic : la procrastination ne nous fait pas vraiment du bien. Elle nous procure un soulagement temporaire, certes, mais le prix à payer est élevé : anxiété, culpabilité, ce sentiment tenace d'échec. Il est crucial de reconnaître ce cercle vicieux émotionnel. Vient ensuite l'action concrète : réduire la tâche. Drastiquement. Écrivez une phrase. Faites un croquis de deux minutes. Étirez-vous pendant trente secondes. L'objectif n'est pas de finir, mais de commencer. Car une fois en mouvement, la résistance perd souvent de son emprise.

Il y a aussi le perfectionnisme, cousin guindé de la procrastination. Il se pare d'exigences élevées, mais, le plus souvent, ce n'est qu'une peur en smoking. Le perfectionnisme construit un cadre rigide où tout ce qui n'atteint pas 100 % est perçu comme un échec. Si on n'a pas le temps pour une séance complète de sport, on la saute complètement. Si on ne peut pas méditer vingt minutes, on ne s'y attarde pas. C'est un mode de vie épuisant. Et pire encore, cela nous empêche de prendre de nouvelles habitudes. La solution est de se recadrer. Une demi-séance compte toujours. Cinq minutes sur le tapis, ce n'est pas rien. La perfection n'est pas le prix du progrès.

Derrière la procrastination et le perfectionnisme se cache une force plus profonde et plus insidieuse : la peur de l'échec. Celle-ci ne se manifeste pas toujours. Elle se présente sous le masque d'une « surmenage » ou d'un « mauvais timing ». Mais au fond, la même vérité se cache : ne pas essayer semble plus sûr que d'essayer et d'échouer. Alors , on hésite. On hésite. On planifie au lieu d'agir. Et on passe à côté de la croissance qui naît de l'effort.

L'antidote ? L'exposition. Non pas de manière dramatique, comme si on se jetait à corps perdu, mais par une répétition constante et sans pression. Adoptez cette habitude sans compromettre votre estime de soi. Désordonnée, imparfaite, incomplète, peu importe. Ce que vous construisez n'est pas une performance. C'est de la tolérance.

Avec le temps, la peur s'atténue. Vous apprenez que les faux pas ne sont pas des verdicts. Ils font simplement partie du rythme.

Mais la résistance la plus profonde vient souvent de l'intérieur – non pas de la peur, mais d'un conflit intérieur. C'est là qu'intervient l'auto-sabotage. Vous voulez mieux manger, mais une part de vous-même s'accroche à la conviction que vous ne méritez pas de vous sentir bien. Vous aspirez à la discipline, mais associez la routine à la perte de liberté. Ce ne sont pas de simples manies mentales. Ce sont de vieux récits, ancrés dans notre identité. Et tant qu'ils ne seront pas exhumés, ils continueront de nous perturber.

Il n'y a pas de solution miracle. Mais la prise de conscience change la donne. Écrire, méditer dans des moments de calme, parler à quelqu'un qui sait tenir l'espace : ces actes mettent en lumière les scénarios que nous avons hérités ou absorbés. Et sous cette lumière, nous commençons à choisir les histoires qui nous guident encore.

Bien sûr, la compréhension à elle seule ne suffit pas à créer le changement. Pour cela, nous avons besoin d'outils. Pas de grands systèmes ni de changements de vie, mais de petits coups de pouce concrets. Les indices visuels en sont un exemple classique : un mot sur votre miroir, un calendrier sur le réfrigérateur, un écran de téléphone verrouillé qui vous rappelle pourquoi vous avez commencé. Ces indices ne sont pas magiques, mais ils aident à se démarquer. Ils permettent de garder vos intentions visibles, surtout les jours où la concentration est limitée.

Autre outil à votre disposition : les dispositifs d'engagement. Il ne s'agit pas de vous enfermer dans des contrats rigides, mais de créer une légère pression qui relie les bonnes intentions du jour aux tentations de demain. Parlez-en à un ami. Réservez un cours à l'avance. Prévoyez une petite récompense pour la régularité. Le pouvoir réside dans l'extériorisation de l'habitude : non pas en la cachant dans votre tête, mais en l'ancrant dans une réalité partagée. Nous sommes des êtres sociaux. Nous aimons agir sous le regard des autres, non par honte, mais par connexion.

Mais ne prétendons pas que même les plans les mieux conçus ne tournent jamais mal. Les échecs arrivent. Ils arrivent toujours. La différence essentielle réside dans la façon dont nous les abordons. Ceux qui maintiennent leurs habitudes sur le long terme ne sont pas ceux qui ne ratent jamais une journée. Ce sont ceux qui savent revenir après l'avoir manquée. Ils ne sombrent pas dans l'auto-culpabilité et n'abandonnent pas le projet. Ils marquent une pause. Ils se demandent : « Qu'est-ce qui m'a fait dévier du droit chemin ? Que pourrais-je faire différemment la prochaine fois ? » La curiosité plutôt que la critique. C'est là le point crucial.

Et puis – peut-être la stratégie la plus sous-estimée de toutes – vient la célébration. Oui, la célébration. Pas de feux d'artifice ni de fanfare, mais l'acte discret de reconnaître que vous êtes là. Que vous avez fait ce que vous aviez promis. Cochez la case. Dites-le à voix haute. Hochez la tête devant le miroir. Ces micro-récompenses envoient un message clair au cerveau : c'est important. Et ce que le cerveau perçoit comme significatif, il commence à le désirer. Avec le temps, ce désir se transforme en rythme. Ce rythme devient une habitude.

Notre culture a tendance à glorifier les avancées, mais le véritable changement se produit dans des moments si petits qu'ils sont faciles à ignorer. Une inspiration réfléchie. Quelques mots écrits alors qu'on aurait pu faire défiler l'écran. Un étirement au lieu d'une sieste. Voilà les unités de transformation. Empilez-en suffisamment, et le chemin se redessine sous vos pieds.

La résistance n'est donc pas le méchant de cette histoire. C'est le terrain. Comprenez-le, naviguez-y, et vous gagnerez bien plus que la perfection : vous gagnerez en résilience. C'est tout ce que l'habitude nous demande. Non pas que nous réussissions à chaque fois, mais que nous y retournions. Encore et encore, même maladroitement, jusqu'à ce que le retour lui-même devienne une seconde nature.

Alors , à mesure que vous avancez dans ce chapitre, attendez-vous à des frictions. Attendez-vous à des revers. Mais attendez-vous aussi à une prise de conscience. Attendez-vous à vous retrouver avec un peu plus de générosité, un peu plus de courage. Car la constance ne signifie pas ne jamais faiblir. Il s'agit de ce que vous faites le lendemain. Et c'est ainsi, discrètement et obstinément, que naissent les habitudes.

Identifier les obstacles courants

Le désir de transformation personnelle est quasi universel. Qu'il s'agisse d'établir une routine sportive, d'adopter une pratique de pleine conscience ou de développer une habitude d'écriture, nombreux sont ceux qui s'engagent sérieusement dans le processus de changement avec une intention sincère. Pourtant, malgré ce désir, les progrès sont souvent hésitants. Les habitudes ne se forment pas au moment de la décision, mais dans la répétition de petites actions – et c'est dans cette répétition que beaucoup échouent. Ce qui freine les gens n'est pas toujours le manque de clarté ou de ressources, mais plutôt les barrières psychologiques cachées qui entravent la cohérence. Parmi les plus répandues, on trouve la procrastination, le perfectionnisme et la peur de l'échec. Chacune fonctionne différemment, mais toutes ont le pouvoir de défaire discrètement même les plans les mieux conçus.

La procrastination est souvent confondue avec la paresse, mais en réalité, il s'agit davantage d'un mécanisme d'évitement que d'apathie. Fondamentalement, la procrastination est une stratégie de régulation émotionnelle. Nous reportons des tâches non pas parce que nous ne les valorisons pas, mais parce que nous voulons éviter les sentiments désagréables qui y sont associés : l'incertitude, l'effort, le risque d'incompétence ou simplement la perspective de ne pas savoir par où commencer. En ce sens, la procrastination n'est pas un problème de productivité ; c'est un symptôme de résistance émotionnelle.

Le problème survient lorsque nous retardons l'action suffisamment longtemps pour que l'inconfort que nous cherchions à éviter s'amplifie. La culpabilité, le stress et la baisse d'estime de soi s'accumulent, enracinant davantage le cycle. La clé pour rompre ce schéma réside dans la reconnaissance des sous-entendus émotionnels du retard. Plutôt que de se qualifier de démotivé ou de faible, on peut se demander : « À quelle émotion est-ce que j'essaie d'échapper en ne faisant pas cela maintenant ? » Cette seule question peut faire émerger des idées importantes et permettre une réponse plus bienveillante et constructive.

Par exemple, Sarah, une enseignante qui aspirait à écrire un roman, s'est retrouvée à réorganiser sans cesse ses notes au lieu de commencer le brouillon. La tâche lui paraissait colossale et elle craignait de se lancer sans un plan parfait. Plus elle évitait d'écrire, plus elle ressentait la pression de devoir « considérer l'effort » comme « valable ». Sa procrastination n'était pas due à la paresse, mais au doute et à la peur de ne pas être à la hauteur. Une fois sa tâche passée de « écrire un roman parfait » à « écrire un premier paragraphe brouillon », elle a constaté que commencer devenait beaucoup plus facile. Le problème ne résidait pas dans l'écriture, mais dans sa façon de *concevoir* l'écriture.

Le perfectionnisme est étroitement lié à la procrastination. Il s'agit d'un obstacle qui se présente comme une force, mais qui fonctionne souvent comme une contrainte. Les perfectionnistes se fixent généralement des objectifs extrêmement élevés, assimilant toute exécution non irréprochable à un échec. Le résultat est la paralysie. La peur de produire un travail de qualité inférieure conduit à l'évitement, et le désir de « faire bien » du premier coup empêche l'apprentissage par itération.

Le perfectionnisme se nourrit d'une pensée binaire. Soit on est exceptionnel, soit on est incompétent. Il n'y a pas de juste milieu. Cet état d'esprit ne laisse aucune place à l'amélioration progressive, qui est pourtant l'essence même de la formation des habitudes. Les habitudes, par nature, sont vouées à évoluer. Elles ne constituent pas des normes d'excellence fixes, mais des processus de développement. Lorsque le perfectionnisme s'immisce dans ce processus, il prive les habitudes de leur flexibilité et remplace le progrès par la pression.

Prenons l'exemple de Jamal, un responsable marketing qui tente de prendre l'habitude de parler en public. Au début, il était enthousiaste, mais a abandonné ses efforts après quelques séances d'entraînement décevantes. Sa performance ne correspondant pas à son image idéale, il considérait ses efforts comme des échecs. Ce dont il avait besoin, ce n'était pas de plus de talent, mais de plus de tolérance à l'inconfort, à l'imperfection et à la lenteur des progrès. Une fois qu'il s'est autorisé à « être mauvais » avant de s'améliorer, sa confiance – et ses compétences – ont progressivement grandi.

Le perfectionnisme est également particulièrement insidieux, car il est souvent renforcé par des environnements sociaux et professionnels qui ne récompensent que les grandes réussites. Les individus peuvent intérioriser la croyance que leur valeur est liée aux résultats, transformant tout échec en une menace identitaire. Surmonter cet obstacle exige plus que des conseils stratégiques : un changement de mentalité. Reconnaître que l'excellence est le *fruit* d'une imperfection constante, et non de son absence, est essentiel. Privilégier le volume à la qualité dès les premiers stades d'une habitude – dix esquisses plutôt qu'un chef-d'œuvre, cinq petites courses plutôt qu'un entraînement parfait – peut aider à réentraîner le cerveau à accepter le progrès plutôt que la perfection.

La peur de l'échec, bien que recoupant les deux obstacles précédents, mérite une attention particulière. Cette peur peut se manifester de deux manières paradoxales : soit par un évitement total, soit par une préparation excessive. Dans le premier cas, nous évitons complètement de commencer pour nous protéger de l'échec. Dans le second, nous réfléchissons et analysons à outrance, croyant qu'une meilleure préparation nous protégera de l'erreur. Ces deux réactions reposent sur la conviction que l'échec est le reflet de soi plutôt qu'un élément naturel de l'apprentissage.

Fondamentalement, la peur de l'échec menace l'image de soi. Si vous croyez qu'échouer signifie *être* un échec, vous résisterez naturellement à la prise de risques. Ce phénomène est particulièrement marqué chez les adultes, souvent conditionnés par une éducation précoce ou une culture du travail qui pénalise l'erreur. Les enfants, en revanche, sont plus enclins à essayer, à trébucher et à réessayer, non pas parce qu'ils sont plus courageux, mais parce que leur identité est moins rigide.

Surmonter la peur de l'échec nécessite de repenser sa signification. Ce n'est pas un verdict, c'est une donnée. Une journée manquée dans une boucle d'habitudes n'est pas un effondrement, mais une information sur ce qui a perturbé la routine. Un projet mal exécuté n'est pas honteux, c'est une leçon de planification, de rythme ou de contexte. Lorsque l'échec est perçu sous l'angle de l'apprentissage plutôt que du jugement, il devient plus facile à tolérer. Et lorsqu'il est toléré, l'action devient plus fréquente et la cohérence plus atteignable.

Des approches pratiques peuvent favoriser ce changement d'état d'esprit. Par exemple, une personne qui tente de prendre l'habitude de dessiner quotidiennement pourrait volontairement dessiner quelque chose de mal chaque semaine, en guise de résistance au perfectionnisme et à la tendance à éviter l'échec. Cette technique d'inoculation – s'exposer par petites doses à ses peurs – peut progressivement réduire l'anxiété et accroître la flexibilité comportementale.

Prendre conscience que ces obstacles – procrastination, perfectionnisme et peur de l'échec – sont normaux et non pathologiques est en soi une prise de conscience libératrice. Ce ne sont pas des défauts à éradiquer, mais des tendances humaines à comprendre et à gérer. La plupart des gens, à un moment ou à un autre, les rencontrent. La différence entre ceux qui avancent et ceux qui stagnent ne réside pas dans l'absence de ces obstacles, mais dans la présence d'une prise de conscience et d'une stratégie.

Le processus de formation d'habitudes consiste donc moins à se « réparer » soi-même qu'à surmonter ces obstacles avec habileté. Au lieu de considérer la résistance comme un signe d'anomalie, nous pouvons la considérer comme une invitation à approfondir nos connaissances, à nous demander quelles émotions, croyances ou facteurs environnementaux rendent l'action difficile. En nommant ces éléments, nous en réduisons l'influence. En ajustant notre contexte, en recadrant notre état d'esprit et en acceptant l'imperfection, nous laissons la place à de nouveaux schémas pour s'installer.

Ce qui compte le plus, c'est la constance, et non l'intensité. Une habitude imparfaitement prise reste une habitude. Une action tardive reste une action. Une série interrompue n'est pas une fin, c'est un moment de rééquilibrage. Comprendre la psychologie de notre propre résistance nous permet de mieux concevoir une vie qui favorise notre croissance plutôt que de la freiner.

Dans les pages qui suivent, nous irons au-delà du diagnostic pour aborder des solutions concrètes. Mais tout commence ici, avec la reconnaissance que les obstacles à la formation d'habitudes ne sont pas des obstacles à votre identité. Ce sont des signaux qui indiquent où une attention bienveillante et un ajustement réfléchi sont nécessaires. Abordés avec curiosité plutôt qu'avec condamnation, ces signaux deviennent des guides. Et grâce à eux, un changement durable devient non seulement possible, mais profondément humain.

La psychologie de l'auto-sabotage

Peu de choses sont aussi frustrantes que de savoir exactement ce que l'on doit faire pour améliorer sa vie, et pourtant de négliger systématiquement de le faire. Qu'il s'agisse de faire de l'exercice régulièrement, de bien manger, de privilégier le repos ou de se réserver du temps pour le développement personnel, les bienfaits du changement sont souvent évidents, et pourtant, nous résistons. Cette contradiction interne est l'une des caractéristiques les plus déroutantes et universelles du comportement humain. À la base réside le phénomène de l'auto-sabotage : un ensemble subtil, souvent inconscient, de comportements et de schémas qui sapent nos meilleures intentions. Comprendre la psychologie qui sous-tend ce phénomène est non seulement éclairant, mais essentiel pour prendre des habitudes durables.

L'auto-sabotage n'est pas forcément dramatique. Il ne se traduit pas toujours par des actes destructeurs manifestes ou des revirements impulsifs. Le plus souvent, il se manifeste sous des formes silencieuses et habituelles : procrastination, échéances manquées, refus du feedback, surengagement, saut d'étapes ou abandon au moment même où l'élan prend de l'ampleur. Il peut s'agir d'une frénésie nocturne après une semaine de régime équilibré, du retard d'un e-mail important, de la décision de « commencer demain » pour le septième jour consécutif. À première vue, ces actions semblent anodines. Mais répétées, elles créent des schémas d'autodestruction qui compromettent les objectifs à long terme.

Pour comprendre pourquoi les gens se sabotent, même lorsqu'ils sont plus avisés, nous devons explorer les facteurs psychologiques sous-jacents. L'un des plus importants est la dissonance cognitive : le malaise qui survient lorsque nos actions ne correspondent pas à notre image de soi ou à nos valeurs. Lorsque nous adoptons un comportement qui remet en question notre identité profonde – par exemple, prendre l'initiative d'un projet alors que nous croyons secrètement ne pas avoir l'étoffe d'un leader – notre esprit cherche à résoudre la tension. Une façon d'y parvenir est d'abandonner ce comportement afin qu'il ne soit plus en contradiction avec notre identité. Ainsi, ce n'est pas l'habitude qui est rejetée, mais l'incongruence qu'elle crée.

C'est pourquoi le travail sur l'identité est si crucial dans la formation des habitudes. Si une personne se considère encore comme « pas du matin », elle résistera inconsciemment aux réveils matinaux, même avec le meilleur système d'alarme. Si elle se croit intrinsèquement désorganisée, elle sabotera ses efforts pour créer une structure. L'identité sous-jacente agit comme un plafond, limitant ce qui semble authentique ou possible. Le conflit ne se situe pas entre l'objectif et l'effort, mais entre le comportement et l'histoire que nous nous racontons sur qui nous sommes.

Un autre puissant moteur psychologique de l'auto-sabotage est la peur – pas seulement la peur de l'échec, mais la peur du succès. Le succès apporte le changement, et le changement, même positif, menace la stabilité. Il perturbe les schémas d'interaction et les attentes. Si vous gagnez en confiance, qu'advient-il des relations fondées sur l'autodérision ? Si vous devenez plus productif, les attentes envers vous seront-elles encore plus élevées ? Ces calculs inconscients aboutissent souvent à ce que les psychologues appellent la « limitation supérieure », un terme popularisé par Gay Hendricks pour décrire les limites que chacun s'impose à sa réussite. Lorsque nous sommes sur le point de franchir une barrière, nous reculons. Non pas par incapacité, mais par inquiétude face à ce qui pourrait arriver.

Cette dynamique a été illustrée de manière frappante par Priya, graphiste qui s'est lancée en freelance après des années passées dans un emploi structuré en entreprise. Ses premiers mois ont été marqués par une créativité incroyable, les éloges de ses clients et une augmentation de son chiffre d'affaires. Mais alors que son entreprise commençait à décoller, elle s'est retrouvée à manquer des délais, à ignorer les nouvelles demandes et à douter de ses décisions. En apparence, elle blâmait la gestion du temps. En réalité, elle craignait de dépasser ses capacités. Inconsciemment, elle sabotait sa progression pour rester dans les limites du confort et de la familiarité.

Le critique intérieur est une autre figure centrale de la psychologie de l'auto-sabotage. La plupart des gens portent en eux des voix intériorisées – échos de critiques passées, d'attentes insatisfaites ou de comparaisons sociales négatives. Ces voix forment un commentaire récurrent qui remet en question notre valeur, nos compétences et nos capacités. Lorsque nous adoptons une nouvelle habitude ou tentons un changement significatif, le critique intérieur se fait souvent plus fort. Il nous met en garde contre l'idée de paraître ridicule, de perdre du temps, de viser trop haut. Pour le faire taire, nous nous retirons. Nous abandonnons le nouveau comportement non pas parce qu'il est un échec, mais parce qu'il nous expose.

Le critique n'agit pas avec des faits. Il agit avec des scénarios familiers, souvent empruntés à l'enfance, à l'éducation ou à des dynamiques sociales toxiques. Surmonter cette voix exige plus que des affirmations positives. Cela exige une déresponsabilisation active : reconnaître la présence de cette voix sans lui accorder d'autorité. Une stratégie efficace est l'externalisation : noter les critiques comme si elles étaient formulées par quelqu'un d'autre, puis les évaluer objectivement. Accepteriez-vous ce ton venant d'un ami ? Sinon, pourquoi l'accepter dans vos propres pensées ?

Un autre facteur favorisant l'auto-sabotage est la régulation émotionnelle. Nombre d'entre nous n'ont jamais appris à gérer les émotions désagréables de manière constructive. Lorsque le stress, l'anxiété ou l'incertitude surviennent, nous recherchons un soulagement immédiat, souvent par des comportements qui compromettent nos objectifs à long terme. Ces comportements réconfortants peuvent inclure le défilement, le grignotage, l'évitement ou la fuite. Ils sont efficaces car ils apaisent le système nerveux, même s'ils ont des conséquences ultérieures. Dans cette optique, l'auto-sabotage n'est pas irrationnel : c'est un mécanisme d'adaptation. C'est une tentative du cerveau de réduire la menace perçue sur le moment.

Développer une compréhension émotionnelle est donc essentiel pour surmonter l'auto-sabotage. La capacité à nommer et à traiter ses émotions nous permet de réagir plutôt que de réagir. La pleine conscience, la respiration et la tenue d'un journal ne sont pas seulement des tendances bien-être : ce sont des outils pratiques qui créent un espace entre le stimulus et la réponse. Lorsque nous sommes capables d'accepter l'inconfort sans sombrer dans l'auto-sabotage, nous retrouvons la capacité d'agir en accord avec nos valeurs.

Un autre facteur souvent négligé est l'attrait de la familiarité. Même les schémas dysfonctionnels offrent un certain réconfort. Ils sont prévisibles. Ils n'ont pas besoin d'être redéfinis. C'est particulièrement vrai dans les contextes sociaux, où l'identité est relationnelle. Changer d'habitudes peut perturber la dynamique avec les amis, partenaires ou collègues qui s'investissent dans l'« ancienne » version de vous-même. La peur de la dislocation sociale peut être suffisamment puissante pour maintenir des personnes attachées à des habitudes qu'elles savent néfastes. C'est pourquoi les réseaux de soutien sont importants. Avoir au moins une personne qui croit en votre capacité à changer – et qui considère votre évolution comme normale – peut faire pencher la balance.

Il est également essentiel d'examiner les récits culturels plus larges qui renforcent l'auto-sabotage. De nombreuses sociétés considèrent la productivité, la performance et l'estime de soi comme étroitement liées. Dans ce contexte, le repos est perçu comme une paresse, la vulnérabilité comme une faiblesse et les progrès progressifs comme insuffisants. Ces normes créent une pression interne où les individus s'efforcent de « faire leurs preuves » par leur comportement. Lorsque la pression devient trop intense, le sabotage offre une échappatoire. Il devient une soupape de sécurité. Le comportement qui compromet le progrès est paradoxalement celui qui rétablit un sentiment d'équilibre émotionnel.

Contrer l'auto-sabotage ne consiste donc pas à insister davantage. Il s'agit d'écouter plus attentivement. Il s'agit de reconnaître quand notre résistance protège une ancienne identité, nous protège de la peur ou nous permet de faire face à la douleur. Plutôt que de passer outre ces réactions, nous pouvons les interroger. De quoi ce comportement me protège-t-il ? Quelle croyance renforce-t-il ? Quelle émotion m'aide-t-il à éviter ? Ces questions déplacent le débat de la honte à la curiosité. Et la curiosité ouvre la voie au changement.

Les interventions pratiques doivent correspondre à cette compréhension nuancée. Adopter de nouveaux comportements ne suffit pas : il faut créer de nouvelles conditions internes pour qu'ils s'épanouissent. Cela peut impliquer de redéfinir la réussite non pas comme une exécution parfaite, mais comme un alignement avec ses valeurs. Cela peut nécessiter de créer des environnements qui réduisent la charge cognitive et favorisent la régulation. Ou encore, cela peut impliquer de nommer et de faire le deuil des parties de nous-mêmes qu'il faut laisser derrière soi pour grandir.

Il est important de noter que l'auto-sabotage ne signifie pas que vous êtes brisé ou démotivé. Cela signifie que vous êtes humain, complexe et pris dans la friction entre des forces psychologiques concurrentes. Le changement, même positif, menace le statu quo. Et l'esprit, programmé pour la prévisibilité, résiste aux perturbations. Mais avec perspicacité, intention et compassion, il est tout à fait possible de dépasser le sabotage, non pas en éradiquant la résistance, mais en travaillant avec elle.

Ce qui transforme finalement l'auto-sabotage en auto-assistance, c'est la prise de conscience. Lorsque nous comprenons les raisons profondes de notre résistance, nous n'en sommes plus prisonniers. Nous pouvons réagir avec empathie plutôt qu'avec des reproches. Nous pouvons adopter des habitudes qui respectent nos limites autant que nos aspirations. Ce faisant, nous remplaçons les schémas d'évitement par des schémas d'alignement – de petits gestes constants qui honorent qui nous sommes *et* qui nous devenons.

Micro-stratégies de motivation

La motivation est souvent mal comprise. On a tendance à la considérer comme une force qu'il faut invoquer, une étincelle d'inspiration qui nous pousse à l'action. En réalité, la motivation est plus fugace qu'on ne veut l'admettre. Elle va et vient, influencée par le sommeil, l'humeur, la météo, les distractions et les innombrables micro-pressions du quotidien. Se fier uniquement à la motivation, c'est comme dépendre du soleil pour alimenter sa maison sans générateur de secours. C'est une méthode efficace, quand elle fonctionne. Mais quand elle ne fonctionne pas, le progrès stagne. C'est pourquoi ceux qui maintiennent leurs habitudes sur la durée n'attendent pas la motivation. Au lieu de cela, ils élaborent des stratégies qui maintiennent le comportement même lorsque la motivation faiblit. Ces stratégies sont simples, subtiles et très efficaces.

Les micro-stratégies de motivation sont des outils comportementaux qui réduisent la friction entre l'intention et l'action. Elles ne nécessitent pas de mobiliser d'énormes réserves d'énergie ou de concentration ; elles façonnent plutôt votre environnement, votre état d'esprit et vos routines afin que l'action souhaitée devienne plus automatique. Ces stratégies peuvent prendre la forme d'indices visuels, de contrats sociaux, de systèmes de suivi externes ou d'ajustements environnementaux. Leur point commun est leur capacité à susciter un comportement sans nécessiter d'effort interne constant. Elles constituent un échafaudage pour la discipline ; elles ne la remplacent pas, mais des soutiens fiables qui réduisent les risques de rupture.

L'une des stratégies les plus simples et les plus efficaces est l'utilisation de rappels visuels. L'attention humaine est très sensible aux stimuli visuels. Ce que nous voyons régulièrement influence nos actions. Un calendrier coché, un post-it sur le miroir de la salle de bain, un tableau blanc avec nos priorités : ces éléments visuels sont de doux encouragements, et non des injonctions. Ils nous rappellent nos engagements et concrétisent nos intentions abstraites.

Ce fut un tournant pour Amar, un étudiant qui peinait à réviser régulièrement pour ses examens. Malgré des intentions claires et des emplois du temps rigoureux, il oubliait ou négligeait régulièrement ses objectifs de révision dans le flou des exigences quotidiennes. Après une conversation avec son mentor, Amar a commencé à accrocher un grand agenda hebdomadaire à son mur, codant ses séances de révision par couleur et les cochant en temps réel. La présence visuelle de l'agenda transformait ses intentions en un appel à l'action persistant et discret. Non seulement il l'aidait à rester sur la bonne voie, mais il lui procurait aussi une petite dose de dopamine à chaque case cochée – une récompense psychologique qui renforçait cette habitude.

Les repères visuels sont plus efficaces lorsqu'ils sont placés à des endroits qui correspondent à l'habitude recherchée. Si vous souhaitez pratiquer la guitare plus régulièrement, posez-la sur un support dans votre salon plutôt que de la ranger dans un étui. Si vous souhaitez boire davantage d'eau, placez un verre ou une bouteille rempli(e) sur votre espace de travail. Ces ajustements peuvent paraître anodins, mais ils augmentent ce que les spécialistes du comportement appellent la « saillance du repère » : la visibilité et la pertinence d'un signal au moment où vous en avez le plus besoin.

Une autre stratégie efficace pour maintenir la motivation est l'utilisation de mécanismes d'engagement. Il s'agit d'engagements préalables que nous prenons, en public ou en privé, qui contribuent à nous enfermer dans un comportement futur. La psychologie qui sous-tend ce phénomène repose sur le concept de « biais du présent », cette tendance à privilégier la gratification immédiate aux bénéfices à long terme. Les mécanismes d'engagement nous aident à surmonter ce problème en créant des conséquences ou des incitations qui comblent le fossé entre le présent et le futur.

Un exemple frappant vient du monde de l'économie comportementale. Un groupe de chercheurs travaillant avec des personnes cherchant à épargner a constaté que lorsque les participants acceptaient de prélever automatiquement un pourcentage de leurs futures augmentations de salaire sur un compte d'épargne – plutôt que sur leur salaire actuel – ils épargnaient significativement plus au fil du temps. Ils n'avaient pas à prendre de décision chaque mois ; le système le faisait pour eux. C'est là tout l'intérêt des dispositifs d'engagement : ils réduisent la fatigue décisionnelle et alignent les comportements à court terme sur les valeurs à long terme.

Sur le plan personnel, les mécanismes d'engagement peuvent être aussi simples que réserver un cours à l'avance, programmer une séance de sport avec un ami ou verrouiller l'écran des applications distrayantes pendant sa période de travail. Pour Rahul, romancier en herbe, le déclic s'est produit lorsqu'il s'est engagé à envoyer un brouillon de chapitre à un ami par e-mail chaque vendredi. Cet ami ne l'a ni corrigé ni même commenté ; il l'a simplement reçu. Mais le fait de savoir que quelqu'un l'attendait a créé une légère pression qui a incité Rahul à écrire avec constance. Sa motivation ne provenait pas de l'inspiration, mais d'une obligation – et dans ce cas précis, cette obligation lui a été très utile.

Les partenaires responsables poussent le concept d'engagement plus loin en y intégrant une dynamique relationnelle. Les humains sont des êtres sociaux, et notre comportement est façonné non seulement par des objectifs personnels, mais aussi par les personnes en qui nous avons confiance, que nous admirons et qui nous inspirent du respect. La responsabilité exploite ce réseau social, permettant à nos relations de renforcer nos actions.

Cela ne signifie pas engager un coach ou rejoindre un groupe de réflexion sur la performance, même si cela peut être utile. Cela peut être aussi simple qu'un appel téléphonique hebdomadaire, une feuille de calcul partagée ou un message WhatsApp avec un ami. L'important, c'est que quelqu'un d'autre soit au courant de vos engagements et suive vos progrès. Pour Maya, psychologue clinicienne qui s'efforce de maintenir une pratique quotidienne de gratitude, il s'agissait d'un accord mutuel avec un collègue : partager trois choses pour lesquelles il était reconnaissant chaque matin par SMS. Savoir que quelqu'un d'autre attendait son message a facilité la pratique, même les jours où elle se sentait distraite ou déprimée.

Les relations de responsabilisation les plus efficaces sont réciproques et exemptes de jugement. Elles fonctionnent non pas comme une pression, mais comme un partenariat. Elles encouragent sans dorloter, remettent en question sans critiquer. Ces relations fonctionnent non seulement parce qu'elles créent des enjeux externes, mais aussi parce qu'elles affirment l'identité que vous cherchez à renforcer. Lorsque quelqu'un vous perçoit comme constant, fiable ou discipliné, vous êtes plus susceptible de vous comporter de manière à confirmer cette perception.

Il est important de noter que les micro-stratégies de motivation ne remplacent pas le travail plus approfondi de clarification des valeurs et de création d'habitudes. Elles renforcent néanmoins la résilience du processus. Elles agissent comme des « coups de pouce » comportementaux – un terme inventé par les économistes comportementaux Richard Thaler et Cass Sunstein pour décrire des interventions subtiles qui orientent les décisions sans priver de liberté de choix. Un coup de pouce ne vous force pas à agir, mais il rend l'action souhaitée plus facile et plus probable.

Une autre technique souvent négligée consiste à réduire le coût de la reprise après une pause. Les habitudes ne se rompent pas après une seule journée manquée ; elles se rompent lorsqu'une journée manquée devient une habitude. Lorsque les gens s'écartent du droit chemin, ils ressentent souvent de la culpabilité ou de la honte, ce qui, paradoxalement, réduit encore davantage leur motivation. Concevoir une solution de retour facile, comme recommencer à un niveau plus simple ou célébrer une série de « retours », préserve la résilience de l'habitude. Cela recadre la rechute non pas comme un échec, mais comme une interruption, et libère du poids émotionnel qui bloque les personnes.

L'art de maintenir la motivation ne réside pas dans de grandes déclarations, mais dans des systèmes quotidiens. Des systèmes visibles, sociaux et auto-renforçants. Les micro-stratégies fonctionnent non pas parce qu'elles incitent davantage, mais parce qu'elles éliminent les résistances inutiles. Elles créent des signaux là où il y avait ambiguïté, une structure là où il y avait dérive et des rappels là où il y avait oubli.

En fin de compte, les habitudes qui perdurent ne sont pas le fruit d'efforts surhumains. Elles sont le fruit d'une conception, du choix d'outils qui compensent nos incohérences et fluctuations énergétiques naturelles. Ces outils ne suppriment pas le besoin d'effort, mais ils réduisent le coût du démarrage et la probabilité d'arrêt. Et dans le rythme de la vie quotidienne, ces deux variables – la facilité avec laquelle on commence et la rareté avec laquelle on arrête – font toute la différence.

La motivation n'est donc pas une quête. C'est une construction. Par des signaux, des engagements et des liens, nous créons un environnement où l'action devient la voie de la moindre résistance.

Ce faisant, nous nous libérons de l'attente de nous sentir prêts et commençons simplement par commencer, encore et encore, jusqu'à ce que la cohérence devienne identité.

Faire face aux revers

Le chemin vers un changement comportemental durable est rarement linéaire. Si les livres, les podcasts et les réseaux sociaux présentent souvent la transformation des habitudes comme un arc linéaire allant de la décision à la réussite, la réalité est bien plus complexe et bien plus humaine. Le progrès se fait par à-coups. L'enthousiasme cède la place à la résistance. Les intentions se heurtent à l'épuisement. Et tôt ou tard, même l'habitude la mieux conçue est interrompue. Une séance d'entraînement manquée, une séance d'écriture manquée, un week-end gourmand après des semaines d'alimentation consciente : ce ne sont pas des aberrations ; ce sont des caractéristiques inévitables d'un changement à long terme. La question n'est pas de savoir si des revers surviendront, mais comment nous y réagirons.

L'une des idées fausses les plus répandues sur la formation des habitudes est que la constance est synonyme de perfection. Cette croyance mène à l'échec. Dès le premier écart, la culpabilité prend le dessus. On se dit qu'on a brisé la série, ruiné ses progrès ou prouvé qu'on n'avait jamais été à la hauteur. Ce genre de raisonnement du tout ou rien transforme une seule action manquée en une spirale infernale. Le problème n'est pas l'écart en lui-même, mais le récit auto-punitoire qui s'ensuit.

Pour développer des habitudes durables, nous devons repenser la signification d'un échec. Plutôt que de le considérer comme un échec, nous devons le considérer comme un retour d'expérience. Chaque défaillance nous renseigne sur la fragilité de l'habitude dans certaines conditions – des informations que nous pouvons utiliser pour la renforcer. Une habitude interrompue par le stress, un voyage, la fatigue ou une distraction n'a pas échoué ; elle a simplement rencontré des frictions. Ces frictions nous renseignent sur nos systèmes, nos routines et nos modèles mentaux. Abordé avec curiosité plutôt que critique, un échec devient un point d'inflexion – un moment pour s'adapter plutôt que pour abandonner.

Prenons l'exemple de Nisha, une chercheuse en début de carrière qui a commencé à méditer quotidiennement pour gérer son anxiété. Pendant les trois premières semaines, elle a été constante, motivée à la fois par un besoin personnel et par un goût de nouveauté. Mais au cours d'une semaine particulièrement exigeante, marquée par des échéances et des voyages, sa pratique de la méditation a décliné. Démoralisée, elle a remis en question sa discipline. Sa première réaction a été d'abandonner complètement cette habitude, pensant l'avoir « gâchée ». Mais après en avoir parlé avec une amie, elle a adopté une approche différente. Elle a fait le point sur sa semaine, identifié les contraintes de temps et les obstacles contextuels qui rendaient la méditation moins accessible, et créé une version raccourcie de sa pratique : une routine de respiration de cinq minutes qu'elle pouvait effectuer depuis son téléphone, où qu'elle soit. Ce simple geste d'adaptation l'a aidée à récupérer rapidement et à retrouver son élan.

La capacité à rebondir après des erreurs est ce qui distingue les efforts temporaires d'un changement comportemental durable. Les psychologues appellent cela la « flexibilité psychologique » : la capacité à adapter son comportement face aux obstacles sans se laisser perturber par une détresse intérieure. Lorsque cette flexibilité fait défaut, les individus ont tendance à fusionner avec leurs réactions émotionnelles. « Je me sens coupable, donc je dois échouer. » « Je n'ai pas réussi aujourd'hui, donc je ne réussirai probablement pas demain. » Ces récits deviennent auto-réalisateurs. Mais avec cette flexibilité, les individus peuvent gérer leurs émotions avec légèreté, les reconnaître et agir malgré tout en accord avec leurs valeurs.

Un élément important pour développer cet état d'esprit consiste à apprendre à dissocier l'identité de la performance. Manquer une séance d'entraînement ne signifie pas que vous manquez de discipline. Oublier d'écrire un jour ne signifie pas que vous n'êtes pas un écrivain. Les habitudes sont des pratiques, pas des verdicts. Ce sont des comportements auxquels nous revenons, et non des conditions que nous maintenons parfaitement. Se définir par sa constance plutôt que par sa résilience, c'est se préparer à une estime de soi fragile. Mais en adoptant une identité axée sur le développement personnel – « Je suis quelqu'un qui revient après des erreurs » –, nous cultivons une confiance qui perdure au-delà des revers temporaires.

Le langage que nous utilisons pour évoquer les revers est également important. Des expressions comme « rechuter » ou « briser la série » renforcent une mentalité binaire. Elles impliquent que le progrès est soit intact, soit détruit, sans intermédiaire. Une métaphore plus constructive est celle d'un détour. Vous n'avez pas quitté le chemin, vous avez juste emprunté une voie secondaire. La destination n'a pas changé ; vous êtes simplement en train de recalibrer. Ce changement de perspective atténue le choc émotionnel et facilite la reprise de l'action.

Il est également utile de normaliser les échecs en les anticipant. Plutôt que de considérer les erreurs comme des aberrations, nous pouvons les intégrer à nos attentes. Il ne s'agit pas de planifier l'échec, mais plutôt de se préparer à la reprise. En posant des questions telles que « Que ferai-je si je rate une journée ? » ou « Comment puis-je me réengager lorsque la vie devient chaotique ? », nous éliminons l'effet de surprise et nous dotons de plans d'urgence. Ce type de répétition mentale est une technique empruntée à la thérapie cognitivo-comportementale et utilisée par les sportifs et les professionnels de haut niveau. Elle réduit la panique en cas de problème et favorise une réponse calme et stratégique.

Un autre élément clé pour gérer les échecs est le suivi. Si les outils de suivi des habitudes sont souvent utilisés pour célébrer les réussites, ils peuvent aussi servir à étudier les tendances. Si une habitude ne tient pas, il est utile de noter quand et pourquoi elle vacille. Était-ce le moment de la journée ? L'environnement ? Des priorités concurrentes ? Une fatigue émotionnelle ? Ces observations révèlent les dynamiques cachées en jeu. Souvent, ce qui ressemble à un problème de motivation est en réalité un défaut de conception. Une habitude de journal intime qui s'effondre après le travail peut prospérer le matin. Une routine de marche qui semble pesante après la tombée de la nuit pourrait devoir être ancrée aux pauses déjeuner. Ce manque de motivation devient un objectif : une façon d'optimiser plutôt que d'abandonner.

Il est également utile de réfléchir aux histoires d'échec que nous racontons. Nombre d'entre nous ont intériorisé des croyances sur la productivité et la réussite qui assimilent les erreurs à une faiblesse morale. Ces histoires sont rarement examinées, mais elles sont ancrées dans notre discours intérieur. « Je ne suis pas doué pour m'y tenir. » « Je finis toujours par tout rater. » Ces phrases ne sont pas des vérités, ce sont des habitudes de pensée. Et comme toute habitude, elles peuvent être changées. En réécrivant consciemment ces récits – « J'apprends à m'adapter », « J'ai priorisé d'autres besoins cette semaine, et maintenant je reviens » – nous créons une image de soi qui favorise la continuité des habitudes plutôt que de les saboter.

La communauté peut également jouer un rôle essentiel pour surmonter les difficultés. Partager un écart avec un ami de confiance, un mentor ou un partenaire de confiance peut atténuer la honte et améliorer la perspective. Souvent, le simple fait de dire : « J'ai manqué quelques jours et j'essaie de me remettre sur les rails » suffit à briser la spirale de l'isolement et à renouer avec un but. Les retours que nous recevons dans ces moments peuvent être édifiants. La plupart des gens comprennent mieux nos écarts que nous. Ils nous rappellent que le progrès n'est pas une ligne droite et que le retour est un signe de maturité, et non de faiblesse.

En fin de compte, l'objectif n'est pas de ne jamais trébucher. L'objectif est de trébucher avec sagesse. De remarquer, de réfléchir, de s'adapter et de se réengager. Ce processus transforme chaque échec en un lieu d'apprentissage. Il nous apprend à connaître nos limites, nos rythmes et notre environnement. Il aiguise notre conscience de soi et renforce nos outils comportementaux. Avec le temps, nous commençons à avoir confiance en nous, non pas parce que nous ne commettons jamais de rechutes, mais parce que nous reviendrons toujours.

Ce qui émerge de cet état d'esprit est une motivation plus profonde. Non pas l'élan passager de la nouveauté, mais l'engagement durable envers une vie en accord avec nos valeurs. Les échecs ne menacent plus notre identité ni notre élan. Ils font simplement partie du paysage du changement. Et lorsque nous les traitons comme tels, nous restons libres – non pas d'être parfaits, mais de recommencer, autant de fois que nécessaire.

Le pouvoir des petites victoires

Il existe une force discrète mais puissante au cœur du changement durable. Elle ne crie pas. Elle ne se vante pas. Elle n'exige pas de transformation du jour au lendemain. Au contraire, elle crée une dynamique à petits pas, par de petits gestes répétés systématiquement, par de micro-moments d'efforts reconnus et renforcés. C'est le pouvoir des petites victoires : ces victoires progressives, souvent négligées, qui servent d'échafaudage à un changement comportemental profond et durable. Dans le domaine de la formation des habitudes, les petites victoires ne sont pas des options ; ce sont des éléments fondamentaux. Elles sont le carburant qui alimente le moteur du progrès lorsque la motivation baisse et que les résultats semblent lointains.

Psychologiquement, les petites victoires stimulent le système de récompense naturel du cerveau. Chaque fois que nous accomplissons une tâche, aussi modeste soit-elle, notre cerveau libère une poussée de dopamine, un neurotransmetteur associé au plaisir, à la motivation et à l'apprentissage. Cette récompense neurologique renforce l'action, augmentant ainsi la probabilité de la répéter. Ainsi, les petites victoires créent un cycle de comportement auto-entretenu. Elles procurent un sentiment d'accomplissement, même temporaire, qui satisfait notre désir d'accomplissement et nourrit notre volonté de persévérer.

Il est important de noter que les petites victoires nous permettent de nous concentrer sur l'action immédiate plutôt que sur des résultats lointains. Lorsque les objectifs sont formulés exclusivement en termes de résultats à long terme – perdre dix kilos, publier un roman, courir un marathon – ils peuvent paraître intimidants et lointains. Ces résultats nécessitent des semaines, des mois, voire des années d'efforts soutenus. Sans indicateurs intermédiaires de progrès, le coût émotionnel de la persévérance peut dépasser le bénéfice perçu. Les petites victoires atténuent ce phénomène en offrant des preuves tangibles que quelque chose fonctionne, même si l'objectif ultime reste lointain.

Prenons l'exemple d'Anil, un développeur de logiciels qui a décidé de se remettre en forme après une longue période de sédentarité.

Initialement, il s'était fixé comme objectif d'aller à la salle de sport quatre fois par semaine et de revoir son alimentation. Comme on pouvait s'y attendre, son enthousiasme a diminué au bout de deux semaines. Mais lorsqu'il s'est recentré sur des réussites plus modestes – marcher 8 000 pas par jour, s'étirer cinq minutes chaque matin, privilégier l'eau au soda une fois par jour – son état d'esprit a changé. Ces actions étaient gérables. Elles ne lui semblaient pas être des perturbations, mais des progrès. Et surtout, chaque succès renforçait sa confiance, ce qui rendait l'action suivante plus réalisable. Ce qui n'était au départ qu'une série de changements insignifiants s'est transformé en une routine solide et auto-renforçante.

L'une des découvertes les plus convaincantes des sciences du comportement est que la confiance se construit non pas en atteignant de grands objectifs, mais en accumulant de petites preuves de compétence. Chaque fois que nous nous présentons – que ce soit en écrivant un paragraphe, en préparant un repas sain ou en nous asseyant pour méditer – nous nous envoyons un signal : « *Je suis le genre de personne qui fait ça* . » Au fil du temps, ces signaux façonnent notre identité. Nous cessons de considérer les habitudes comme quelque chose que nous essayons de construire, et comme quelque chose que nous incarnons *déjà* . Ce changement d'identité est subtil, mais profond. Il remplace les frictions par la fluidité, le doute par une assurance tranquille.

Les petites victoires jouent également un rôle essentiel pour briser les cycles négatifs. Lorsque les gens se sentent bloqués, dépassés ou découragés, ils croient souvent devoir faire un grand geste pour renverser la situation. Mais en réalité, l'élan se construit à partir de la base. Une petite victoire opportune peut agir comme une réinitialisation psychologique, un moyen de retrouver son pouvoir et de se recentrer sur ce qui est possible. Pour une personne en phase de rétablissement après un burn-out, cela peut consister à faire son lit chaque matin. Pour une personne en deuil, cela peut consister à préparer un repas nourrissant. Ces gestes ne sont pas anodins. Ils sont des ancres dans un océan d'incertitude.

Emma, une de mes clientes qui se remettait d'une longue période de blocage créatif, était l'exemple parfait de ce principe. Pendant des mois, elle était incapable d'écrire, paralysée par le poids des attentes et la peur de ne rien produire de valable. Lorsque nous avons recadré son objectif d'écriture de « terminer un chapitre » à « ouvrir le document et écrire une phrase », elle a connu une véritable avancée. Cette phrase en menait souvent à quelques autres, et parfois à une page entière. Mais même les jours où ce n'était pas le cas, le simple fait d'être présente comptait. Cela renforçait son engagement et érodait l'idée qu'elle n'était plus une écrivaine.

Célébrer les petites victoires est essentiel dans ce processus. Cela peut paraître superficiel, mais la reconnaissance est essentielle. Lorsque nous prenons le temps de constater et d'apprécier nos efforts, nous les considérons comme importants. Cela ne nécessite pas de récompenses extravagantes ni de déclarations publiques. Souvent, un bref moment de réflexion, une note dans un journal ou un simple suivi d'habitudes suffisent. L'objectif n'est pas de surestimer l'importance de la tâche, mais de donner au cerveau un signal : « *Cela a compté. Recommencez*. »

Négliger de reconnaître les petites victoires est une forme d'auto-sabotage psychologique. Cela crée un faux récit selon lequel nous ne progressons pas, même lorsque nous progressons. Avec le temps, cela érode la motivation et la résilience. Le paradoxe est que les personnes les plus exigeantes envers elles-mêmes accomplissent souvent moins, et non plus. Le perfectionnisme et l'autocritique étouffent l'élan, tandis que l'autocompassion et la reconnaissance le soutiennent. Prendre l'habitude de célébrer les petites victoires est une façon de pratiquer cette autocompassion – non pas comme une indulgence, mais comme un renforcement stratégique.

D'un point de vue neurologique, cette approche s'appuie sur le concept de renforcement variable. Le cerveau a soif de nouveauté et de surprise. Lorsque nous nous laissons aller à une explosion de satisfaction après avoir accompli une petite tâche, surtout une tâche difficile à initier, nous créons une boucle de rétroaction qui nous maintient engagés. C'est pourquoi les techniques de gamification, telles que le suivi des séquences ou les systèmes de points, peuvent être efficaces. Elles transforment les actions routinières en sources de récompenses intermittentes. Mais même sans technologie, nous pouvons créer cette dynamique en remarquant et en appréciant les micro-étapes qui s'accumulent chaque jour.

Cette discussion a aussi un aspect culturel. De nombreuses sociétés glorifient le grand saut – la transformation spectaculaire, le succès instantané, la résolution radicale. Ce faisant, elles négligent l'héroïsme discret d'un effort soutenu. Elles sous-estiment le pouvoir d'être présent les jours où l'on n'en a pas envie, d'agir même sans que personne ne regarde. Les petites victoires ne sont peut-être pas dignes d'intérêt, mais elles sont les fondements de toute réussite significative. Elles ne constituent pas le point culminant de l'histoire, elles en constituent la structure.

Pour exploiter pleinement le pouvoir des petites victoires, il est utile de les suivre. Il ne s'agit pas de mesurer chaque action de manière obsessionnelle, mais plutôt de conserver une trace visible de vos efforts. Cela peut prendre la forme d'un bullet journal, d'un calendrier mural ou d'une simple application de prise de notes. L'enregistrement crée un arc visuel de progression – une histoire de cohérence plus difficile à ignorer. Lorsque le doute s'installe, comme il le fera inévitablement, ce suivi sert de contre-argument. Il dit : « *Regardez le chemin parcouru, un pas après l'autre* . »

Les petites victoires ont aussi quelque chose d'intrinsèquement démocratique. Elles sont accessibles à tous, quels que soient leur emploi du temps, leurs ressources ou leur point de départ. Nul besoin de conditions idéales pour mettre en place une habitude de deux minutes. Nul besoin d'une discipline extraordinaire pour entreprendre une action positive. Cette accessibilité fait la force du concept. Elle nivelle les règles du jeu et rend le changement durable accessible, non pas parce qu'il est facile à mettre en œuvre, mais parce qu'il est gérable.

En résumé, les petites victoires sont le fondement d'un comportement durable. Elles créent une dynamique, renforcent l'identité, brisent l'inertie et renforcent la confiance. Ce ne sont pas des gestes symboliques. Ce sont des outils concrets de progrès. Apprendre à les valoriser et à les célébrer redéfinit notre rapport à l'effort. Nous cessons d'attendre des conditions idéales et commençons à trouver le succès au quotidien. Et à mesure que ces succès s'accumulent, ils révèlent une vérité souvent occultée par de grandes ambitions : un changement significatif ne commence pas par des bonds de géant, mais par mille pas tranquilles, accomplis avec intention et honorés comme ils le méritent.

Chapitre 6 : Adapter les micro-habitudes pour une transformation majeure

Au cœur de toute véritable transformation réside un curieux paradoxe : les changements les plus profonds ont tendance à ne pas s'annoncer avec fanfare, mais plutôt à se manifester discrètement, dissimulés sous la forme d'actions infimes. À une époque si envoûtée par la rapidité et les réinventions radicales, il est étonnamment facile de négliger le pouvoir discret des petits pas délibérés. Pourtant, l'excellence des micro-habitudes ne réside pas seulement dans leur facilité de gestion, mais aussi dans leur remarquable capacité à évoluer. Ce qui commence comme un geste presque oubliable – une minute de concentration, une décision modeste, un coup de pouce dans une nouvelle direction – peut, répété avec patience, évoluer vers quelque chose de bien plus conséquent. Ce chapitre est une méditation sur cette métamorphose : comment les petits commencements créent une dynamique, intensifient leur influence et reconfigurent lentement l'architecture de nos vies.

Une fois déclenché, l'élan a sa propre volonté. Il existe un phénomène particulier – appelons-le inertie comportementale, ou rythme de répétition – par lequel de minuscules habitudes, une fois ancrées, commencent à générer leur propre propulsion. Imaginez une boule de neige dévalant une pente, accumulant tranquillement masse et vitesse. Un étirement matinal ne paraît pas grand-chose le premier jour, mais pratiqué quotidiennement, il commence à s'inscrire dans la trame de votre identité. Le geste lui-même reste modeste, mais la facilité avec laquelle vous y revenez change la donne . Chaque répétition érode la résistance, chaque succès renforce un sentiment de continuité et une confiance en soi sereine. Et c'est là, en réalité, le fondement sur lequel naissent les pratiques plus vastes.

Fondamentalement, cette expansion ne se produit pas par un effort physique ou une détermination brute. Le cerveau humain est programmé pour privilégier l'efficacité. Lorsqu'une tâche est répétée, elle devient plus facile : moins consciente, plus automatique. Les réseaux neuronaux s'affine ; l'attention se réorganise. Bientôt, l'habitude ne semble plus ancrée, elle semble naturelle. La pause respiratoire d'une minute se transforme en séance de pleine conscience, non pas parce que vous l'avez forcée, mais parce qu'elle commence à apparaître comme la prochaine étape logique. Écrire un paragraphe après le dîner se transforme en chapitres à terminer. Une promenade décontractée en soirée ? Soudain, c'est la pierre angulaire d'une routine sportive. Il n'y a aucune contrainte dans ce processus. C'est une sorte d'invitation comportementale, offerte et acceptée au fil du temps.

C'est le pouvoir de la croissance du micro au macro. Les habitudes n'ont pas besoin de se multiplier. Elles se développent progressivement, lorsqu'on leur donne de l'espace et du rythme. Ce qui commence comme une routine modeste devient, avec le temps, un échafaudage pour plus. La clé réside dans la stabilité. Une micro-habitude constante crée un espace mental et logistique, ouvrant la voie à une expansion sans perturbation. Vous ne démarrez pas quelque chose de nouveau ; vous prolongez quelque chose de familier. Et c'est pour cela que cela dure.

Prenons l'exemple d'Aarav, un rédacteur publicitaire souvent débordé, se plaignant sans cesse de son manque de constance dans ses écrits. Sa solution ? Écrire une phrase par jour. C'est tout. Pas une page. Pas une dissertation. Juste une phrase. En quelques semaines, sa main continuait souvent à bouger après la phrase. Un mois plus tard, il écrivait des paragraphes entiers sans résistance. Trois mois plus tard, cette habitude s'était progressivement transformée en une séance quotidienne d'une demi-heure. Ses progrès n'étaient pas motivés par l'ambition, mais par la constance. Il ne courait pas après la transformation ; il la laissait s'accumuler.

Pourtant, comme tout rythme, l'élan peut faiblir. La plupart des parcours d'habitudes connaissent un palier – une étrange accalmie, souvent décourageante, où la passion s'affaiblit et où les progrès s'aplatissent . Il est tentant d'interpréter cela comme un échec. Ce n'est pas le cas. C'est simplement le signe que la structure actuelle a rempli sa fonction et doit maintenant être remodelée. Les paliers sont des invitations, et non des points d'arrivée. Ils demandent de l'attention, un léger réajustement, peut-être un ajustement de rythme ou de portée. Ils sont l'occasion de réaffirmer ce qui fonctionne et de rafraîchir ce qui ne fonctionne pas.

Une façon efficace de relancer une habitude stagnante est de réintroduire des défis, non pas en progressant à pas de géant, mais en augmentant subtilement l'intensité. Si vous tenez un journal depuis cinq minutes, essayez une nouvelle idée. Si vos entraînements vous semblent routiniers, essayez la résistance ou la variation. Ces petites modifications ravivent l'intérêt et stimulent les mécanismes de récompense qui favorisent l'engagement.

Changer de décor a aussi ses avantages. Les habitudes se lassent non seulement à cause de la répétition, mais aussi de la monotonie ambiante. Déplacez votre séance dans une autre pièce, à un autre moment de la journée, associez-la à une nouvelle routine. Le changement peut paraître anodin, mais il peut restaurer un sentiment de nouveauté qui, ironiquement, redonne un nouveau souffle à l'ancienne habitude.

Mais là où les micro-habitudes prennent tout leur sens, c'est dans leur nature capitalisante. Tout comme les intérêts composés, de petits comportements répétés au fil du temps génèrent des rendements bien supérieurs à l'investissement initial. Les premiers jours peuvent sembler peu gratifiants, comme jeter des pièces dans un puits sans entendre de plouf. Mais avec de la patience, ces investissements s'approfondissent. Dix minutes de lecture quotidienne peuvent ne pas sembler révolutionnaires, mais six mois plus tard, vous constaterez que vous avez déjà terminé plus d'un livre. Vous constaterez également une concentration accrue, un vocabulaire enrichi et peut-être même un appétit intellectuel plus développé. Une habitude, de nombreux résultats.

C'est ce que la plupart des gens oublient : nous nous attendons à ce que les changements de comportement soient nets et linéaires, mais c'est rarement le cas. La véritable croissance progresse vers le haut, puis vers l'extérieur. La pratique de la salle de sport améliore non seulement la force, mais aussi le sommeil. La méditation apaise l'anxiété et renforce la présence en réunion. Les petites actions, pratiquées régulièrement, ont des répercussions sur tous les domaines. C'est là que réside la véritable alchimie.

Parfois, ces répercussions sont évidentes. Le plus souvent, elles sont agréablement surprenantes. Un homme décide de privilégier son sommeil, espérant se sentir un peu plus reposé. Quelques semaines plus tard, il se rend compte que son humeur s'est adoucie ; ses conversations avec ses enfants sont plus calmes. Ou encore, prenez l'exemple d'une femme qui commence à tenir un journal chaque soir, soi-disant pour analyser ses pensées, mais qui se retrouve bientôt à prendre des décisions plus rapides et plus claires au travail. Ce ne sont pas des coïncidences. Ce sont des effets émergents, le résultat d'une plus grande clarté, d'une énergie plus stable et d'une vie plus intentionnelle.

Rohan, formateur en entreprise, nous offre un autre exemple probant. Son parcours a commencé simplement : préparer le dîner à la maison trois soirs par semaine. C'était tout. Pas de cure détox. Pas d'horaires compliqués. Mais le changement a fait boule de neige. Cuisiner à la maison a réduit son stress, amélioré sa digestion et l'a aidé à mieux dormir. Il a moins bu. Il s'est remis à lire. Il s'est mis à la photographie, un loisir qu'il n'avait pas pratiqué depuis des années. Ce chemin n'était pas tracé. Il s'est ouvert grâce à un petit changement qui lui a donné la confiance et la capacité émotionnelle nécessaires pour explorer les autres.

Et c'est là toute la beauté de la chose. Ces habitudes, bien que modestes en apparence, font plus que modifier les comportements. Elles commencent à remodeler notre perception de nous-mêmes. Elles s'affaiblissent progressivement, élargissent nos horizons et redéfinissent progressivement nos priorités. Le changement devient moins une question d'effort et davantage une question d'alignement. Moins une question de force, plus une question de rythme.

À mesure que nous approfondirons ce chapitre, nous examinerons des moyens pratiques de renforcer et de développer ces micro-habitudes. Mais avant d'aborder la question tactique, il est utile de prendre conscience d'un point essentiel : les transformations les plus durables ne naissent pas de grandes réalisations. Elles se produisent discrètement, souvent imperceptiblement, par la répétition. Vous êtes présent. Vous continuez à l'être. Et un jour, la pratique qui semblait autrefois un effort devient une seconde nature.

Passer à l'échelle ne signifie pas faire plus pour le plaisir. Il s'agit d'investir davantage dans ce qui fonctionne déjà, en laissant la croissance se produire à son rythme. Lorsque vous abandonnez l'urgence et faites confiance à l'intégrité des petits pas, le changement cesse d'être un idéal lointain et devient une réalité vécue. Non pas par éclairs, mais en mouvement silencieux et continu.

L'effet Momentum

L'une des forces les plus puissantes du changement de comportement est l'élan. Bien exploité, il transforme des débuts modestes en résultats significatifs, non pas par des efforts héroïques, mais par une progression constante. L'élan explique pourquoi une simple micro-habitude, pratiquée avec constance, peut se transformer en une routine qui définit une vie. C'est le moteur invisible d'un changement durable, un cycle auto-amplifiant où les petites victoires s'accumulent, la confiance se renforce et de nouvelles capacités émergent. Comprendre le fonctionnement de l'élan et apprendre à le cultiver délibérément est essentiel pour quiconque aspire à une transformation significative et durable.

Dans le contexte des habitudes, l'élan désigne l'accélération progressive du comportement qui se produit lorsque l'action devient plus facile, plus gratifiante et plus ancrée dans le quotidien. Cela commence discrètement, souvent par une action de deux minutes qui semble presque anodine : écrire une phrase, boire un verre d'eau, faire un bref étirement. Pourtant, avec le temps, ces micro-comportements établissent un modèle de mouvement. Ce mouvement se renforce lui-même. Un succès rend le suivant plus probable. Une répétition diminue la résistance au suivant. Et très vite, ce qui n'était au départ qu'une expérience devient une habitude, puis, potentiellement, une identité.

Cet effet n'est pas seulement anecdotique. Les recherches en sciences du comportement montrent systématiquement que le plus difficile dans toute action est de commencer. Une fois initiée, la charge cognitive diminue. Le cerveau passe de la délibération à l'exécution. Ce changement suffit souvent à nous faire dépasser le seuil minimal et à nous engager plus profondément. Une personne qui s'apprête à lire une seule page peut se retrouver à en lire dix.

Quelqu'un qui enfile ses baskets pour une marche de cinq minutes peut finir par faire un petit jogging autour du pâté de maisons. L'acte initial sert de passerelle comportementale, libérant un niveau d'énergie et de concentration inaccessible avant le début du mouvement.

Ce phénomène est clairement illustré par l'histoire d'Aditi, une jeune architecte qui s'est retrouvée bloquée et dépassée sur le plan créatif. Son projet initial de reconstruire son portfolio de projets était ambitieux, impliquant de longues heures de travail concentré et une auto-évaluation à enjeux élevés. Sans surprise, elle a tergiversé. Les attentes étaient trop élevées. Le risque émotionnel lui semblait trop grand. Elle a donc repensé son approche : chaque jour, elle passait deux minutes à dessiner – sans ordre du jour, sans résultat, juste du mouvement. En une semaine, elle s'est retrouvée à dessiner pendant vingt minutes. En un mois, elle achevait des ébauches de concepts grandeur nature. L'habitude, une fois prise, a pris son rythme. Ses premières esquisses n'étaient pas spectaculaires. Mais elles étaient *quelque chose* ... Et quelque chose mène à plus.

C'est là le principe fondamental de l'effet d'impulsion : il est plus facile de persévérer que de recommencer. Chaque action de suivi réduit la distance psychologique entre le point où l'on est et le point où l'on souhaite être. Cette réduction renforce la confiance, et cette confiance, à son tour, nourrit l'action. Le schéma se répète et, à chaque boucle, le comportement devient plus stable, plus automatique et plus expansif.

L'élan modifie également notre perception de l'effort. Une habitude autrefois exigeante devient naturelle. Le coût énergétique diminue non pas parce que la tâche est objectivement plus facile, mais parce que notre rapport à elle change. Les circuits neuronaux impliqués gagnent en efficacité. Notre corps et notre esprit anticipent le comportement, s'y préparent et l'exécutent avec moins de résistance. C'est pourquoi une personne qui peinait autrefois à méditer cinq minutes peut finalement rester assise trente minutes sans effort. Ce n'est pas une question de volonté, mais d'adaptation progressive.

Mais la caractéristique la plus convaincante de l'élan est peut-être qu'il s'appuie sur de multiples dimensions. Il ne se contente pas de faciliter les habitudes, il les rend aussi plus attrayantes. À mesure que les progrès s'accumulent, la satisfaction intrinsèque de voir des résultats devient sa propre récompense. La motivation à persévérer ne dépend plus d'incitations externes ou d'objectifs abstraits. Elle naît de l'intérieur, alimentée par un sentiment croissant d'autonomie et d'auto-efficacité. Le comportement devient significatif, et non plus seulement efficace.

Prenons l'exemple de Kabir, un professeur de lycée qui souffrait de fatigue matinale et de mauvaises habitudes alimentaires. Plutôt que de tenter de changer radicalement de mode de vie, il a commencé par une marche matinale de cinq minutes. Au début, l'impact a été minime. Mais la marche l'a réveillé juste assez pour qu'il prenne une meilleure décision concernant son petit-déjeuner. Ce choix lui a donné un regain d'énergie en milieu de matinée, ce qui l'a rendu plus concentré pendant les cours. Cette amélioration de ses performances l'a amené à quitter le travail à l'heure, libérant ainsi de l'espace mental pour la lecture du soir, une activité qu'il souhaitait privilégier depuis longtemps. L'habitude de marcher n'a pas seulement créé un élan physique ; elle a initié une cascade de changements bénéfiques dans des domaines sans rapport entre eux.

Cet effet d'entraînement est au cœur de l'importance de l'élan. Les habitudes n'existent pas isolément. Elles interagissent, s'amplifient et se renforcent mutuellement. Un comportement positif dans un domaine peut améliorer les performances, l'humeur ou l'énergie dans un autre. Une pratique d'écriture régulière peut se traduire par de meilleures compétences en communication. Une hygiène de sommeil régulière peut améliorer la régulation émotionnelle. Tenir un journal de gratitude peut accroître l'empathie dans les relations interpersonnelles. Chaque habitude apporte non seulement des bénéfices directs, mais aussi la capacité d' influencer d'autres comportements grâce à des ressources psychologiques partagées, comme l'attention, la volonté et le tonus émotionnel.

Cependant, la dynamique est fragile au début. Il faut la protéger des excès. L'une des erreurs les plus courantes est d'intensifier prématurément une habitude lorsqu'elle commence à fonctionner. Une pratique de cinq minutes, agréable à vivre, est soudainement prolongée à une heure. Les frictions reviennent. Le comportement redevient exigeant. Et sans une base de cohérence, la dynamique s'effondre. Une mise à l'échelle durable est progressive, réactive et intuitive. Elle permet à l'habitude de se développer au rythme de l'intégration, et non de l'ambition.

Maintenir l'élan nécessite également de gérer les perturbations. La vie est dynamique. Les horaires changent, les priorités rivalisent, la motivation fluctue. Lorsqu'une habitude est interrompue, l'essentiel est de ne pas paniquer, mais de préserver le schéma d'action sous une forme ou une autre. Une microversion de l'habitude, même symbolique, maintient la boucle comportementale intacte. Si vous ne pouvez pas écrire pendant trente minutes, écrivez une phrase. Si vous ne pouvez pas faire de sport, faites cinq pompes. Ces actes peuvent paraître insignifiants, mais ils protègent l'identité en construction. Ils maintiennent le sentiment de continuité dont dépend l'élan.

L'élan a aussi une dimension sociale. Lorsque les autres commencent à remarquer votre constance, ils vous encouragent souvent : commentaires, soutien, admiration partagée. Ces signaux sociaux renforcent encore votre engagement. Vous commencez à être perçu non seulement comme quelqu'un qui *adopte* ce comportement, mais comme quelqu'un qui l' *est* réellement. Cette reconnaissance, même tacite, contribue à ancrer cette habitude dans votre identité.

En économie comportementale, cette boucle de rétroaction est appelée externalité positive : l'effet secondaire inattendu mais bénéfique d'une action cohérente. Il est utile de considérer ses habitudes comme des investissements, non seulement dans les résultats, mais aussi dans la réputation, l'identité et l'influence. Maintenir la dynamique ne se limite pas à développer des muscles, des compétences ou des connaissances. On construit la confiance, envers soi-même et envers les autres. Et cette confiance est un atout précieux.

L'effet d'impulsion est donc plus qu'une théorie du progrès. C'est un principe de transformation qui honore la puissance des débuts modestes. Il nous rappelle que la constance prime sur l'intensité et que le mouvement, aussi léger soit-il, peut transformer non seulement les comportements, mais aussi la perception de soi, la confiance en soi et même la vision du monde.

En cultivant votre dynamique, vous ne courez pas après les résultats. Vous construisez un écosystème comportemental auto-entretenu. Un écosystème dans lequel chaque action facilite la suivante, chaque victoire rend la suivante plus probable, et chaque répétition vous rapproche non seulement de ce que vous voulez *faire* , mais aussi de qui vous voulez *être* . C'est ce processus complexe, intégré et profondément humain qui permet aux petites habitudes de se transformer en puissantes expressions de croissance et, finalement, de transformer des vies de l'intérieur.

Du micro au macro

Le génie des micro-habitudes réside dans leur simplicité. Elles nous demandent peu, n'exigent aucun changement radical de style de vie et sont conçues pour contourner les résistances internes qui font si souvent dérailler nos meilleures intentions. Mais si les micro-habitudes commencent modestement, leur véritable force réside dans leur capacité à évoluer. Appropriées avec réflexion, ces actions modestes se transforment en routines concrètes qui façonnent non seulement nos actions, mais aussi notre devenir. La transition du micro au macro n'est pas accidentelle. Elle est le fruit d'une expansion stratégique, d'une cohérence entretenue jusqu'à ce qu'elle évolue naturellement vers quelque chose de plus grand. La clé est d'évoluer sans se laisser submerger, en laissant l'élan et l'identité guider le rythme de la croissance.

Le développement de micro-habitudes n'est pas un processus linéaire. Il ne suit pas une formule stricte consistant à redoubler d'efforts toutes les quelques semaines. Au contraire, il se développe naturellement, à la manière d'un jeune arbre qui grandit. Initialement fragile, l'habitude a besoin de constance pour s'enraciner. Une fois stable, elle commence à se diversifier, étendant sa portée et ses capacités. Le passage à une routine plus solide ne se fait pas uniquement par l'ambition, mais par une accumulation silencieuse de volonté. Avec le temps, ce qui semblait autrefois laborieux devient une seconde nature ; et dans cet espace familier, il y a de la place pour s'épanouir.

L'une des principales raisons pour lesquelles les micro-habitudes sont si efficaces est qu'elles développent la fluidité comportementale. C'est l'équivalent psychologique de la mémoire musculaire. L'action répétée réduit la charge cognitive nécessaire à l'initiation de la tâche. La fatigue décisionnelle diminue. La résistance s'atténue. Le comportement devient automatique, libérant l'attention et l'énergie nécessaires pour approfondir ou élargir la pratique. Lorsque cette fluidité est présente, augmenter la durée, l'intensité ou la complexité ne semble plus contraignant. Cela semble être une étape naturelle.

Prenons l'exemple de Neha, une fonctionnaire qui souhaitait intégrer un entraînement musculaire régulier à sa semaine. Au départ, elle s'était engagée à faire une minute de squats chaque matin. L'acte était plus symbolique que concret, mais il a créé une routine. Elle le faisait au même endroit, à la même heure, tous les jours. Après quelques semaines, elle a ajouté une planche, puis une série de fentes. Au troisième mois, elle suivait un programme complet de quinze minutes au poids du corps sans jamais décider consciemment d'augmenter son intensité. Son corps en réclamait davantage, car l'habitude était bien ancrée. La croissance n'est pas venue de la pression, mais de l'intégration.

Cela met en évidence une distinction importante dans la conception des habitudes : la mise à l'échelle doit suivre la constance, et non la précéder. Se précipiter pour développer une habitude avant qu'elle ne soit stable risque de la déstabiliser complètement. L'habitude ne semble plus naturelle ; elle devient une exigence. Et lorsqu'une exigence apparaît, le cerveau commence à la repousser. Ce qui était au départ une pratique valorisante s'ajoute à une liste de tâches déjà bien remplie. Il en résulte souvent un épuisement professionnel ou un désengagement. Pour éviter cela, la mise à l'échelle doit être perçue comme facultative, et non comme obligatoire. La question n'est pas : « Comment puis-je en faire plus ? », mais plutôt : « Suis-je prêt à aller plus loin ? » Cette disponibilité est ressentie, non forcée.

Un autre facteur facilitant le passage du micro au macro est l'alignement identitaire. À mesure que les habitudes s'installent dans notre rythme quotidien, elles influencent notre perception de soi. Celui qui médite deux minutes par jour commence à se percevoir comme quelqu'un qui valorise le calme et la présence. Celui qui écrit un paragraphe chaque matin commence à se sentir écrivain. Ces changements identitaires sont subtils mais profonds. Ils réduisent les conflits internes et améliorent la cohérence comportementale. Une fois l'identité établie, développer l'habitude ressemble moins à ajouter une nouvelle tâche qu'à exprimer un trait de caractère existant. L'expansion devient une extension de soi, et non une contrainte.

Cette progression identitaire était évidente dans le cas de Julian, un chef de projet qui peinait à s'affirmer et à s'affirmer en réunion. Pour développer un sentiment de présence, il a commencé par une pratique quotidienne de deux minutes : se tenir devant le miroir et prononcer une affirmation professionnelle à voix haute. Au fil du temps, il a ajouté des respirations profondes, puis des visualisations, puis de courts échauffements vocaux. Finalement, sa routine est devenue un véritable rituel matinal qui l'aidait à aborder sa journée de travail avec assurance et clarté. Cette routine s'est développée non pas par nécessité, mais parce qu'elle correspondait à l'image de soi qu'il construisait activement. Son comportement n'était plus une question d'action, mais de devenir.

Le développement progressif des habitudes bénéficie également d'ajustements stratégiques du contexte. De petits changements d'environnement ou de structure peuvent favoriser des itérations plus importantes d'une habitude sans créer de sentiment de surcharge. Par exemple, déplacer son bureau dans un endroit plus calme de la maison peut permettre à une courte séance d'écriture de se transformer en séance plus approfondie. Passer d'un simple tapis de yoga à un espace de pratique dédié peut créer les conditions pour des séances plus longues et plus ciblées. Ces changements ne visent pas à stimuler la motivation, mais à éliminer les frictions. Ils signalent au cerveau que ce comportement est important et mérite qu'on y consacre de l'espace.

La technologie peut également jouer un rôle de soutien. Pour ceux qui suivent leurs progrès, les applications et les outils de suivi des habitudes peuvent offrir un renforcement visuel. Voir une série se construire, même après deux minutes d'efforts, crée un sentiment de responsabilité et de fierté. Au fil du temps, ces données deviennent une motivation en soi. Elles témoignent d'une certaine constance, et cette histoire crée un ancrage psychologique. À mesure que l'habitude se développe, l'outil évolue avec elle, non pas en exigeant davantage, mais en réfléchissant davantage.

Il convient toutefois de noter que toutes les habitudes ne doivent pas nécessairement évoluer. Certaines micro-habitudes sont puissantes précisément en raison de leur petitesse. Leur rôle est de servir de clés de voûte : des ancrages qui stabilisent la journée, inspirent d'autres comportements ou renforcent l'identité. Une grande inspiration avant d'ouvrir son ordinateur portable. Un moment de gratitude avant de manger. Une phrase écrite avant de dormir. Ces habitudes ne se transformeront peut-être jamais en routines d'une heure, mais leur impact est cumulatif et significatif. L'essentiel est de distinguer les habitudes qui sont destinées à se développer de celles qui sont destinées à s'ancrer. L'évolutivité est un chemin, pas une règle.

Il est également important de gérer les attentes durant cette phase de développement. La mise à l'échelle n'est pas toujours linéaire et la progression n'est pas toujours fluide. Il y aura des jours où l'habitude élargie semblera trop lourde et où la version micro deviendra une solution de repli. Il ne s'agit pas de régression, mais de résilience. La capacité à revenir à une version plus modeste de l'habitude assure la continuité sans compromettre le bien-être. Cette flexibilité est la marque d'un comportement durable. Elle tient compte de la réalité des variations d'énergie, des exigences concurrentes et des cycles émotionnels.

Au fil du temps, ce qui n'est au départ qu'une habitude brève et ciblée peut devenir un pilier de notre mode de vie. Une lecture de deux minutes peut se transformer en une matinée d'étude tranquille. Un simple mot de gratitude peut engendrer une présence relationnelle plus profonde. Une courte leçon de langue peut ouvrir la voie à des voyages internationaux et à une meilleure maîtrise culturelle. Ces transitions ne sont pas uniquement dictées par la volonté ; elles sont façonnées par la patience, le contexte, l'identité et le rythme.

Transformer une micro-habitude en une macro-routine est donc moins une question de discipline que de conception. Cela exige une attention au timing, une sensibilité au contexte et une compréhension des fondements psychologiques du comportement.

Cela nous demande d'être à l'écoute des signaux de disponibilité et de progresser avec grâce, et non dans l'urgence. Et surtout, cela nous rappelle qu'un changement significatif ne se mesure pas à la rapidité de notre croissance, mais à la constance de notre progression.

En cultivant de petites habitudes jusqu'à ce qu'elles soient prêtes à s'épanouir, nous posons les bases d'une transformation profonde et authentique. Nous passons de débuts hésitants à une expression confiante, non pas par bonds, mais par superpositions. Ce faisant, nous construisons des routines non seulement plus ambitieuses, mais aussi meilleures, car ancrées dans notre véritable identité.

Franchir les plateaux

Dans tout effort à long terme, il existe un moment inavoué où le progrès semble s'arrêter. Malgré des efforts soutenus, les gains deviennent marginaux, la motivation s'affaiblit et un sentiment de frustration s'installe. Ce moment, communément appelé palier, n'est pas un échec, mais une phase. C'est une caractéristique naturelle de toute courbe de croissance, que ce soit en matière de forme physique, d'apprentissage, de créativité ou de développement personnel. Pourtant, il reste l'un des aspects les plus mal compris et mal gérés de la formation des habitudes. Nombreux sont ceux qui abandonnent leurs pratiques à ce stade, croyant avoir atteint leurs limites. En réalité, ils sont simplement arrivés au point où les progrès superficiels cèdent la place à un travail plus approfondi.

Comprendre les plateaux commence par reconnaître leur caractère inévitable. Tout système, une fois stabilisé, atteint un point d'équilibre. Aux premiers stades de la formation d'habitudes, les améliorations sont spectaculaires, car le point de départ est bas. Le contraste entre ne rien faire et faire quelque chose est saisissant. Une personne qui passe de l'absence d'activité physique à une marche de cinq minutes par jour ressentira un regain d'énergie et de bonne humeur presque immédiatement. Un écrivain qui commence à rédiger un paragraphe chaque matin développera rapidement un sentiment de productivité et de motivation. Mais à mesure que le corps et l'esprit s'adaptent à ces comportements, la nouveauté s'estompe et les gains s'amenuisent. Ce qui était autrefois énergisant devient routinier. L'excitation cède la place à la prévisibilité, et la prévisibilité, si elle n'est pas gérée, mène à la stagnation.

Il s'agit du palier : non pas une stagnation de l'effort, mais une stabilisation de la récompense perçue. Il est important de noter que, même en palier, des changements significatifs peuvent encore se produire sous la surface. Les voies neuronales se renforcent, les standards de base s'améliorent et l'identité continue de se consolider. Mais l'absence de progrès visibles peut être décourageante, surtout dans une culture qui privilégie l'amélioration continue et les résultats mesurables. Le défi consiste donc à rester engagé même lorsque les progrès ne sont pas immédiatement perceptibles, et à appliquer des stratégies spécifiques pour relancer la dynamique sans compromettre la durabilité.

L'une de ces stratégies est le réétalonnage : revoir l'habitude à la lumière du contexte et des capacités du moment. Souvent, une habitude stagne non pas parce qu'elle a cessé de fonctionner, mais parce que les circonstances de la vie ont changé. Le moment autrefois idéal pour une séance d'entraînement peut désormais être trop précipité. Une pratique de journalisation autrefois perçue comme réflexive peut désormais sembler répétitive. Le réétalonnage consiste à se demander : cette habitude me sert-elle toujours autant ? Dois-je en ajuster le moment, le format ou l'objectif ? Cette forme d'introspection ne vise pas à démanteler l'habitude, mais à la faire évoluer. Elle permet à la pratique de rester dynamique et réactive aux réalités d'une vie en mutation.

Par exemple, Amaan, un analyste d'entreprise qui lisait régulièrement trente minutes par jour depuis près d'un an, a commencé à perdre tout intérêt pour ses séances du soir. La matière lui paraissait aride et la fatigue mentale liée à son travail transformait la lecture approfondie en corvée plutôt qu'en plaisir. Plutôt que d'abandonner cette habitude, il l'a diversifiée. Il a commencé à alterner entre fictions, essais et livres audio. Il a reporté ses lectures au matin, lorsque son esprit était plus frais. Ces subtils changements ont ravivé sa curiosité et restauré le sentiment d'épanouissement qu'il avait initialement éprouvé. L'habitude est restée intacte, mais sa forme a évolué pour correspondre à son état actuel.

Un autre outil puissant pour franchir les paliers est la remise en question délibérée. Les habitudes, par nature, prospèrent grâce à la répétition. Mais la répétition, trop prévisible, engendre la complaisance. Introduire une difficulté contrôlée peut remobiliser le cerveau et le corps. Il ne s'agit pas de rendre l'habitude plus difficile pour elle-même, mais de l'enrichir. Une personne méditant dix minutes par jour pourrait expérimenter une nouvelle technique. Un apprenant en langue étrangère ayant mémorisé un vocabulaire de base pourrait commencer à construire des phrases ou à engager une conversation. Ces niveaux de remise en question restaurent la nouveauté et signalent au cerveau que l'apprentissage est en cours.

Il faut cependant trouver un équilibre entre défi et atteignabilité. Une erreur courante consiste à surcorriger, c'est-à-dire à sauter d'un palier vers une amélioration trop ambitieuse et intenable. La clé est de trouver la limite : le point où l'habitude devient légèrement exigeante, mais pas démoralisante. Cette limite maintient le système nerveux actif et l'habitude significative. Elle contribue également à entretenir la boucle de rétroaction neurochimique qui rend le comportement gratifiant. Lorsque le cerveau détecte des progrès, il libère de la dopamine, non seulement lorsque nous atteignons nos objectifs, mais aussi lorsque nous sentons que nous nous en rapprochons. Maintenir ce sentiment de progression est essentiel à la motivation.

La variété est un autre antidote à la stagnation. Si la constance est essentielle au développement des habitudes, la variété prévient l' ennui et la fatigue cognitive. Une personne qui pratique le yoga tous les jours peut alterner ses styles : vinyasa un jour, yin le lendemain, restauratif le week-end. Un écrivain peut passer de l'essai au dialogue ou à la poésie. Cette variété préserve la structure tout en rafraîchissant l'expérience. Elle empêche l'habitude de devenir obsolète et permet l'expression créative dans un cadre familier.

Au-delà des ajustements comportementaux, franchir un palier implique également de s'intéresser aux mentalités. L'idée que le progrès doit être constant est non seulement fausse, mais aussi néfaste. Le progrès est rarement linéaire. Il est cyclique, itératif et souvent imperceptible. La croissance comprend des périodes de consolidation, où les compétences s'ancrent dans la mémoire à long terme, où les comportements se stabilisent et où le système nerveux s'adapte aux nouvelles exigences. Ces périodes ne sont pas vaines : elles sont nécessaires. Mais si elles sont interprétées à tort comme une stagnation, elles peuvent conduire au doute et au désengagement.

C'est pourquoi il est essentiel de suivre non seulement les résultats externes, mais aussi les changements internes. Une personne ne soulèvera peut-être pas plus de poids ni n'écrira plus de mots, mais elle constatera peut-être une plus grande aisance, moins d'hésitation ou une présence plus profonde. Ces changements qualitatifs sont importants. Ils reflètent la maîtrise, et pas seulement la productivité. Y prêter attention redonne un élan et renforce l'engagement.

Il est également utile de solliciter la réflexion d'autrui pendant les phases de stagnation. Un mentor, un coach ou un pair peut apporter son point de vue sur des progrès subtils que nous pourrions négliger. Ils peuvent valider le travail accompli et suggérer des améliorations qui ravivent la motivation. Ces échanges sont particulièrement précieux lorsque le feedback interne semble fade. La validation externe, lorsqu'elle est donnée de manière constructive, peut agir comme un miroir : elle nous montre où nous avons progressé, même si nous ne le ressentons pas nous-mêmes.

La dernière stratégie, et peut-être la plus essentielle, pour dépasser un palier est de renouer avec un objectif. Lorsque les habitudes perdent leur sens, elles perdent leur énergie. Repenser à la raison d'être de l'habitude – sa valeur émotionnelle, personnelle ou éthique – peut la revitaliser. Parfois, l'objectif a changé, ou la motivation initiale ne résonne plus. Dans ce cas, l'habitude doit être réancrée dans quelque chose d'actuel, de vrai. Lorsque l'objectif est clair, l'effort paraît moins pénible. L'habitude n'est plus une question de performance, elle devient un acte d'alignement.

Prenons l'exemple d'Ayesha, une étudiante en médecine qui a commencé à tenir un journal dès sa première année pour gérer son stress. Au départ, cette pratique l'aidait à gérer ses émotions et à réfléchir à son apprentissage. Mais avec l'intensification des examens et la pénurie de temps, tenir un journal est devenu une corvée. Plutôt que d'abandonner cette habitude, elle en a redéfini l'objectif. Au lieu d'écrire de longues réflexions, elle a commencé à noter chaque jour une phrase sur ce qu'elle apprenait ou ressentait. Cela lui a permis de rester connectée à son objectif initial – le traitement des émotions et la conscience de soi – sans la pression d'un format spécifique. Cette habitude a perduré, non pas parce qu'elle était grandiose, mais parce qu'elle restait significative.

En fin de compte, les paliers sont des invitations, et non des verdicts. Ils nous invitent à approfondir, à nous adapter, à réfléchir. Ils nous rappellent que le but de la création d'habitudes n'est pas de progresser sans cesse, mais de cultiver un rythme soutenu. En répondant à la stagnation par la curiosité plutôt que par la critique, nous transformons cette impasse en tournant. Nous apprenons à voir le palier non pas comme un signal d'arrêt, mais comme un signal d'évolution.

Ainsi, franchir un palier ne consiste plus tant à se donner à fond qu'à écouter plus attentivement. Il s'agit d'être à l'écoute des subtilités du progrès, des changements d'énergie, des réajustements discrets qui maintiennent nos pratiques en vie. Ce faisant, non seulement nous avançons, mais nous approfondissons également le type de vie que nous choisissons consciemment de construire.

Le pouvoir cumulatif de la cohérence

S'il est une force universellement sous-estimée dans la formation des habitudes, c'est la constance. Pas l'intelligence. Pas l'intensité. Pas l'ambition. Juste l'acte discret et répété de se montrer présent, jour après jour, par petites touches délibérées. Alors que le monde célèbre les transformations rapides et les succès instantanés, les véritables progrès ont tendance à se manifester de manière beaucoup moins spectaculaire. Ils progressent progressivement, souvent inaperçus, jusqu'à ce que l'accumulation devienne impossible à ignorer. C'est le pouvoir cumulatif de la constance : la croissance subtile et exponentielle qui résulte d'un effort soutenu au fil du temps.

À première vue, les effets de la constance peuvent paraître modestes, voire décevants. Le retour sur investissement initial de petites actions habituelles est souvent invisible. Une personne qui commence à s'étirer deux minutes chaque matin ne se sentira peut-être pas immédiatement plus souple. Une personne qui commence à tenir un journal quotidien ne remarquera peut-être pas de regain de conscience de soi dès la première semaine. Pourtant, ces pratiques posent les bases de la transformation. Elles sont l'équivalent comportemental de planter des graines : enfouies sous la surface, elles développent tranquillement leurs racines avant même que la croissance ne soit visible.

Les mathématiques de la capitalisation offrent une analogie convaincante. Tout comme un petit investissement financier, fructifié sur plusieurs décennies, peut produire des résultats extraordinaires grâce aux intérêts composés, de simples habitudes peuvent engendrer des changements de vie significatifs lorsqu'elles sont capitalisées régulièrement. Une amélioration de 1 % par jour ne paraît pas révolutionnaire. Mais sur une année, cette amélioration quotidienne se traduit par une efficacité 37 fois supérieure. La magie ne réside pas dans l'ampleur de l'effort, mais dans sa répétition. Le temps amplifie les effets de la constance bien au-delà de ce qui est intuitivement évident.

Pour illustrer cela concrètement, prenons le cas de Renu, une responsable du service client qui a décidé d'améliorer ses compétences en communication. Plutôt que de s'inscrire à une formation intensive ou de participer à des séminaires le week-end, elle a opté pour une micro-habitude : résumer chaque interaction client en une phrase, en notant ce qui s'est bien passé et ce qui aurait pu être amélioré. Au départ, cet exercice semblait anodin. Il ajoutait moins d'une minute à chaque appel. Mais après plusieurs mois, Renu avait développé une compréhension approfondie du ton, du rythme et des signaux émotionnels. Ses évaluations de performance se sont améliorées. Ses collègues ont commencé à solliciter son avis sur les cas difficiles. Ce qui n'était au départ qu'un léger changement de comportement s'est transformé en un atout professionnel, construit non pas par un effort sporadique, mais par une pratique quotidienne.

La cohérence est particulièrement puissante, car elle transforme non seulement les actions, mais aussi l'identité. Chaque fois que nous adoptons un comportement, nous affirmons le type de personne que nous pensons être. Celui qui écrit quotidiennement, ne serait-ce que cinq minutes, commence à se percevoir comme un écrivain. Celui qui s'étire chaque soir commence à s'identifier comme quelqu'un qui prend soin de son corps. Ce changement progressif de perception de soi crée une boucle de renforcement. L'identité rend le comportement naturel. Le comportement, à son tour, renforce l'identité. La cohérence devient plus qu'une habitude : elle devient qui nous sommes.

Cette boucle de rétroaction est puissante, mais elle exige de la patience. Dans notre culture axée sur les résultats, nous sommes souvent conditionnés à espérer des résultats immédiats. Si nous ne constatons pas rapidement de bénéfices tangibles, nous interprétons nos efforts comme inefficaces. Ce court-termisme sape le principe même de la capitalisation. Les premières étapes d'un effort constant sont trompeuses : elles sont concentrées en début d'effort et concentrées en fin de parcours. Si nous abandonnons notre pratique trop tôt, nous n'atteignons jamais le point d'inflexion où la croissance s'accélère.

Prenons l'exemple d'un musicien débutant qui apprend le piano. Les premières semaines sont marquées par des positions de doigts inconfortables et des rythmes saccadés. Les progrès semblent terriblement lents. Mais avec une pratique quotidienne et régulière, le cerveau commence à construire et à renforcer ses connexions neuronales. La mémoire musculaire se développe. Les schémas deviennent intuitifs. Après des mois de persévérance, un bond en avant dans la fluidité se produit, non pas parce que la pratique est devenue soudainement plus intense, mais parce que les bases se sont enfin solidifiées. Sans constance, ce bond n'aurait jamais eu lieu.

Le fondement neurologique de ce phénomène repose sur un principe connu sous le nom de loi de Hebb : « Les neurones qui s'activent ensemble se connectent entre eux. » Des actions répétées créent des voies cérébrales plus efficaces. Ces voies réduisent le coût énergétique de l'exécution du comportement, le rendant plus facile à répéter. La cohérence n'est donc pas seulement une question de discipline, mais de biologie. Chaque répétition remodèle littéralement le cerveau, ancrant le comportement plus profondément dans notre architecture neuronale.

La constance offre également une protection contre la volatilité. La vie est imprévisible. La motivation fluctue. Les conditions extérieures changent. Mais une habitude bien ancrée, pratiquée avec constance, agit comme une force stabilisatrice. Elle devient un ancrage fiable au cœur de l'incertitude. Pour une personne confrontée à un deuil, une pratique quotidienne de gratitude offre un petit îlot de stabilité. Pour un entrepreneur confronté à des journées de travail chaotiques, une séance de planification de cinq minutes chaque matin apporte clarté et contrôle. Ces habitudes ne résolvent peut-être pas tous les problèmes, mais elles réduisent la surcharge cognitive et créent une résilience psychologique.

De plus, la constance crée sa propre forme de motivation. Le fait de maintenir une série, aussi petite soit-elle, génère un sentiment d'accomplissement qui nourrit les comportements futurs. C'est ce qu'on appelle le « cycle du succès » : lorsque nous faisons quelque chose de bien, nous nous sentons bien. Ce sentiment positif augmente nos chances de recommencer. Avec le temps, le comportement devient émotionnellement gratifiant, et non plus seulement rationnellement désirable. Il passe de quelque chose que nous « devrions » faire à quelque chose que nous « voulons » faire.

Il est pourtant crucial de comprendre que constance n'est pas synonyme de rigidité. La vie exige de l'adaptabilité. Une pratique régulière peut inclure une variabilité d'intensité ou de format. Une personne engagée dans une activité physique quotidienne peut alterner marche, étirements et musculation. Un lecteur assidu peut alterner fiction, non-fiction et livres audio. La constance réside dans l'engagement envers la pratique, et non dans l'uniformité de son expression. Cette flexibilité prévient l'épuisement professionnel et assure la pérennité.

Un autre avantage d'une action constante est qu'elle révèle des schémas. En agissant régulièrement, nous recueillons des données sur ce qui fonctionne, ce qui ne fonctionne pas et pourquoi. Ce retour d'information nous permet d'affiner notre approche. Une personne qui écrit quotidiennement remarquera les moments de la journée les plus créatifs. Une personne qui suit ses repas prendra conscience des déclencheurs émotionnels de la faim. Cette connaissance de soi est inestimable : elle nous permet d'optimiser nos habitudes, non pas en théorie, mais dans la réalité.

L'aspect le plus sous-estimé de la constance est peut-être son impact sur la confiance. Tenir ses promesses, même les plus modestes, renforce la confiance en soi. Cette confiance devient le fondement pour relever de plus grands défis. Une personne qui prouve qu'elle peut se lever dix minutes plus tôt chaque jour développe la conviction qu'elle peut organiser son temps de manière plus intentionnelle. Cette conviction ouvre la voie à des objectifs plus ambitieux. Le pouvoir cumulatif de la constance n'est pas seulement comportemental, il est aussi psychologique. Elle renforce l'infrastructure interne nécessaire à la mise en œuvre de changements significatifs.

Considérez également l'effet cumulatif sur plusieurs aspects de la vie. Une routine matinale régulière peut améliorer les habitudes de sommeil, ce qui favorise la concentration, conduit à une meilleure performance au travail, réduit le stress et améliore les relations interpersonnelles. Il ne s'agit pas de gains isolés, mais de bénéfices en cascade. Et ils découlent tous de l'humble geste de faire quelque chose de petit, de manière répétée, au fil du temps.

Ce principe a été incarné par Kavita, une mère célibataire qui souhaitait retrouver un sentiment d'autonomie dans sa vie. Elle a commencé par une micro-habitude : ranger un coin de son appartement chaque soir. C'était un petit geste d'ordre dans un monde souvent chaotique. Au fil des mois, cette pratique s'est intensifiée. Elle a commencé à se lever dix minutes plus tôt pour planifier sa journée. Elle a repris son écriture créative, paragraphe par paragraphe. L'appartement est devenu plus organisé. Son espace mental s'est libéré. Des opportunités qui lui semblaient autrefois inaccessibles – postuler à un nouvel emploi, poursuivre des études – lui sont soudain apparues possibles. Rien de tout cela ne s'est fait du jour au lendemain. Tout cela s'est fait par de petites actions cohérentes qui ont créé dynamisme, confiance et clarté.

La cohérence n'est donc pas glamour. Elle ne fait pas les gros titres et ne suscite pas d'applaudissements. Mais elle est l'architecte discret d'un changement significatif. Elle contourne la volatilité des émotions, l'inconstance de la motivation et l'illusion des raccourcis. Elle agit lentement, régulièrement, sous la surface, jusqu'à ce que la surface elle-même soit transformée.

Adopter la constance, c'est investir dans l'avenir. C'est avoir confiance que ce qui paraît petit aujourd'hui grandira demain. Que ce qui paraît insignifiant aujourd'hui façonnera les contours de notre vie dans les années à venir. Et que, grâce au pouvoir de la répétition, nous pouvons construire quelque chose de plus grand que la somme de ses parties – non par la force, mais par la foi dans le processus. Voilà le véritable pouvoir cumulatif de la constance.

L'effet d'entraînement sur tous les domaines de la vie

Lorsque nous adoptons une nouvelle habitude, aussi petite soit-elle, nous le faisons rarement en vase clos. Le comportement humain n'est pas clairement compartimenté ; nos aspects physique, cognitif, émotionnel et social sont intimement liés. C'est pourquoi une amélioration constante d'un aspect de la vie exerce souvent une influence bien au-delà de son objectif initial. Une marche quotidienne pour la santé physique, par exemple, peut également améliorer l'humeur, la concentration au travail et la patience interpersonnelle. Ces interconnexions sont souvent subtiles et cumulatives, mais avec le temps, elles forment ce que l'on pourrait appeler un effet d'entraînement : l'impact des micro-habitudes sur de multiples aspects de la vie.

Comprendre ce phénomène nécessite de changer notre façon de percevoir le changement comportemental. La plupart des gens abordent leurs habitudes avec un état d'esprit cloisonné. Ils cherchent à se remettre en forme, à être plus productifs ou à économiser de l'argent, comme si ces objectifs étaient isolés. Mais le système humain ne fonctionne pas de manière aussi fragmentée. De petites contributions dans un domaine ont des répercussions, influençant des résultats apparemment sans rapport. Et le mécanisme sous-jacent ne relève pas seulement de l'optimisme psychologique : il est profondément ancré dans le comportement des systèmes. Les systèmes comportementaux, comme les écosystèmes biologiques, présentent des propriétés émergentes. La modification d'une seule variable peut déclencher une réorganisation systémique.

Prenons l'exemple de Vikram, un professionnel de la finance de trente-huit ans qui s'est mis à faire des étirements matinaux pour soulager des douleurs dorsales persistantes. Son objectif était purement physique. Mais en un mois, il a constaté qu'il dormait mieux, ce qui le rendait plus alerte au travail. Cette vigilance accrue améliorait sa capacité à prendre des décisions, et ses matins plus calmes le rendaient plus patient avec ses enfants. Il a fini par se sentir « globalement moins débordé », même si le seul changement délibéré qu'il ait opéré a été une routine physique de cinq minutes. Ce type de bénéfice multi-domaines n'est pas inhabituel : il est typique lorsque la régularité est maintenue dans la durée.

Physiologiquement, cette interconnexion est renforcée par le fait que le corps et le cerveau fonctionnent via des systèmes communs. L'exercice, par exemple, ne se contente pas de développer les muscles ; il stimule également les niveaux de facteur neurotrophique dérivé du cerveau (BDNF), une protéine qui favorise la neuroplasticité et les fonctions cognitives. Un meilleur sommeil ne combat pas seulement la fatigue : il régule le cortisol et l'insuline, améliorant ainsi la régulation émotionnelle et la disponibilité énergétique. De même, une meilleure alimentation améliore non seulement la santé physique, mais aussi la communication entre l'intestin et le cerveau, qui joue un rôle important sur l'humeur et la concentration.

L'impact sur la productivité est particulièrement frappant. Lorsque les individus adoptent des habitudes qui améliorent leur sommeil, leur alimentation ou leur activité physique, ils constatent souvent une amélioration de leur clarté mentale et de leur efficacité, même s'ils n'ont pas explicitement modifié leurs méthodes de travail. En effet, le cerveau est plus performant lorsque ses besoins fondamentaux sont satisfaits en permanence. Inutile d'apprendre de nouvelles astuces de gestion du temps lorsque votre cerveau a la capacité de penser clairement. La micro-habitude de s'hydrater quotidiennement, par exemple, peut améliorer votre attention et réduire les maux de tête, deux facteurs qui ont un impact direct sur vos performances au travail.

L'effet d'entraînement comporte également une dimension psychologique, ancrée dans ce que les spécialistes du comportement appellent « l'auto-efficacité » : notre confiance en notre propre capacité à changer les choses. Lorsqu'une personne maintient avec succès une habitude dans un domaine, son auto-efficacité augmente. Ce sentiment accru de contrôle se répercute souvent sur d'autres domaines. Une personne qui utilise une application de gestion budgétaire pendant un mois peut se sentir plus confiante pour planifier ses repas ou faire de l'exercice quotidien. Ce n'est pas une simple coïncidence. Le succès engendre la confiance, et la confiance nourrit l'initiative. La micro-habitude devient un comportement clé, une pratique fondamentale qui soutient et inspire de nouveaux changements.

Le renforcement de l'identité joue ici un rôle majeur. En adoptant une nouvelle habitude et en la maintenant avec constance, les individus commencent à intérioriser un nouveau récit. Ils se perçoivent différemment, non seulement comme quelqu'un qui mange bien, mais aussi comme quelqu'un qui se soucie de son bien-être. Ce changement subtil influence leurs décisions dans tous les domaines. Ils peuvent être plus enclins à refuser les activités sociales qui perturbent leur sommeil. Ils peuvent commencer à s'exprimer davantage au travail, renforcés par un sens accru de la discipline et de l'autonomie. Ce ne sont pas des décisions planifiées à l'avance, mais des décisions prises par une personne ayant changé de perception d'elle-même.

Les relations bénéficient également de cette influence interdisciplinaire. Lorsque les individus améliorent leur état intérieur – en dormant mieux, en réduisant leur stress ou en développant des pratiques de pleine conscience – ils sont plus présents dans leurs interactions. Ils écoutent plus attentivement, réagissent avec plus de patience et réagissent moins aux conflits. De nombreux thérapeutes constatent que les clients qui adoptent des routines d'exercice ou de pleine conscience, même sans aborder directement leurs difficultés relationnelles, se disent plus satisfaits de leur couple. Cela ne s'explique pas par le fait que ces habitudes améliorent les relations, mais par le fait qu'elles renforcent les individus qui les composent.

Prenons l'exemple d'Anika, une enseignante qui a adopté l'habitude de tenir un journal intime le soir pour gérer son stress. Elle souhaitait réfléchir à ses expériences en classe, mais s'est retrouvée à gérer ses frustrations personnelles dans ce même espace. Avec le temps, elle est devenue moins réactive émotionnellement à la maison et a constaté une amélioration de sa relation avec son conjoint. Elle communiquait plus clairement, reconnaissait des schémas dans son propre comportement et commençait à exprimer sa reconnaissance plus souvent. Rien de tout cela ne faisait partie de son objectif initial. Le fait de tenir un journal intime pendant cinq minutes a simplement ouvert une valve cognitive et émotionnelle qui s'est répercutée sur d'autres aspects de sa vie.

L'influence sociale peut amplifier cet effet d'entraînement. Lorsqu'on voit un proche adopter une habitude saine, on est plus susceptible de l'adopter à son tour. C'est ce qu'on appelle la contagion comportementale. Les enfants imitent les habitudes de leurs parents. Les collègues adoptent les signaux de productivité des autres. Les amis partagent souvent des habitudes de santé ou des limites numériques. La constance d'une personne peut catalyser la transformation d'une autre, non pas par des instructions, mais par l'exemple. Cette dimension communautaire renforce l'effet d'entraînement : ce qui commence comme un acte privé peut finalement contribuer au bien-être collectif.

Même les habitudes financières présentent des retombées interdisciplinaires. Une personne qui commence à suivre ses dépenses peut se retrouver à gérer son temps plus judicieusement, à établir des limites avec plus d'assurance ou à consommer du contenu de manière plus sélective. Ces effets surviennent parce que la gestion de l'argent et du temps repose sur des compétences cognitives similaires : la gratification différée, la planification stratégique et la priorisation. Renforcer ces compétences dans un contexte les renforce inévitablement ailleurs.

Cette approche systémique du développement des habitudes contraste fortement avec le modèle réductionniste qui domine le discours sur le développement personnel. Elle dépasse la logique des listes de contrôle, qui consiste à faire plus en vase clos. Elle considère plutôt le comportement comme relationnel : chaque habitude s'inscrit dans un réseau plus large de schémas, de valeurs, d'émotions et de signaux environnementaux. De ce point de vue, une seule micro-habitude a le potentiel de reconnecter ce réseau. Les effets ne sont peut-être pas immédiats ni évidents, mais ils sont réels. Et, avec le temps, ils peuvent transformer toute l'architecture d'une vie.

Il est important de noter que l'effet d'entraînement n'est pas toujours positif. Les mauvaises habitudes, lorsqu'elles ne sont pas maîtrisées, peuvent également avoir des répercussions. Un mauvais sommeil entraîne une baisse d'énergie, ce qui engendre de l'irritabilité, ce qui nuit aux relations, accroît la solitude et diminue la motivation. Cette spirale descendante est l'inverse de la spirale ascendante décrite précédemment. Mais la mécanique est la même. Les comportements se propagent. Les schémas se multiplient. De petits apports mènent à de grands résultats. La différence réside dans l'intentionnalité. Lorsque nous choisissons délibérément nos habitudes, nous reprenons le contrôle du système.

C'est pourquoi l'accent mis sur les micro-habitudes est si puissant. Il reconnaît qu'il n'est pas nécessaire de bouleverser toute sa vie pour constater un changement significatif. Il suffit de s'engager à adopter un petit comportement en accord avec ses valeurs, et de laisser le temps, la constance et la connexion faire le reste. L'effet se fera tout seul.

En fin de compte, l'effet d'entraînement sur tous les aspects de la vie n'est pas une métaphore. C'est un phénomène vécu. C'est ce qui se produit lorsque nous cessons de considérer le changement comme limité à des listes de contrôle et comme systémique. Chaque micro-habitude, ancrée dans la bienveillance et répétée avec intention, devient plus qu'elle-même. Elle devient un levier de transformation. Non pas parce qu'elle change tout d'un coup, mais parce qu'elle transforme tout ce qu'elle touche, en douceur et avec persévérance.

Chapitre 7
Appliquer les micro-habitudes aux domaines clés de la vie

La véritable force des micro-habitudes ne réside pas seulement dans leur présentation soignée ou l'élégance psychologique avec laquelle elles fonctionnent, mais aussi dans leur étonnante polyvalence. Une fois maîtrisés, ces comportements modestes peuvent s'intégrer à presque tous les aspects de la vie quotidienne. Ils ne se limitent pas à des objectifs étroits comme perdre quelques kilos ou mettre de l'ordre dans sa boîte mail. Au contraire, ils ont le don d'infiltrer notre façon d'évoluer dans le monde : notre façon de penser, nos relations avec les autres, notre bien-être et même notre gestion du temps et de l'argent. Ce chapitre élargit la perspective en offrant un aperçu de l'influence des micro-habitudes dans cinq domaines fondamentaux : santé et forme physique, travail et productivité, relations, bien-être émotionnel et vie financière.

Nous vivons dans un réseau de décisions, de routines et de réactions qui se chevauchent. Du fait de cette interconnectivité, un changement dans un domaine entraîne souvent d'autres changements. Le problème, c'est que la plupart des gens n'échouent pas par manque de motivation ; ils sont simplement dépassés. Le fardeau de la réinvention est paralysant. Les grandes déclarations et les résolutions radicales ont tendance à s'effondrer sous leur propre poids. Les micro-habitudes offrent une solution : commencer petit, persévérer et laisser l'élan faire le reste. Ce n'est pas glamour, mais ça marche. Le véritable changement, en fin de compte, ne nécessite pas de drame, juste de la détermination.

Commençons par le corps, car la santé et la forme physique sont les premières priorités de beaucoup lorsqu'ils envisagent un changement. Mais là aussi, le discours populaire est teinté d'intimidation : régimes alimentaires stricts, séances de sport épuisantes, équipements coûteux. La simple pensée peut suffire à faire reculer les gens. Imaginez maintenant quelque chose de bien plus simple. Un verre d'eau dès le matin. C'est tout. Pas de smoothies au chou frisé, pas de technologie connectée. Juste de l'eau. Pourtant, ce seul geste réhydrate votre organisme, signale que vous êtes attentif à votre bien-être et, curieusement, tend à vous encourager à faire d'autres choix sains au fil de la journée. De même, deux minutes d'étirements ne vous transformeront peut-être pas en yogi, mais elles soulagent les courbatures, rétablissent votre posture et vous vident l'esprit. Une marche rapide après le déjeuner ? Bonne pour la digestion, meilleure pour le moral, et souvent un stimulant discret pour la créativité. Ce sont de petits gestes, certes, mais cumulez-les et ils commencent à changer significativement la trajectoire de votre santé.

Dans la vie professionnelle, les micro-habitudes offrent ce qui manque à de nombreux systèmes de productivité : l'humanité. Une grande partie de la culture du travail moderne est obsédée par l'optimisation, le rendement et l'efficacité. Mais la véritable productivité réside moins dans la gestion du temps que dans le maintien de la cohérence et de la clarté de pensée. Écrire une seule phrase chaque jour peut paraître anodin à première vue, mais cela préserve le fil créatif. Cela vous maintient en mouvement. Une priorité matinale, clairement définie, peut donner au reste de la journée une cohérence surprenante. Il ne s'agit pas de stratégies de refonte, mais de petits coups de pouce. Inutile de réinventer votre flux de travail. Il suffit de continuer à être présent, par petites actions ciblées.

Cela devient encore plus convaincant lorsqu'on applique cette approche au tissu relationnel de la vie. Après tout, les relations ne se construisent pas par de grands gestes ou des réconciliations spectaculaires. Elles se construisent dans l'entre-deux : le message que vous n'étiez pas obligé d'envoyer, mais que vous avez envoyé, la question que vous avez pensé à poser, la façon dont vous avez choisi d'écouter attentivement quelqu'un. Un message de reconnaissance quotidien ne reste peut-être pas gravé dans la mémoire de manière isolée, mais son impact émotionnel cumulé est indéniable. Un enfant à qui l'on dit « Je suis fier de toi » chaque soir ne se souviendra pas de chaque phrase, mais il grandira avec cette vérité ancrée dans son estime de soi. Les micro-habitudes sont les architectes discrets de liens durables. Elles cultivent la sécurité émotionnelle dans un monde qui nous sépare souvent.

Le même principe s'applique, de manière peut-être encore plus poignante, à la santé mentale et émotionnelle. Dans ce domaine, nous attendons souvent d'être au bord de l'effondrement pour intervenir. Mais la résilience ne se construit pas dans la crise ; elle se construit dans la persévérance. Quelques minutes de respiration profonde peuvent apaiser le système nerveux. Noter un moment positif de votre journée entraîne votre cerveau à rechercher les bons côtés. Ce ne sont pas des actes héroïques, mais ils sont efficaces. Plus important encore, ils sont durables. Vous n'avez pas besoin d'une percée ou d'un repli sur vous-même pour vous occuper de votre vie intérieure. Vous avez besoin de petites pratiques régulières qui vous reconnectent à vous-même, sans chichis ni fioritures.

Et puis il y a l'argent, souvent source discrète d'un stress disproportionné. Nous avons tendance à croire que le changement financier exige de grands pas en avant : de meilleurs revenus, des investissements judicieux, des budgets complexes. Si ces stratégies peuvent être utiles, une véritable prise de conscience financière commence par une prise de conscience. Suivez une seule dépense par jour. Économisez une somme symbolique – disons cinquante roupies – chaque matin. Ces actes sont symboliques, certes, mais aussi comportementaux. Ils façonnent l'image que vous avez de vous-même : non seulement quelqu'un qui veut épargner, mais quelqu'un qui le fait. Avec le temps, ces comportements se développent, s'enracinent et transforment les habitudes de dépenses, de planification et, en fin de compte, de sécurité. Et lorsque l'argent semble plus gérable, il est étonnant de constater à quel point tout le reste commence à sembler plus calme : le sommeil, les relations, les choix.

Surtout, rien de tout cela ne repose sur la perfection. Ce n'est pas la promesse. Les micro-habitudes sont indulgentes par nature. Elles ne s'effondrent pas avec la vie. Elles sont portables, flexibles et discrètement tenaces. Nul besoin de conditions idéales. Nul besoin d'être inspiré. Il suffit de revenir, encore et encore, au petit geste que vous avez choisi. Et si vous ratez une journée, vous recommencez. Sans drame. Sans jugement.

Dans les pages qui suivent, nous approfondirons chacun de ces cinq domaines de vie, en nous appuyant sur la recherche, l'expérience vécue et des exemples concrets pour illustrer le fonctionnement des micro-habitudes. Il apparaîtra clairement que, si l'échafaudage reste cohérent, l'expression de ces habitudes est entièrement personnelle. Votre version d'une pratique de santé pourrait ne pas ressembler à la mienne, et c'est tout à fait normal. Il n'y a pas de prescription, juste une perspective : ce changement, un changement durable, commence par quelque chose qui vous correspond. Quelque chose qui vous semble réalisable même dans vos pires jours, pas seulement dans vos meilleurs.

À la fin de ce chapitre, l'objectif n'est pas seulement de comprendre le fonctionnement des micro-habitudes. C'est de voir votre vie différemment. De ressentir un sentiment de possibilité, non pas parce que le chemin à parcourir est court, mais parce que vous savez où poser le pied ensuite. Il ne s'agit pas de bouleverser votre monde. Il s'agit de le faire basculer, doucement, un petit geste à la fois. Et de ces gestes naîtra une vie plus ancrée et plus intentionnelle, tranquillement, progressivement et entièrement selon vos propres conditions.

Santé et forme physique

Parmi tous les domaines où les micro-habitudes exercent leur influence, aucun n'est plus immédiatement ressenti – ou largement méconnu – que la santé et la forme physique. Pour beaucoup, l'idée d'être en meilleure santé est associée à des changements radicaux de mode de vie, à des programmes d'exercices intensifs ou à des restrictions alimentaires strictes. Ces perceptions, bien que omniprésentes, suscitent souvent plus de résistance psychologique que de résultats. En réalité, une transformation durable de la santé ne repose pas sur un changement radical, mais sur une action persistante et gérable. C'est là que les micro-habitudes offrent une alternative rafraîchissante et profondément efficace. Leur simplicité ne diminue pas leur impact ; au contraire, elle les rend viables sur le long terme.

Le corps humain est un système adaptatif. Il réagit davantage à des schémas qu'à des pics. Tout comme la musculation se construit par une résistance constante plutôt que par des efforts occasionnels, la santé se cultive par des signaux d'attention répétés. Boire plus d'eau, s'étirer deux minutes ou faire de courtes promenades peuvent sembler insignifiants. Pourtant, ces actions, intégrées au quotidien, deviennent des déclencheurs comportementaux de changements plus importants, tant physiques que psychologiques. Elles diminuent l'énergie d'activation nécessaire pour faire des choix plus sains et réduisent le recours à la volonté en créant un socle d'autorégulation physiologique.

Pensez à l'hydratation. La plupart des gens comprennent intellectuellement l'importance de boire de l'eau, mais ils ne le font pas systématiquement. Cela est rarement dû à l'ignorance, mais plus souvent à une négligence à l'intégrer à leur routine quotidienne. Une micro-habitude comme boire un verre d'eau dès le matin peut sembler anodine. Pourtant, ce simple geste donne le ton physiologique pour le reste de la journée. Il réhydrate les tissus, relance le métabolisme et conduit souvent à une meilleure prise de conscience d'autres comportements sains. De plus, c'est un premier pas psychologique positif : la preuve que l'on a fait un pas vers le bien-être avant même que la journée ne commence.

De même, s'étirer pendant deux minutes offre un retour sur investissement considérable. Surtout pour les personnes ayant un travail sédentaire, ces deux minutes peuvent atténuer une partie de la rigidité musculaire causée par une position assise prolongée. Mais au-delà de la biomécanique, les étirements offrent une brève période de pleine conscience. Ils concentrent l'attention sur le corps, calment le système nerveux et interrompent l' accumulation de stress souvent inconsciente qui caractérise de nombreuses journées de travail modernes. Avec le temps, cette micro-habitude peut évoluer vers des routines de mobilité plus longues ou susciter l'intérêt pour des pratiques comme le yoga ou le Pilates. Les étirements en eux-mêmes sont un début, mais leur valeur réside dans leur constance et leur capacité à progresser.

Les courtes promenades représentent une autre intervention d'une efficacité trompeuse. Le mode de vie moderne, de plus en plus défini par les interfaces numériques et les comportements sédentaires, a engendré une épidémie d'inertie physique. Nous bougeons moins, ce qui nous rend moins énergiques, moins concentrés et plus sujets aux problèmes de santé chroniques. Une courte promenade – cinq à dix minutes – ne fait pas que brûler des calories. Elle stimule la circulation, améliore la clarté mentale et améliore l'humeur grâce à la libération d'endorphines. Plus important encore, elle réintroduit le mouvement dans la routine quotidienne sans nécessiter de longues séances de sport ou d'entraînements structurés. Pour quelqu'un qui se sent dépassé par l'idée de se remettre en forme, la marche devient une porte d'entrée plutôt qu'une exigence.

Ces micro-habitudes contribuent également au développement de ce que l'on pourrait appeler la conscience incarnée. En pratiquant régulièrement de petites actions physiques bénéfiques, nous commençons à nous réaccorder à nos signaux corporels. Nous devenons plus conscients de la faim et de la satiété, de la tension et de la détente, de la fatigue et de la vitalité. Cette conscience est une forme d'intelligence, qui s'émousse lorsque la santé est appréhendée uniquement à travers des indicateurs et des repères externes. Les micro-habitudes nous reconnectent aux systèmes de rétroaction internes du corps, permettant une prise en charge plus intuitive et efficace de soi.

Le renforcement psychologique de ces habitudes ne saurait être surestimé. Chaque fois qu'un individu adopte une micro-habitude, il renforce son propre discours d'agentivité. Il n'espère pas passivement améliorer sa santé ; il s'en donne activement la preuve. C'est un point crucial à une époque où la santé est souvent perçue comme une fatalité génétique ou le résultat d'une discipline sévère. Les micro-habitudes offrent une troisième voie : l'autonomie par la constance. L'effet cumulatif est non seulement une résilience physique, mais aussi une autonomisation psychologique.

Prenons l'exemple de Raj, un cadre intermédiaire d'une quarantaine d'années de plus en plus sédentaire qui se sentait chroniquement fatigué. Raj n'avait ni le temps ni l'envie de se lancer dans un programme de remise en forme rigoureux. Il a plutôt commencé à intégrer deux minutes d'étirements chaque matin, une marche rapide de cinq minutes après le déjeuner et à boire un grand verre d'eau avant chaque repas. En deux mois, il a constaté un regain d'énergie, une réduction des douleurs cervicales et dorsales et une meilleure concentration au travail. Aucun de ces résultats n'a nécessité une seule séance en salle de sport. Ils étaient le fruit d'une pratique régulière et sans friction qui a rééquilibré son corps et son état d'esprit.

Les micro-habitudes permettent également d'éviter les pièges psychologiques courants associés aux comportements sains : perfectionnisme, culpabilité et pensée du tout ou rien. Le problème des résolutions de remise en forme traditionnelles est leur fragilité. Manquer une séance d'entraînement ou s'offrir un repas moins qu'idéal déclenche souvent une cascade d'autocritiques, suivie d'un désengagement. Les micro-habitudes, en revanche, reposent sur le principe d'accessibilité. Parce qu'elles demandent si peu de temps et d'énergie, il est plus facile de les reprendre après une interruption. Cela renforce la résilience et réduit le coût psychologique du « recommencer ».

D'un point de vue plus large sur la santé, ces habitudes ont également une fonction préventive. Les maladies chroniques telles que les maladies cardiovasculaires, le diabète de type 2 et l'hypertension ne se développent pas du jour au lendemain. Elles résultent de schémas comportementaux persistants. Les micro-habitudes, lorsqu'elles sont maintenues, modifient ces schémas très tôt. Une petite promenade après les repas aide à réguler la glycémie. Une hydratation régulière soutient la fonction rénale et l'efficacité cellulaire. Des étirements doux améliorent la circulation et réduisent l'inflammation. Aucun de ces effets n'est spectaculaire pris isolément. Mais multipliés sur plusieurs jours, semaines et années, ils créent une trajectoire de santé totalement différente.

Il y a aussi une dimension sociale à prendre en compte. Les comportements liés à la santé, surtout lorsqu'ils sont visibles, influencent les autres. Un parent qui boit régulièrement de l'eau, se promène ou s'étire le matin normalise ces comportements chez ses enfants. Un collègue qui sort faire une petite promenade pendant les pauses peut encourager les autres à faire de même. Ces comportements deviennent des signaux, de petites déclarations discrètes indiquant que la santé peut être intégrée à la vie quotidienne, sans fanfare ni transformation radicale.

Pour les personnes aux prises avec des problèmes d'image corporelle ou de troubles alimentaires, les micro-habitudes offrent une approche particulièrement bienveillante. N'étant pas obsédées par la perte de poids ou l'esthétique, elles permettent de préserver sa santé sans renforcer les indicateurs négatifs. S'étirer pour se sentir bien, marcher pour se vider l'esprit, boire de l'eau pour booster son énergie : toutes ces pratiques sont ancrées dans le respect de soi plutôt que dans le rejet de soi. Ce recadrage est non seulement plus sain, mais aussi plus durable.

Il est également important de reconnaître que les micro-habitudes servent souvent d'ancrages comportementaux. Autrement dit, elles stabilisent les routines et facilitent l'intégration de nouvelles pratiques au fil du temps. Boire de l'eau le matin peut inciter à prendre des vitamines. Une petite promenade le soir peut favoriser un coucher plus précoce. S'étirer avant de dormir peut se transformer en un véritable rituel du coucher. Ces habitudes d'ancrage n'améliorent pas seulement la santé : elles créent un socle sur lequel d'autres habitudes peuvent se développer.

En fin de compte, la question n'est pas de savoir si les petits comportements de santé comptent. Les preuves – scientifiques, anecdotiques et intuitives – sont accablantes. La vraie question est de savoir si nous pouvons nous autoriser à les valoriser. Dans une culture qui idolâtre souvent les extrêmes, l'acte silencieux et répétitif de marcher dix minutes ou de s'étirer deux minutes peut sembler insuffisant. Mais c'est une illusion culturelle. Le corps ne réagit pas à l'intensité, mais à la constance. Et lorsque cette constance se construit sur des habitudes faciles à adopter, agréables à maintenir et efficaces, la transformation est non seulement possible, mais inévitable.

La santé et la forme physique ne sont pas des objectifs à atteindre par la discipline ou le déni. Ce sont des habitudes à vivre, et les micro-habitudes offrent le moyen le plus accessible de les établir. L'invitation est donc simple : commencez là où vous êtes, faites ce que vous pouvez et faites-le souvent. Le reste suivra.

Productivité et carrière

Dans notre monde actuel, où tout va très vite et où l'information est omniprésente, la productivité est souvent confondue avec le mouvement permanent : être constamment occupé, remplir son agenda de tâches à la chaîne ou courir après des échéances auto-imposées. Pourtant, une productivité significative ne dépend pas de la quantité d'activité, mais plutôt de la gestion efficace de notre attention et de la détermination de nos actions. Cette distinction est cruciale, tant dans la vie personnelle que professionnelle, en particulier dans une culture du travail qui récompense la production sans toujours évaluer sa qualité ou sa durabilité. Les micro-habitudes permettent de retrouver capacité d'action, concentration et énergie créative dans un contexte de plus en plus fragmenté par le bruit numérique, les priorités concurrentes et la lassitude décisionnelle.

La productivité repose essentiellement sur une progression constante dans un travail enrichissant. Mais les conditions nécessaires à une telle progression – clarté mentale, priorisation des tâches, régulation émotionnelle – ne sont pas toujours réunies en nombre suffisant. C'est là que les micro-habitudes deviennent essentielles. Elles ne visent pas à bouleverser votre éthique de travail ni à restructurer votre journée. Elles agissent plutôt comme des leviers comportementaux stratégiques, orientant subtilement votre attention vers l'essentiel et ancrant votre productivité dans des habitudes réalistes et durables.

L'une des micro-habitudes les plus efficaces dans ce contexte est d'écrire une seule phrase par jour. À première vue, cela peut paraître anodin, à peine suffisant pour faire avancer un projet ou respecter une échéance. Mais sa valeur ne réside pas dans le volume, mais dans le maintien d'une continuité créative. Pour les écrivains, les stratèges, les chercheurs et les professionnels impliqués dans le travail cognitif, le plus difficile n'est souvent pas l'exécution, mais le lancement. En abaissant le seuil de démarrage, ce petit engagement évite la procrastination et maintient un rythme de pensée. Une fois une phrase écrite, une seconde suit souvent. Mais même si ce n'est pas le cas, la connexion mentale au travail est préservée, facilitant grandement la réimplication le lendemain. Cette approche transforme la productivité d'un sprint en une cadence.

La même logique s'applique à la micro-habitude de priorisation des tâches quotidiennes. Chaque matin, avant de plonger dans vos e-mails ou vos réunions, prendre deux minutes pour identifier et articuler la tâche la plus importante de la journée peut considérablement modifier l'orientation et la qualité de votre travail. Cette habitude permet d'éviter le piège de la productivité, celui de l'activité réactive, où l'on passe toute la journée à répondre aux demandes des autres au lieu de faire avancer ses propres priorités. Clarifier ce qui compte, surtout dans un environnement de travail encombré de stimuli concurrents, restaure la concentration et préserve la bande passante cognitive. Avec le temps, cette habitude cultive une réflexion stratégique, des limites plus claires et une éthique de travail plus intentionnelle.

Les bienfaits des micro-habitudes dans le cadre de l'évolution professionnelle sont également psychologiques. Tenir systématiquement ses petits engagements renforce l'auto-efficacité, c'est-à-dire la conviction de pouvoir influencer les résultats. Cette conviction est fondamentale pour une motivation durable. Se sentir capable s'implique plus facilement, persévère plus longtemps et se remet plus vite des échecs. Un professionnel qui commence sa journée par cinq minutes de bilan ou de réflexion, par exemple, peut commencer à déceler des tendances dans son travail, à identifier des pistes d'amélioration ou à explorer de nouvelles pistes. Ces connaissances ne naissent pas toujours d'une planification formelle ; elles proviennent souvent de micro-pratiques qui favorisent un engagement régulier envers ses objectifs et son environnement.

Le pouvoir cumulatif des micro-habitudes est particulièrement important dans un paysage professionnel en constante évolution. Les parcours professionnels ne sont plus linéaires. Les compétences évoluent, les secteurs d'activité se transforment, et l'adaptabilité est aussi essentielle que l'expertise. Les micro-habitudes offrent une méthode flexible et modulaire pour continuer à apprendre et à se développer sans nécessiter d'investissements importants en temps ou en énergie. Lire un paragraphe d'un ouvrage professionnel, regarder une courte vidéo pédagogique ou consigner une réflexion dans un journal à la fin de chaque journée de travail : ces petits gestes entretiennent la curiosité et la préparation professionnelles. Ils préviennent la stagnation et contribuent à la constitution d'un portefeuille de micro-compétences qui, collectivement, favorisent l'avancement à long terme.

Prenons l'exemple d'Imran, un développeur de logiciels qui souhaitait améliorer ses compétences oratoires pour se préparer à un poste de direction. Au lieu de suivre une formation intensive, qu'il ne pouvait concilier avec sa charge de travail, il a adopté une habitude simple : enregistrer un résumé de soixante secondes de ses progrès quotidiens sur son téléphone. Il le faisait en privé, sans public. Au début, son débit était hésitant et rempli de mots de remplissage. Mais en un mois, son discours est devenu plus fluide. Dès le troisième mois, il a commencé à s'entraîner à de courts discours improvisés lors de réunions d'équipe. Ce qui était au départ un exercice privé et détendu s'est finalement transformé en une croissance professionnelle visible, sans perturber ses responsabilités existantes.

Les micro-habitudes favorisent également la régulation émotionnelle au travail, un élément souvent négligé de la productivité. La capacité à rester calme sous pression, à réagir de manière constructive aux commentaires et à surmonter les déceptions est essentielle à la résilience professionnelle. Un bref exercice de respiration avant un appel important, l'habitude d'écrire un mot de remerciement à un collègue chaque semaine ou simplement une pause de trente secondes avant de répondre à un e-mail difficile : ces micro-interventions créent un espace entre le stimulus et la réponse. Cet espace est le lieu de la réflexion. Et la réflexion, plus que la réactivité, est ce qui permet une action réfléchie et efficace.

D'un point de vue managérial, les micro-habitudes peuvent servir à modéliser les comportements, à renforcer la culture et à soutenir le développement des équipes. Les dirigeants qui ouvrent systématiquement les réunions avec un ordre du jour clair, qui s'assurent régulièrement du bien-être de leurs collaborateurs ou qui réfléchissent ouvertement aux enseignements tirés d'un projet créent un environnement d'intentionnalité et de sécurité psychologique. Ces pratiques ne sont pas chronophages, mais elles ont un impact considérable sur le moral, la confiance et la concentration collective de l'équipe. Les meilleures équipes ne fonctionnent pas dans l'urgence, mais sur des rythmes partagés de communication, d'évaluation et de renouvellement.

La technologie peut à la fois favoriser et freiner la productivité, et là aussi, les micro-habitudes servent de calibrage. Consulter ses e-mails uniquement à intervalles réguliers, désactiver les notifications pendant un travail intense ou prendre des sabbats numériques de cinq minutes par heure peuvent aider à récupérer l'attention dans un monde conçu pour la voler. Ces micro-habitudes numériques ne se résument pas à rejeter les outils, mais à les utiliser en pleine conscience. Elles introduisent des limites comportementales qui protègent les ressources cognitives, facilitant ainsi la production d'un travail de qualité en moins de temps.

Il est important de noter que les micro-habitudes permettent aux professionnels de construire un système de productivité personnalisé, adapté à leurs valeurs et à leurs contraintes. Une personne peut s'épanouir en commençant sa journée par une activité physique et la tenue d'un journal. Une autre préférera un bilan en fin de soirée des progrès et des leçons apprises. Le cadre est suffisamment flexible pour s'adapter à différents rythmes, mais le principe sous-jacent reste le même : un travail significatif repose sur de petits actes soutenus de clarté, de concentration et d'intention.

L'efficacité des micro-habitudes pour améliorer la productivité n'est pas une spéculation. Elle est étayée par des décennies de recherche en sciences du comportement, en psychologie cognitive et en santé au travail. Des études montrent que les habitudes ont plus de chances de perdurer lorsqu'elles sont spécifiques, faciles à mettre en œuvre et ancrées dans les routines existantes. Les micro-habitudes répondent à tous ces critères. Elles sont fluides, sensibles au contexte et conçues pour créer une inertie comportementale – une dynamique qui se renforce à chaque répétition, rendant l'habitude plus difficile à rompre qu'à maintenir.

Le monde professionnel sera toujours exigeant en termes de temps. Les délais seront plus serrés, les attentes plus élevées et les outils que vous utilisez changeront. Mais au milieu de tout ce changement, les micro-habitudes offrent une stabilité : une structure de petites actions fiables qui vous permettent de rester en phase avec votre objectif, de vous investir dans votre travail et de vous connecter à votre potentiel. Elles vous apprennent que la productivité n'est pas une qualité, mais une pratique – et que la maîtrise ne se trouve pas dans les efforts considérables, mais dans l'acte quotidien et discret de se montrer volontaire.

Ces pratiques ne se traduisent pas seulement par une productivité accrue, mais aussi par une meilleure productivité. Des résultats plus rapides, mais aussi plus significatifs. Et pas seulement par une réussite professionnelle, mais aussi par une satisfaction personnelle : le sentiment que votre travail est l'expression authentique de vos valeurs, de vos forces et de votre engagement à progresser continuellement. Ainsi, les micro-habitudes n'améliorent pas seulement votre productivité. Elles transforment votre rapport à votre carrière.

Relations et vie sociale

De tous les domaines qui façonnent l'épanouissement humain, les relations interpersonnelles occupent une place primordiale. Nos vies sociales, qu'elles soient fondées sur des relations amoureuses, des liens familiaux, des amitiés ou des réseaux d'amitié, constituent non seulement une source de richesse émotionnelle, mais aussi un pilier du bien-être psychologique et physique. Pourtant, dans le rythme effréné de la vie moderne, entretenir et approfondir ces liens peut souvent sembler une tâche de plus sur une liste de tâches sans cesse croissante. Dans ce contexte, les micro-habitudes offrent un recadrage essentiel. Plutôt que d'attendre des gestes grandioses, des conversations élaborées ou des événements marquants pour exprimer son affection, les micro-habitudes se concentrent sur des comportements cohérents et significatifs qui, au fil du temps, renforcent la confiance, l'affection et l'intimité émotionnelle.

La force de toute relation réside dans son quotidien : l'accumulation constante de petits gestes de reconnaissance, de respect et de réciprocité. Des efforts importants et ponctuels peuvent éblouir, mais c'est la constance discrète de la présence, de l'attention, qui nourrit les racines du lien humain. Un bref message d'appréciation. Un moment d'écoute sincère. Une petite touche sur l'épaule en passant. Ce ne sont pas des gestes anodins ; ils sont fondamentaux. Ils constituent des dépôts émotionnels dans le récit relationnel, construisant un sentiment de sécurité, de bienveillance et de respect mutuel qui permet de surmonter les moments plus turbulents.

L'une des micro-habitudes les plus accessibles et les plus efficaces dans ce domaine est l'expression quotidienne de la gratitude. Prendre quelques secondes chaque jour pour remercier un ami, un partenaire, un frère, une sœur ou un collègue pour quelque chose qu'il a fait – ou simplement pour ce qu'il est – peut profondément transformer la dynamique relationnelle. Il a été démontré que la gratitude renforce l'empathie, réduit le ressentiment et même suscite une bienveillance réciproque. Mais au-delà des données psychologiques, son pouvoir réside dans sa clarté émotionnelle. Se sentir vu et apprécié, c'est s'adoucir. S'ouvrir. Se confier. Et avec le temps, les relations marquées par une gratitude constante développent une tonalité émotionnelle plus profonde, plus difficile à éroder, même sous tension.

Prenons l'exemple de Kavya, graphiste indépendante vivant avec sa mère vieillissante. À mesure que leurs rôles évoluaient – Kavya devenant davantage une aidante, sa mère moins indépendante – des tensions sont naturellement apparues. Plutôt que d'aborder cette dynamique par des conversations intenses, Kavya a adopté une pratique discrète : chaque soir, elle laissait un mot manuscrit sur la table de la cuisine, exprimant sa gratitude pour une action précise de sa mère ce jour-là. Certains mots étaient sincères, d'autres humoristiques. Mais chaque mot était sincère. Au fil des semaines, le climat émotionnel de la maison a changé. Leurs conversations sont devenues plus affectueuses, leurs désaccords moins réactifs. Cette pratique n'a pas tout réglé, mais elle a recalibré le ton émotionnel de leurs échanges.

L'écoute active est une autre micro-habitude transformatrice. En théorie, tout le monde en comprend l'importance. En pratique, peu de personnes la pratiquent systématiquement. La plupart des conversations sont rythmées par des interruptions, des suppositions et une subtile course à la réponse. L'écoute active, en tant que micro-habitude, repose sur un principe simple : accorder une attention totale pendant une courte période – juste une ou deux minutes de pleine présence. Cela implique de poser le téléphone, de maintenir le contact visuel et de s'abstenir de tout jugement. Ce n'est pas un scénario, c'est une posture. Et pratiquée régulièrement, elle crée un espace psychologique où l'autre se sent écouté et valorisé.

Les effets sont cumulatifs. Un conjoint qui se sent régulièrement écouté est plus susceptible d'exprimer sa vulnérabilité. Un collègue accueilli avec présence, plutôt qu'avec impatience, est plus enclin à collaborer. Un ami qui éprouve une empathie constante est plus susceptible de tendre la main en cas de besoin. Écouter n'est pas un acte passif, c'est offrir activement de l'attention, et son impact sur la profondeur relationnelle est difficile à surestimer.

La technologie, malgré tous ses avantages relationnels, a également introduit de nouvelles formes de distraction et de déconnexion. Les réseaux sociaux, les SMS et les appels vidéo permettent un contact constant, mais diluent souvent la qualité de nos interactions. Les micro-habitudes peuvent contrebalancer ce phénomène en réintroduisant l'intentionnalité. Envoyer un message attentionné par jour – pas un mème ou une réponse, mais une expression sincère d'intérêt ou d'affection – peut restaurer la profondeur qui fait souvent défaut à la communication numérique. Ces moments créent ce que le psychologue John Gottman appelle des « demandes de connexion » : de petites tentatives d'engagement qui, lorsqu'elles sont réciproques, renforcent considérablement les liens relationnels.

Pour ceux qui souffrent d'anxiété sociale ou d'introversion, les micro-habitudes offrent un moyen facile de développer leur résilience sociale. Engager la conversation avec un collègue, faire un compliment ou maintenir un contact visuel quelques secondes supplémentaires peuvent constituer des exercices quotidiens d'engagement interpersonnel. Ces micro-interactions, bien que brèves, remodèlent progressivement la confiance en soi. Elles renforcent le sentiment de compétence et réduisent la peur du rejet social. Avec le temps, la personne ne se contente pas d'agir avec plus d'assurance : elle commence à intérioriser une image de soi plus compétente socialement.

Les relations bénéficient également de la prévisibilité. Si la spontanéité peut être source d'enthousiasme, la confiance se construit sur l'assurance que l'autre se montrera constant et attentionné. Les micro-habitudes offrent cette structure : un texto le soir pour prendre de vos nouvelles, un appel le week-end, un café partagé le matin, même en silence. Ces rituels, souvent anodins en apparence, deviennent des ancrages émotionnels. Ils créent un rythme qui témoigne de la fiabilité, ce qui favorise la sécurité émotionnelle.

Prenons le cas d'Arjun et Priya, un couple marié menant une carrière exigeante et élevant deux enfants. Leurs journées étaient chargées et fragmentées, leurs soirées souvent passées dans un épuisement parallèle. Malgré leur profond engagement, ils ont commencé à ressentir une distance émotionnelle. Plutôt que d'attendre le bon moment pour « discuter » – une conversation qui semblait ne jamais arriver – ils ont adopté une micro-habitude : cinq minutes sur le canapé chaque soir, sans ordre du jour, sans écran et sans interruption. Certains soirs, ils parlaient, d'autres, ils restaient simplement assis. Mais la constance de ce bref moment partagé a rétabli une proximité émotionnelle. Ce n'était pas dramatique, mais c'était fiable – et c'est ce qui a fait toute la différence.

Les micro-habitudes sont également efficaces pour réparer les relations tendues. Lorsque la confiance est érodée, les grandes excuses peuvent paraître creuses ou accablantes. Mais une série de petits gestes respectueux – être ponctuel, respecter ses engagements, établir un contact visuel – peut progressivement restaurer la crédibilité. Ces habitudes démontrent, plutôt qu'elles ne proclament, le changement. Elles témoignent de la fiabilité, et pas seulement de l'intention.

Dans le monde professionnel, les micro-habitudes façonnent la culture. Remercier, saluer la contribution de quelqu'un lors d'une réunion ou simplement saluer ses collègues par leur nom favorisent un sentiment d'appartenance. Ce ne sont pas des gestes vides de sens. Ils affirment la présence. Ils rappellent à chacun que son travail – et sa personne – comptent. Au fil du temps, ces petits gestes créent une culture de respect et de confiance mutuels qui ne peut être imposée d'en haut, mais doit être vécue au quotidien.

Il est également important de noter que les micro-habitudes révèlent souvent nos valeurs profondes. On peut dire que les relations sont importantes pour nous, mais notre comportement quotidien privilégie souvent la productivité, la distraction ou le repli sur soi. En intégrant des micro-habitudes relationnelles à nos routines, nous alignons nos actions sur nos valeurs déclarées. Cet alignement engendre l'intégrité. Et l'intégrité, vécue avec constance, devient le terreau sur lequel la confiance et l'affection se développent.

De plus, ces habitudes ne dépendent pas des réactions des autres. Nul besoin d'un remerciement réciproque pour se sentir bien. Nul besoin d'une conversation profonde chaque soir pour se sentir connecté. Le pouvoir des micro-habitudes réside dans leur gratification intrinsèque. Elles renforcent la personne que vous souhaitez être, quelle que soit la réaction des autres. Cela réduit la dépendance émotionnelle et favorise un engagement interpersonnel plus sain, généreux et non transactionnel.

En fin de compte, la qualité de nos relations ne se définit pas par des vacances occasionnelles, des gestes grandioses ou de rares conversations marquantes. Elle se façonne par nos actions répétées. Par les moments que nous choisissons d'être présents, les mots que nous choisissons d'offrir et le temps que nous choisissons de partager. Les micro-habitudes ne sont pas une version amoindrie de l'amour, de l'amitié ou de la connexion. Elles en sont l'architecture silencieuse et durable. Et lorsqu'elles sont choisies avec soin et pratiquées avec constance, elles font plus que maintenir les relations : elles les approfondissent, les enracinent et les rendent résilientes dans un monde qui nous sépare trop souvent.

Santé mentale et bien-être

La santé mentale est souvent abordée de manière abstraite ou clinique, mais elle est vécue intimement : dans les petits rituels qui nous ancrent, les pensées qui résonnent silencieusement dans notre esprit et nos réactions aux inévitables facteurs de stress de la vie. Il ne s'agit pas d'un trait de caractère fixe ni du résultat d'interventions ponctuelles, mais d'un état dynamique façonné par des comportements quotidiens. En ce sens, la résilience émotionnelle, la pleine conscience et l'équilibre psychologique ne sont pas réservés aux personnes particulièrement disciplinées ou spirituellement enclines. Ils sont accessibles à toute personne désireuse d'adopter de petites habitudes réfléchies qui renforcent progressivement l'esprit face aux turbulences et favorisent des moments de calme au milieu du chaos.

Les micro-habitudes constituent un point de départ particulièrement efficace pour améliorer le bien-être mental, car elles contournent les obstacles courants qui entravent le développement émotionnel à long terme. Souvent, les gens retardent l'attention portée à leur santé mentale, car les solutions qui leur sont proposées leur semblent trop chronophages ou émotionnellement exigeantes. L'idée de méditer trente minutes par jour, de tenir un journal pendant des heures ou de revoir son mode de vie peut sembler insurmontable pour une personne déjà accablée par l'anxiété ou le burn-out. Les micro-habitudes, en revanche, partent de là où les gens se trouvent, et non de là où ils pensent devoir être. Elles proposent des actions réalistes et réalisables qui restaurent un sentiment d'autonomie et de confiance en soi.

La pleine conscience, souvent perçue à tort comme un concept noble ou ésotérique, devient tout à fait accessible lorsqu'elle est envisagée comme une micro-habitude. Fondamentalement, la pleine conscience consiste à prêter attention à l'instant présent avec intention et sans jugement. Si la méditation formelle est un moyen de cultiver cette compétence, ce n'est pas le seul. Prendre une respiration consciente avant d'ouvrir un e-mail, remarquer le goût de la première gorgée de café le matin, ou simplement poser la main sur le cœur lorsqu'on se sent dépassé : autant de micro-habitudes de pleine conscience. Ces actes ne nécessitent ni silence, ni coussin, ni application. Ils requièrent simplement la volonté d'observer et de revenir – au corps, à la respiration, à l'instant présent.

Les bienfaits neurologiques de tels moments sont bien documentés. Lorsque l'esprit se détourne de la rumination ou de la projection dans l'immédiateté du présent, le système nerveux sympathique – la branche responsable de la réaction de combat ou de fuite – commence à se calmer. Le rythme cardiaque ralentit. Le taux de cortisol chute. La clarté cognitive s'améliore. Avec le temps, ces changements physiologiques deviennent plus accessibles, le système nerveux apprenant à se réguler plus efficacement. Mais l'habitude doit être répétée. C'est là que la constance des micro-habitudes compte plus que la durée. Un scan corporel d'une minute par jour peut être plus efficace qu'une méditation de vingt minutes pratiquée une fois tous les quinze jours.

De même, la réduction du stress est souvent envisagée comme un moyen d'évasion : vacances, séjours au spa, pauses prolongées. Si ces expériences ont leur utilité, elles sont épisodiques. Ce n'est pas un soulagement occasionnel qui est nécessaire, mais une régulation quotidienne. Les micro-habitudes y contribuent. Respirer lentement avant de répondre à un appel téléphonique. Nommer une émotion avant d'agir. Sortir une minute pour sentir l'air sur sa peau. Ce ne sont pas des actes spectaculaires, mais ils interrompent l'automatisme des réactions au stress et réintroduisent la liberté de choix. Ils créent des micro-moments d'espace dans des journées autrement contraintes.

Prenons le cas de Naveen, un consultant performant dont les journées de travail étaient marquées par une stimulation et une pression constantes. Il se sentait souvent à cran, s'en prenait à ses collègues et peinait à dormir malgré son épuisement. Les conseils traditionnels de gestion du stress – faire plus d'exercice, réduire la caféine, mieux dormir – lui semblaient abstraits et inaccessibles dans son emploi du temps chargé. Il a donc adopté une micro-habitude : chaque fois qu'il fermait son ordinateur portable, il se levait, étirait les bras au-dessus de sa tête et prenait trois respirations profondes. Cette pratique, qui prenait moins de trente secondes, lui servait de point de départ. Au fil du temps, elle est devenue un signal de décompression psychologique. Bien que subtile, cette habitude a aidé Naveen à commencer à réguler son stress avant qu'il ne s'accumule. Il a ensuite ajouté un bref mot de gratitude à sa routine de fin de journée, renforçant ainsi son passage de l'urgence à la réflexion.

La résilience émotionnelle – la capacité à se remettre des revers, à s'adapter au changement et à maintenir son équilibre sous pression – est une autre capacité qui bénéficie énormément des micro-habitudes. Souvent confondue avec une ténacité innée, la résilience est en réalité un ensemble de compétences qui s'apprennent, dont beaucoup peuvent être cultivées par des comportements délibérés et répétables. L'un de ces comportements consiste à nommer son expérience. Le simple fait d'exprimer ce que l'on ressent, même intérieurement, aide à métaboliser les émotions. « C'est de la colère. » « C'est de la tristesse. » « C'est de la déception. » Nommer les émotions active le cortex préfrontal, réduisant l'intensité de l'activité limbique et restaurant le contrôle cognitif. Prendre l'habitude de prendre le temps de nommer ses émotions lors des transitions quotidiennes ou après des moments stressants renforce la fluidité émotionnelle, fondement de la résilience.

Une autre micro-habitude puissante est le recadrage. Il s'agit d'adopter consciemment une perspective différente face à un défi, non pas en niant la difficulté, mais en la réinterprétant de manière constructive. Par exemple, au lieu de penser « J'ai raté cette réunion », on pourrait dire : « Je n'ai pas été aussi clair que je le voulais, mais je sais ce que je peux améliorer. » Prendre l'habitude de repérer et de recadrer les pensées inutiles peut être aussi simple que de noter une de ces tâches chaque soir. Avec le temps, cela permet non seulement de réduire le discours intérieur négatif, mais aussi de développer un état d'esprit axé sur l'apprentissage et la croissance plutôt que sur la perfection et la performance.

Les applications concrètes de ces habitudes sont nombreuses. Par exemple, Meera, enseignante du secondaire confrontée à la charge émotionnelle de sa profession, a pris l'habitude de conclure chaque journée d'enseignement en notant une interaction positive avec un élève. Initialement, elle le faisait pour contrer la lourdeur ressentie après des moments difficiles en classe. Mais en quelques semaines, cette habitude a transformé le récit global de sa journée. Elle ne percevait plus son travail uniquement sous l'angle des défis, mais aussi sous celui des liens et de l'impact. Ce changement a renforcé sa motivation et réduit la fatigue émotionnelle, deux composantes essentielles de la résilience.

Il convient également de souligner que les micro-habitudes fonctionnent mieux lorsqu'elles sont intégrées à des routines existantes. Associer une séance de respiration de deux minutes au brossage des dents, ou un moment de gratitude au fait de fermer la porte pour la nuit, transforme des aspirations abstraites en rituels intégrés. C'est ainsi que les habitudes se perpétuent, non par la volonté, mais par la volonté. Plus une habitude est facile à mettre en œuvre, plus elle a de chances de perdurer.

Culturellement, l'idée que la santé mentale nécessite une intervention majeure – thérapie, médicaments ou gestion de crise – persiste. Si ces formes de soutien sont indispensables pour beaucoup, elles ne constituent pas les seuls outils disponibles. Les micro-habitudes constituent une approche préventive et autogérée. Elles ne remplacent pas les soins cliniques, mais réduisent considérablement le risque d'aggravation en préservant une santé émotionnelle et physiologique de base. Ce sont, par essence, des gestes d'hygiène mentale : tout comme le brossage des dents protège la santé bucco-dentaire, ces petits gestes quotidiens protègent et renforcent le psychisme.

Le langage que nous utilisons autour de la santé mentale commence également à évoluer grâce à l'adoption de micro-habitudes. Plutôt que de penser en termes binaires – bien portant ou malade, fort ou brisé –, nous commençons à considérer la santé mentale comme un continuum, façonné par de petits choix quotidiens. Cette perspective favorise la compassion, envers soi-même comme envers les autres. Elle permet la nuance, la fluctuation, et reconnaît que certains jours, nous nous en sortons mieux que d'autres – et ce n'est pas un échec, mais un reflet de notre humanité.

En fin de compte, les micro-habitudes pour la santé mentale et le bien-être ne consistent pas à en faire plus. Elles consistent à agir différemment. Elles invitent à une relation à soi-même attentive plutôt que réactive, ancrée plutôt que précipitée. Elles nous rappellent que la stabilité n'est pas l'absence de défi, mais la présence de pratiques qui nous aident à nous recentrer. Et surtout, elles prouvent – jour après jour, souffle après souffle – que le bien-être mental n'est pas un objectif lointain, mais une pratique vivante et dynamique. Une pratique qui commence non pas par une transformation, mais par un instant. Répété. Avec soin.

Habitudes financières

L'argent est l'un des aspects les plus chargés émotionnellement de la vie adulte, et pourtant, il reste l'un des moins évoqués au quotidien. La santé financière, tout comme le bien-être mental ou physique, est moins façonnée par des gains exceptionnels ou des stratégies ambitieuses que par les petits gestes répétables que nous posons au quotidien. Ces gestes – suivre une dépense, épargner un petit montant, consulter son solde bancaire – peuvent sembler anodins, mais pratiqués régulièrement, ils redéfinissent les comportements et les croyances. Au cœur d'un bien-être financier durable se trouve non pas la complexité, mais la cohérence. Et c'est précisément là que les micro-habitudes deviennent indispensables.

L'individu moderne est submergé de conseils financiers : investir tôt, diversifier ses actifs, réduire ses dépenses discrétionnaires, multiplier ses sources de revenus. Si la plupart de ces conseils sont valables, leur ampleur et leur complexité sont souvent plus déroutantes qu'elles ne facilitent les choses. La littératie financière n'est pas seulement une question de connaissances ; c'est une question de comportement. La plupart des gens ne sont pas démunis par un manque d'information, mais par l'absence d'habitudes permettant d'utiliser efficacement cette information. Les micro-habitudes servent d'infrastructure comportementale. Elles ne remplacent ni la planification stratégique ni les conseils professionnels, mais elles fournissent l'échafaudage comportemental sur lequel peuvent s'appuyer des décisions financières plus avancées.

Noter une dépense par jour en est un bon exemple. À première vue, cela peut paraître anodin – enregistrer le prix d'un café ou d'un ticket de bus. Pourtant, cet acte présente de nombreux avantages. Premièrement, il permet de prendre conscience. Une grande partie des dépenses excessives ne sont pas le résultat d'extravagances, mais d'une inconscience. Les gens ne se rendent tout simplement pas compte où va leur argent. En notant une seule transaction, le cerveau commence à y prêter attention. Cette prise de conscience active le cortex préfrontal, la partie du cerveau responsable de la prise de décision et de la planification à long terme. Avec le temps, cette habitude crée ce que les psychologues appellent la « saillance » – la prédominance mentale d'une idée. L'argent passe de la périphérie de la conscience au premier plan, ce qui augmente la probabilité de dépenser intentionnellement.

Il existe également une composante psychologique. Lorsque les individus commencent à suivre leurs dépenses, même à un niveau microéconomique, ils connaissent un changement d'identité. Ils ne se perçoivent plus comme des dépensiers passifs, mais comme des gestionnaires actifs de leurs ressources. Ce changement d'image de soi peut paraître subtil, mais il a des effets en cascade. Il incite les individus à se fixer des objectifs, à résister aux achats impulsifs et à retarder la gratification, autant d'éléments essentiels à la résilience financière.

Épargner régulièrement une petite somme fonctionne selon le même principe. Le montant importe bien moins que le comportement. Une personne qui épargne cinquante roupies par jour construit non seulement un solde, mais une habitude. Elle commence à considérer l'épargne comme une activité, et non comme une intention de la faire lorsque la situation s'améliorera. Ce changement est puissant, car il brise la logique du tout ou rien qui piège tant d'épargnants potentiels. Attendre d'avoir « assez pour épargner » conduit souvent à ne rien épargner du tout. Or, épargner une petite somme gérable entraîne le cerveau à penser en termes d'accumulation. Cela crée une dynamique financière, qui conduit souvent à d'autres comportements positifs comme la budgétisation, l'investissement ou le désendettement.

L'effet cumulatif de ces habitudes n'est pas seulement mathématique, mais aussi comportemental. Une personne qui épargne 1 % de ses revenus chaque semaine peut augmenter ce montant au fil du temps, non pas par la force, mais par l'alignement. Son identité se transforme, sa confiance grandit et ses habitudes évoluent. Finalement, ce qui n'était qu'une micro-habitude devient un résultat macro. Et cette transformation est bien plus durable que des changements soudains et radicaux, souvent essoufflés par la pression émotionnelle ou logistique.

Prenons l'histoire de Harish, un superviseur logistique d'une trentaine d'années qui a connu des difficultés financières pendant la majeure partie de sa vie d'adulte. Il était souvent à court d'argent avant le jour de paie et avait accumulé de petites dettes sur plusieurs cartes de crédit. Les systèmes budgétaires traditionnels ne semblaient jamais fonctionner. Un collègue lui a alors suggéré une expérience simple : noter une dépense quotidienne et économiser vingt roupies dans un bocal. Harish a accepté, principalement par curiosité. En quelques semaines, il a commencé à observer des schémas récurrents : en-cas quotidiens, achats impulsifs, arrondissement des prix des courses. Le fait de les noter l'a rendu plus conscient, et l'acte physique d'épargner est devenu étrangement satisfaisant. En trois mois, il a économisé plus de mille roupies et réduit ses dépenses inutiles d'un tiers. Plus important encore, il a déclaré se sentir

« maîtriser » ses finances pour la première fois depuis des années. Ce qui a changé, ce ne sont pas ses revenus, mais son comportement, et cela a commencé par deux micro-habitudes.

Une autre micro-habitude sous-estimée est l'acte de consulter son solde bancaire ou son tableau de bord financier une fois par jour. Non pas de manière obsessionnelle, ni par anxiété, mais par curiosité. Cette habitude crée ce que les économistes comportementaux appellent des « boucles de rétroaction » : des informations en temps réel qui permettent de corriger le tir. Lorsque les gens évitent de consulter leurs comptes, souvent par peur ou par honte, ils perdent également l'occasion de prendre des décisions proactives. Mais lorsque le suivi devient une habitude, la réactivité émotionnelle diminue. Les chiffres ne sont pas toujours agréables, mais ils sont connus – et ce que l'on sait peut être géré. Avec le temps, cette pratique désensibilise également les pics émotionnels souvent associés à l'argent, créant ainsi une relation plus stable et plus autonome avec ses finances.

Les micro-habitudes aident également à gérer les émotions liées à l'argent : peur, honte, envie, pénurie. Les décisions financières sont rarement rationnelles. Elles sont guidées par des schémas inconscients sur la signification de l'argent : réussite, sécurité, liberté, estime de soi. Lorsque l'on adopte de petites pratiques financières – suivre, épargner, analyser –, on commence à mettre à jour ces schémas. On peut remarquer qu'on dépense impulsivement après une réunion stressante, ou qu'on évite d'épargner, car cela semble futile comparé à des dettes plus importantes. Ces constatations ne naissent pas de la seule lecture d'ouvrages sur les finances personnelles. Elles naissent de l'engagement comportemental. Les micro-habitudes agissent comme des miroirs, reflétant non seulement ce que nous faisons avec l'argent, mais aussi pourquoi nous le faisons.

Il est important de noter que les micro-habitudes financières ne sont pas réservées aux personnes en crise. Elles sont tout aussi précieuses pour ceux qui cherchent à optimiser, à développer ou à planifier. Un professionnel à revenu élevé pourrait les utiliser pour automatiser l'augmentation progressive de ses cotisations d'investissement. Un jeune étudiant pourrait les utiliser pour suivre ses dépenses scolaires et se familiariser avec les choix coûts-avantages. Un retraité pourrait adopter l'habitude de revoir ses dépenses chaque semaine pour rester clair et confiant. L'intérêt des micro-habitudes réside dans leur évolutivité. Elles peuvent être adaptées à tout contexte financier, car leur efficacité réside dans la répétition, et non dans l'ampleur.

La technologie peut être à la fois un allié et un obstacle. Les applications de budgétisation, les outils d'épargne numériques et les alertes automatiques peuvent faciliter les micro-habitudes en réduisant les frictions. Une notification push quotidienne vous rappelant d'enregistrer une dépense ou d'épargner une petite somme peut ancrer ce comportement dans votre quotidien. Cependant, cette habitude doit rester consciente. L'automatisation de l'épargne est bénéfique, mais si elle devient invisible, elle risque de perdre son soutien psychologique. L'objectif n'est pas seulement la croissance financière, mais aussi la littératie et la prise en charge financières, ce qui nécessite une prise de conscience.

Le contexte social a également son importance. Le comportement financier est façonné non seulement par les choix personnels, mais aussi par les normes culturelles, la dynamique familiale et l'influence des pairs. Les micro-habitudes offrent un moyen subtil de remettre en question les discours négatifs ou les schémas hérités. Si l'on a grandi dans un foyer où l'argent était source de conflits ou de secrets, de petites habitudes de transparence, comme parler ouvertement d'un choix de dépenses ou partager un objectif d'épargne, peuvent commencer à changer la donne. Ces changements peuvent paraître anodins, mais avec le temps, ils remodèlent le paysage émotionnel de l'argent.

Fondamentalement, l'argent est un outil. Il n'est ni moral, ni figé, ni indéformable. Notre rapport à lui est entièrement adaptable. Et cet apprentissage ne nécessite ni diplôme en finance, ni gain exceptionnel, ni percée décisive. Il requiert une habitude : un petit geste, fait souvent et intentionnellement. Qu'il s'agisse de suivre un achat, de conserver une note ou de relire un relevé, ces actions génèrent non seulement richesse, mais aussi sagesse. Elles apportent un sentiment d'ordre, de clarté et de calme dans un domaine de la vie trop souvent chaotique ou empreint de honte.

Le bien-être financier, tout comme la santé physique ou mentale, n'est pas le fruit d'une intensité occasionnelle. Il est la récompense d'une attention soutenue. Et dans un monde où tant de choses liées à l'argent semblent urgentes ou accablantes, les micro-habitudes offrent un don rare : elles rendent le complexe gérable, l'abstrait concret et l'écrasant possible. Elles nous rappellent que la solidité financière n'est pas une destination, mais une pratique, et que chaque choix, aussi petit soit-il, est un pas vers la stabilité, la souveraineté et la tranquillité d'esprit.

Chapitre 8
Le changement d'identité – Devenir la personne que vous voulez être

Le véritable changement – un changement durable, qui s'ancre profondément – ne se résume jamais à faire les choses différemment. Il s'agit de devenir quelqu'un de nouveau. Derrière les gestes quotidiens que nous répétons se cache quelque chose de plus profond : la reconstruction progressive, souvent silencieuse, de notre identité. Nous ne cultivons pas seulement des habitudes lorsque nous cherchons à nous améliorer ; nous façonnons notre perception de nous-mêmes et notre façon d'évoluer dans le monde. C'est là que l'idée d'un changement identitaire entre en jeu : elle nous pousse à penser au-delà des objectifs axés sur les résultats et à nous concentrer sur la personne que nous devenons par nos actions répétées.

Trop souvent, on nous dit de changer notre vie en visant des résultats visibles : un corps plus mince, un portefeuille plus rempli, un agenda plus clair. Ce sont de beaux objectifs, certes. Mais ils ne sont qu'un échafaudage fragile s'ils ne sont pas ancrés dans une conscience de soi plus profonde. Les objectifs séparés de l'identité ont tendance à vaciller. Ils reposent sur une volonté passagère ou sur l'euphorie du progrès. Et lorsque la dopamine s'essouffle – ou pire, lorsque l'objectif est atteint et que rien n'a changé intérieurement –, les habitudes s'effondrent également. Mais si un comportement naît de la conviction que c'est simplement qui je suis, ce n'est plus une tactique. Cela devient une vérité en mouvement. Subtile différence de langage, changement radical d'effet.

Chaque acte répété, aussi insignifiant soit-il, exprime l'identité que nous construisons. Une simple course n'est pas une question de forme physique ; c'est une réaffirmation silencieuse : je suis quelqu'un qui bouge, qui valorise la force. Un paragraphe écrit, même maladroit, signale : je suis écrivain. Non pas parce que je publie, mais parce que je persiste. Dans ces premiers jours fragiles de prise d'habitudes, ce qui compte le plus n'est ni le volume ni l'intensité, mais la constance. La véritable magie ne réside pas dans ce que vous faites, mais dans ce que cela commence à signifier de qui vous êtes.

Ce n'est pas une simple réflexion poétique, c'est étayé par la psychologie. La théorie de l'autoperception, pour la nommer correctement, suggère que nous apprenons qui nous sommes en observant nos actions, surtout lorsque notre identité dans un domaine particulier est encore en construction. Commencez à suivre vos dépenses chaque soir, même si les finances vous ont toujours semblé étrangères, et, avec le temps, vous commencerez peut-être à vous considérer comme une personne financièrement responsable. Ainsi, les micro-habitudes – ces petites actions presque oubliables – posent discrètement les bases de la personne que vous devenez. Ce ne sont pas de simples stratégies de développement personnel ; ce sont des outils de définition de soi.

Ce chapitre vise à explorer comment les micro-habitudes, appliquées à travers le prisme de l'identité, deviennent plus que de simples routines : elles deviennent des déclarations. Au cœur de cette réflexion se trouve l'idée que le progrès prime sur la perfection. Le perfectionnisme est un saboteur déguisé en exigences élevées. Il murmure que si quelque chose ne peut être réalisé parfaitement, cela ne vaut pas la peine d'être fait. La mentalité des micro-habitudes refuse cette dichotomie. Elle insiste sur le fait que l'excellence naît du rythme, et non d'une exécution impeccable. Persévérer, même de manière désordonnée, c'est affirmer un engagement plus profond. Et ce n'est pas seulement un raisonnement bienveillant : c'est efficace. Plus nous agissons en accord avec ce que nous espérons devenir, plus notre identité se renforce.

Prenons l'exemple de Ravi, un jeune entrepreneur sur le point de lancer son cabinet de conseil. Il était paralysé – par le doute, par le poids de ce qu'il imaginait être un « vrai » leader. Il n'essayait pas de bouleverser son emploi du temps ni de copier la formule de quelqu'un d'autre. Au lieu de cela, il commençait chaque matinée en écrivant une seule phrase sur le type de leader qu'il souhaitait devenir. Deux minutes, peut-être moins. Mais ces phrases devenaient un miroir, un guide, une réorientation quotidienne. Elles l'aidaient à faire le tri dans ses priorités, à déléguer avec intention et à surmonter les aléas d'une entreprise naissante – non pas parce qu'il était devenu parfait, mais parce qu'il commençait peu à peu à croire qu'il était le genre de personne capable de diriger.

C'est essentiellement ce qui confère aux habitudes leur pérennité : l'alignement avec vos valeurs personnelles. Si une habitude n'est pas ancrée dans un objectif qui vous tient vraiment à cœur, elle ne survivra pas aux frictions. Les habitudes performatives – celles qui visent à impressionner, à s'intégrer, à cocher une case – peuvent perdurer un certain temps, portées par des compliments extérieurs ou la nouveauté. Mais elles s'essoufflent généralement lorsque la vie devient exigeante. Les habitudes nées de valeurs, en revanche, ne se contentent pas de perdurer, elles s'approfondissent. Si vous chérissez la créativité, un croquis quotidien, aussi brut soit-il, ressemble moins à un devoir qu'à une reconquête de soi. Si vous êtes attaché à l'intégrité, un bref moment de réflexion le soir devient non pas une tâche, mais un retour à l'essentiel.

Pour mieux cerner ce lien entre valeurs et habitudes, de nombreux coachs comportementaux suggèrent de rédiger ce qu'on appelle une déclaration d'identité. La structure est simple : « Je suis le genre de personne qui… » À vous de la compléter. Par exemple : « …tient ses promesses, même les plus petites. » Ou « …bouge mon corps tous les jours, même pour une simple promenade. » Il ne s'agit pas de grandes déclarations. Ce sont des engagements doux, concrets, crédibles et répétables. Prononcés à voix haute ou à voix basse, ils gagnent en force lorsqu'ils sont accompagnés d'actions concrètes. Et avec le temps, ils ressemblent moins à des aspirations qu'à des vérités.

Il faut néanmoins le dire : les habitudes identitaires ne sont pas à l'abri de résistances. Elles nécessitent un encadrement – pratique, émotionnel, environnemental. Un obstacle souvent négligé est ce que les psychologues appellent la friction émotionnelle. On n'abandonne pas toujours des habitudes par oubli ; on les abandonne parce qu'elles commencent à paraître lourdes, ingrates ou entachées par des échecs passés. C'est là que les micro-habitudes prennent tout leur sens. Parce qu'elles sont intentionnellement petites, le coût de leur reprise est faible. Manquer une journée ? Pas de crise. Ce n'est que deux minutes. Cette absence de drame offre un amorti – une sorte de grâce psychologique – qui rend le retour à l'habitude beaucoup plus probable.

En fin de compte, ce n'est pas la détermination qui soutient le changement, mais la conception. Les systèmes qui réduisent les frictions et encouragent la persévérance font toute la différence. Laissez votre journal sur votre oreiller. Désactivez les notifications avant de commencer vos travaux créatifs. Entourez-vous de personnes qui vivent comme vous le souhaitez. L'idée est d'éliminer autant que possible les négociations internes. Lorsque le chemin est clair, le parcourir devient non seulement plus facile, mais presque inévitable.

« On est ce que l'on fait de manière répétée » – cette phrase est souvent citée, mais peut-être encore sous-estimée. Ce n'est pas seulement de la philosophie ; c'est de la neurologie. Le cerveau, par la répétition, se recâble. Les connexions neuronales se renforcent avec l'usage. Les habitudes, répétées suffisamment souvent, passent du stade laborieux à celui d'automatisme. En substance, elles nous définissent. Et c'est là le génie discret des micro-habitudes identitaires : elles automatisent le devenir.

Mais ne prétendons pas que ce processus est simple. L'identité n'est pas un point fixe. Elle évolue. Et la beauté des micro-habitudes réside précisément dans le fait qu'elles laissent place à cette évolution. Elles n'exigent pas de réinvention du jour au lendemain. Elles offrent une méthode pour éditer l'histoire, paragraphe par paragraphe. Vous n'êtes pas prisonnier de vos schémas passés. Vous êtes, à chaque instant, à un petit geste près de changer le récit.

À la fin de ce chapitre, une vérité devrait s'imposer clairement : chaque micro-habitude est un petit enjeu, un vote pour la version de vous-même que vous choisissez activement. Avec le temps et la répétition, ces votes s'accumulent, non seulement pour se traduire par de meilleures routines, mais aussi par un moi plus cohérent et plus intentionnel. Vous remarquerez le changement non pas par une révélation, mais dans la façon dont vous abordez votre journée, avec plus de direction, plus de conviction et, surtout, plus de cohérence entre qui vous êtes et qui vous souhaitez être.

Les habitudes façonnent l'identité

Le sentiment humain de soi n'est pas statique, mais un récit vivant façonné au fil du temps par la réflexion, l'expérience et le comportement. Si l'identité est souvent perçue comme innée ou découverte, elle se construit en réalité continuellement, couche après couche, décision après décision. Cela est particulièrement évident dans l'influence des habitudes. Ces petits gestes répétitifs, souvent accomplis sans grande réflexion consciente, jouent un rôle majeur dans la formation de notre perception de soi. Au fil du temps, nos actions forgent ce que nous croyons être. Nos habitudes, par essence, déterminent le type de personne que nous pensons devenir. Et une fois cette identité consolidée, elle devient un puissant moteur de nos comportements futurs.

Les psychologues étudient depuis longtemps la relation entre action et image de soi. L'une des conclusions les plus convaincantes provient de la théorie de la perception de soi, qui suggère que les individus se comprennent en observant leurs propres actions, notamment dans des contextes ambigus ou incertains. Plutôt que de se forger d'abord des croyances et d'agir ensuite, le processus est souvent inversé. Une personne qui fait des dons caritatifs de manière répétée peut en venir à se percevoir comme généreuse, même si la générosité ne faisait pas partie de sa définition de soi auparavant. De même, une personne qui se lève systématiquement tôt pour lire ou écrire peut éventuellement adopter l'identité d'une personne disciplinée ou studieuse. C'est la récurrence de ces actions, et non leur ampleur ou leur reconnaissance extérieure, qui forge la croyance intérieure.

Ce processus est subtil, mais incroyablement important. Chaque fois que vous adoptez une habitude spécifique, vous renforcez une image particulière de vous-même. Une personne qui marche dix minutes par jour peut commencer à croire qu'elle se soucie de sa santé. Celle qui termine chaque journée en écrivant une seule ligne dans un journal de gratitude commence progressivement à se percevoir comme plus reconnaissante. L'identité ne se déclare pas dans des moments d'inspiration ; elle se construit par des démonstrations répétées.

Des exemples concrets illustrent parfaitement ce concept. Prenons le cas d'Anika, une cadre intermédiaire qui, après des années de doutes et de sous-performance perçue, a pris la micro-habitude de préparer chaque réunion la veille au soir. Au départ, cette habitude était purement pragmatique, née de la frustration d'un sentiment de désorganisation. Mais à mesure que cette habitude s'est instaurée, son récit intérieur a évolué. Elle a commencé à se percevoir comme une personne compétente, préparée et professionnelle. Cette nouvelle image d'elle-même a influencé d'autres comportements : elle a pris plus d'assurance pour s'exprimer, a proposé des idées de manière plus proactive et a gagné en résilience sous pression. L'habitude était modeste, mais le changement d'identité a été significatif. Par l'action, elle a réécrit l'histoire qu'elle se racontait.

Le même principe s'applique aux habitudes à valence négative. Une personne qui rompt régulièrement ses promesses – sauter des séances de sport, ignorer son budget, éviter les conversations difficiles – commence à éroder sa confiance en elle. Même si ces actions sont rationalisées ou justifiées extérieurement, elles s'accumulent intérieurement, sapant discrètement l'intégrité ou la fiabilité perçues. Avec le temps, l'identité qui s'installe peut être celle d'une personne indisciplinée ou incohérente, quelles que soient ses intentions. Ce comportement ne se contente pas de refléter l'identité ; il l'informe et la remodèle.

C'est pourquoi les efforts d'amélioration personnelle échouent si souvent lorsqu'ils sont axés sur des objectifs plutôt que sur l'identité. Les objectifs sont utiles pour se diriger, mais ils sont par nature éphémères. Une fois atteint – ou pire, abandonné –, la motivation qui le sous-tend se dissipe souvent. Une personne peut viser un marathon et le terminer, mais sans un changement identitaire plus profond, elle risque de ne plus jamais courir. Comparez cela à une personne qui construit son identité de coureur – quelqu'un qui lace ses chaussures quotidiennement, quelle que soit la distance ou l'allure. Le premier accomplit une tâche ; le second entretient une transformation.

Comprendre le pouvoir identitaire des habitudes invite à une approche différente du changement. Plutôt que de se demander « Quel résultat est-ce que je souhaite ? », une question plus pertinente devient : « Qui est-ce que je veux devenir ? » Ce recadrage déplace l'attention des résultats lointains vers des comportements présents, accessibles et valorisants. Il offre également une base plus stable pour la persévérance. Lorsque les actions sont ancrées dans l'identité plutôt que dans les résultats, elles sont moins susceptibles d'être compromises par des revers temporaires ou un manque de validation externe.

Adopter cet état d'esprit permet également d'éviter le piège du perfectionnisme. Lorsque les gens se fixent des objectifs basés sur la performance plutôt que sur l'identité, ils ont tendance à considérer tout faux pas comme un échec. Mais lorsque l'objectif est de renforcer une image de soi particulière, la constance prime sur la perfection. Manquer une journée de sport ne signifie pas que vous n'êtes plus un athlète ; c'est une pause temporaire, pas une identité brisée. Cette distinction permet une approche plus bienveillante et durable du maintien des habitudes. Elle normalise la variabilité tout en préservant le récit sous-jacent de ce que l'on devient.

Il faut également prendre en compte une dimension neurologique. Les neurosciences ont montré que les habitudes créent des connexions neuronales qui se renforcent avec le temps et la répétition. C'est ce que l'on appelle souvent la loi de Hebb : des neurones qui s'activent ensemble se connectent. Plus une habitude est répétée, plus elle devient automatique et ancrée, non seulement dans le comportement, mais aussi dans la structure cérébrale. Cet enracinement biologique renforce l'identité au niveau cellulaire. Vous ne pensez pas seulement différemment, vous devenez littéralement différent.

Il faut également reconnaître le renforcement social des habitudes identitaires. Lorsque les autres commencent à reconnaître vos habitudes et à vous les refléter – en vous qualifiant d'organisé, de créatif, de réfléchi – cela renforce encore davantage l'identité que vous construisez. La validation sociale peut être à double tranchant, mais dans le contexte d'un renforcement identitaire positif, elle agit comme un miroir qui renforce la confiance intérieure. Cependant, les identités les plus durables ne sont pas celles qui se forgent pour l'approbation des autres, mais celles qui correspondent à vos valeurs et aspirations personnelles.

Bien sûr, l'identité est multidimensionnelle. Nous ne sommes pas une seule chose : nous sommes un ensemble de rôles, de désirs, de peurs et de valeurs. Mais les habitudes permettent de façonner intentionnellement chaque dimension. Un parent peut adopter des habitudes qui renforcent son identité en tant que présence bienveillante. Un manager peut instaurer des routines qui affirment son engagement envers un leadership éthique. Un élève peut créer des micro-habitudes qui renforcent sa curiosité et sa résilience intellectuelle. Ces identités ne sont pas imposées de l'extérieur ; elles se cultivent par des choix, répétés régulièrement.

Cette perspective invite également à une vision plus indulgente des comportements passés. Nombreux sont ceux qui portent le poids d'identités forgées en réaction à des échecs ou des déceptions passées. Ils peuvent se croire « manquants d'argent », « paresseux » ou « désorganisés », non pas parce que ces traits sont figés, mais parce que des schémas antérieurs les ont renforcés. La bonne nouvelle, c'est que, tout comme les vieilles habitudes ont façonné ces identités, les nouvelles peuvent les remodeler. Changer ne signifie pas devenir quelqu'un de totalement différent ; il s'agit de se souvenir et de renforcer les meilleurs aspects de soi-même, et d'adopter des comportements qui rendent cette version de soi plus visible.

Les habitudes ne sont donc pas seulement des outils pratiques d'efficacité ou de discipline. Ce sont des instruments de création personnelle. Chaque répétition est un coup de pinceau dans le portrait de ce que vous devenez. Et si ce tableau n'est jamais totalement achevé, chaque acte délibéré ajoute clarté, profondeur et intention.

En fin de compte, la question n'est pas de savoir si vos habitudes façonnent votre identité – elles le font. La seule question est de savoir si vous le faites consciemment ou par défaut. L'invitation est de se réapproprier ce processus. De dépasser la répétition passive et d'adopter une pratique réfléchie. De choisir, encore et encore, le type de personne que vous souhaitez être – et de laisser vos habitudes raconter cette histoire, un petit geste à la fois.

L'état d'esprit des micro-habitudes

Au cœur d'un changement comportemental durable se trouve non seulement un ensemble de pratiques, mais aussi une approche radicalement différente du progrès. L'état d'esprit des micro-habitudes n'est pas un ensemble de techniques ; c'est un cadre psychologique qui redéfinit notre approche de la croissance, de la discipline et du développement personnel. Il nous invite à troquer le perfectionnisme contre la constance, la grande ambition contre les petites actions, et la pensée du tout ou rien contre une approche plus humaine et durable. Ce faisant, il contribue à dissiper la paralysie qui accompagne souvent le désir de s'améliorer. Il nous permet d'avancer, même légèrement, dans la direction que nous souhaitons, et de ressentir ce mouvement comme réel, enrichissant et valorisant.

Le perfectionnisme est l'un des ennemis les plus tenaces du changement comportemental. Il se déguise en exigence ou en noble intention, mais sa véritable nature est bien plus insidieuse. Il favorise une vision binaire du succès : soit on exécute parfaitement, soit on échoue. Ce raisonnement décourage non seulement l'expérimentation, mais donne également un sentiment catastrophique à la rechute ou à l'incohérence. Par conséquent, de nombreuses personnes abandonnent leurs habitudes non pas par manque de capacité ou d'envie, mais par manque de tolérance à l'imperfection. L'état d'esprit des micro-habitudes lève cet obstacle. Il nous apprend à adopter l'incrémentalisme, non pas comme un compromis, mais comme une stratégie fondée sur les sciences du comportement et son applicabilité concrète.

La psychologie de la formation des habitudes révèle l'efficacité de cette approche. En réalisant de petites actions répétables, nous ressentons un élan. Cet élan renforce nos convictions et notre sentiment d'efficacité personnelle, c'est-à-dire la conviction que nous sommes capables de faire des choix en adéquation avec nos objectifs. Chaque acte, aussi modeste soit-il, devient un vote pour le type de personne que nous devenons. Avec le temps, la constance prend le pas sur l'intensité. Une pratique quotidienne de deux minutes produit souvent une transformation plus durable qu'un effort de 30 minutes effectué sporadiquement.

Prenons l'exemple de Lata, une étudiante en médecine qui souhaitait intégrer la pleine conscience à sa routine quotidienne pour gérer son stress. Initialement, elle envisageait une méditation assise de 30 minutes chaque matin. Mais entre les cours matinaux, les longues journées de travail et la fatigue, elle a rapidement dévié de sa trajectoire. Frustrée, elle a commencé à se sentir incapable de méditer. Un mentor lui a alors suggéré une micro- habitude : fermer les yeux et prendre trois respirations lentes avant d'allumer son ordinateur portable chaque jour. Cela lui prenait moins de 30 secondes, mais c'était une chose qu'elle pouvait maintenir. Plus important encore, cela la maintenait ancrée dans son intention initiale. À mesure que l'habitude prenait racine, elle a commencé à l'étendre naturellement, d'abord à quelques minutes, puis à une routine régulière de cinq minutes le soir. Mais le changement crucial ne résidait pas dans la durée, mais dans l'état d'esprit. Elle a cessé de se mesurer à la perfection avec laquelle elle suivait une routine prescrite et a commencé à valoriser le simple fait d'être présente.

Cet état d'esprit a également de profondes implications sur notre interprétation des échecs. Lorsque nous privilégions le progrès à la perfection, l'échec cesse d'être une identité et devient partie intégrante du processus. Manquer un jour n'efface pas les six précédents. Une semaine difficile n'annule pas les progrès du mois précédent. L'état d'esprit des micro-habitudes remplace la culpabilité par la curiosité : qu'est-ce qui a rendu l'action difficile aujourd'hui ? Qu'est-ce qui la rendrait plus facile demain ? Cette orientation nous maintient émotionnellement engagés dans le processus de construction des habitudes, plutôt que de nous en épuiser émotionnellement.

Une autre caractéristique de cet état d'esprit est l'accent mis sur l'identité plutôt que sur le résultat. Lorsque les gens poursuivent des objectifs en raison d'une déficience – en voulant être « meilleur », « plus discipliné » ou « réussir » – ils renforcent souvent un sentiment d'inadéquation. Mais lorsque les habitudes sont abordées comme l'expression d'une identité en évolution, elles deviennent des actes d'affirmation. Celui qui écrit une phrase par jour ne manque pas d'être un auteur ; il en est *un* . Celui qui économise cinquante roupies chaque matin ne manque pas de créer de la richesse ; il incarne l'attention financière. Ce changement redéfinit la finalité de l'habitude non pas comme un accomplissement, mais comme un alignement.

De plus, l'état d'esprit des micro-habitudes prône la flexibilité. La vie est par nature imprévisible : les horaires changent, l'énergie fluctue, les crises surviennent. La rigidité exigée par le perfectionnisme est incompatible avec cette réalité. Les micro-habitudes, en revanche, sont conçues pour s'adapter plutôt que pour se briser. Leur petite taille les rend adaptables et leur simplicité leur permet de perdurer même dans des conditions chaotiques. Si la routine habituelle d'une personne est perturbée par un voyage, une maladie ou des obligations imprévues, une micro-habitude peut souvent être modifiée ou relocalisée sans s'effondrer complètement. Cette résilience rend la pérennité de l'habitude non seulement possible, mais probable.

Cet état d'esprit favorise également un dialogue intérieur plus empreint de compassion. Souvent, la voix qui sabote le changement n'est pas la paresse, mais la honte. On se raconte des histoires : « Je ne tiens jamais à rien », « Je perds toujours mon élan », « Je ne suis pas fait pour ça. » Ces récits sont rarement vrais, mais ils se renforcent chaque fois qu'une noble intention s'effondre sous le poids de sa propre ambition. Les micro-habitudes interrompent ce cycle. Elles apportent la preuve quotidienne qu'une autre histoire est possible, que l'on est capable de s'engager, d'aller jusqu'au bout et de progresser progressivement. Avec le temps, la critique intérieure s'atténue, remplacée par un coach intérieur qui reconnaît et célèbre les progrès.

Il faut également prendre en compte la portée culturelle d'un tel état d'esprit. Nous vivons dans une société qui glorifie les extrêmes : le succès instantané, les transformations spectaculaires, la performance de pointe. L'état d'esprit des micro-habitudes résiste à ce discours. Il insiste sur le fait que des actes ordinaires, répétés avec soin, peuvent produire des résultats extraordinaires. Il reconnaît que les changements les plus significatifs sont souvent invisibles au premier abord : la force émotionnelle acquise grâce à de petits actes de discipline, la confiance en soi retrouvée grâce à une série de petites victoires, la fierté discrète de rester constant lorsque personne ne regarde. Ce ne sont pas des réussites anodines ; elles sont le fondement d'une croissance à long terme.

Surtout, cet état d'esprit laisse place à la joie. Lorsque la pression de la perfection disparaît, la formation d'habitudes devient plus ludique et créative. On se sent plus libre d'expérimenter, d'ajuster et de personnaliser ses routines. Une micro-habitude peut évoluer avec vous, façonnée par votre énergie, votre contexte et vos préférences. Cette autonomie renforce la motivation intrinsèque. Plutôt que de se sentir contrôlé par un système rigide, on se sent soutenu par une structure flexible qui travaille avec vous, et non contre vous.

Un aspect particulièrement révélateur de l'état d'esprit des micro-habitudes est la façon dont il redéfinit notre rapport au temps. Souvent, on surestime ce qu'on peut accomplir en une journée et sous-estime ce qu'on peut accomplir en une année. Les micro-habitudes inversent cette erreur de calcul. Elles exploitent le pouvoir cumulatif du temps : de petits gestes multipliés au fil des jours, des semaines et des mois produisent des changements qui semblent invisibles jusqu'à ce qu'ils deviennent soudain indéniables. Tout comme une goutte d'eau semble insignifiante jusqu'à ce qu'elle devienne un ruisseau constant, une micro-habitude semble mineure jusqu'à ce qu'elle réécrive une image de soi, transforme un schéma ou modifie une trajectoire.

Prenons l'histoire de Jay, un comptable de 58 ans qui avait lutté pendant des décennies pour écrire de manière créative. Après des années de brouillons abandonnés et une confiance en soi ébranlée, il s'est lancé dans une nouvelle habitude : écrire une phrase par jour. C'était tout. Une seule. Certains jours, la phrase était maladroite ou ennuyeuse. D'autres jours, elle ouvrait la voie à d'autres. Mais il ne l'a jamais esquivée. En un an, il avait achevé un recueil de nouvelles. Plus important encore, il s'est désormais imposé comme écrivain, non pas grâce à une validation extérieure, mais grâce à des preuves quotidiennes. Il était devenu ce dont il avait seulement rêvé. Non pas grâce à une transformation radicale, mais grâce à un engagement patient et constant.

L'état d'esprit des micro-habitudes ne consiste donc pas simplement à en faire moins. Il s'agit d'agir avec plus d'intention, plus de compassion et plus de constance. Il s'agit de se défaire du mythe selon lequel il faut tout changer pour changer quoi que ce soit. Et il s'agit de croire que la personne que nous espérons devenir est déjà en nous, attendant non pas une transformation majeure, mais une invitation quotidienne à émerger.

En adoptant cet état d'esprit, nous nous libérons de la tyrannie du tout ou rien. Nous commençons à considérer chaque petit geste comme une étape importante. Nous réalisons que tout progrès, aussi modeste soit-il, mérite toujours d'être célébré. Et nous apprenons que devenir ce que nous voulons être n'est pas un événement, c'est une pratique. Une habitude. Un moment. Une décision à la fois.

Aligner les habitudes avec les valeurs fondamentales

Un véritable changement comportemental ne commence pas par la mécanique de l'action, mais par le sens. Déconnectées de nos valeurs personnelles, les habitudes deviennent performatives : des tâches mécaniques poursuivies davantage par obligation que par conviction. Mais ancrées dans ce qui compte le plus pour nous, elles deviennent l'expression de notre identité, de notre intégrité et de notre raison d'être. Adopter des habitudes qui reflètent nos valeurs n'est pas seulement un exercice de productivité : c'est un acte délibéré d'alignement, un processus continu visant à garantir que notre mode de vie reflète nos convictions. Ainsi, la formation d'habitudes devient non seulement une stratégie d'amélioration personnelle, mais aussi un chemin vers une plus grande authenticité.

Nombreux sont ceux qui se retrouvent pris dans un cycle d'habitudes nouvelles et abandonnées, non pas parce qu'elles sont intrinsèquement mauvaises, mais parce qu'elles ne correspondent pas à leurs valeurs. Prenons l'exemple de quelqu'un qui décide de se lever à 5 heures du matin pour aller courir, non par amour du mouvement ou par désir de santé, mais par admiration pour ceux qui le font. Son engagement est ambitieux, mais extrinsèque : il est ancré dans l'idée qu'il *devrait* être, plutôt que dans sa véritable identité. Lorsque la motivation initiale s'estompe, l'habitude s'effondre, car elle n'était jamais profondément ancrée dans quelque chose de significatif. C'est la distinction essentielle entre discipline et alignement. La première peut être imposée temporairement. La seconde se maintient par résonance.

Le processus d'alignement des habitudes et des valeurs commence par une introspection. Avant de décider quoi *faire* , nous devons clarifier nos *valeurs* . Cela implique de poser des questions qui vont au-delà de la simple fixation d'objectifs : Qu'est-ce qui m'importe ? Quel genre de vie est-ce que je cherche à créer ? Quels principes est-ce que je souhaite incarner, même lorsque personne ne me regarde ? Ce ne sont pas des questions faciles, et elles n'apportent pas de réponses immédiates. Mais la clarté qu'elles apportent est indispensable. Lorsque nos habitudes reflètent nos valeurs, même les actions les plus modestes prennent de l'importance. Elles ont un poids émotionnel. Elles réaffirment une vision que nous avons de nous-mêmes et que nous aspirons à concrétiser.

Prenons le cas d'Elena, une stratège d'entreprise qui a lutté pendant des années pour établir une pratique d'écriture régulière. Elle admirait les leaders d'opinion et aspirait à contribuer à son domaine, mais chaque tentative de développer une routine de contenu échouait. Ce n'est que lorsqu'un coach lui a demandé ce qu'elle *appréciait le plus* dans son travail que quelque chose a changé. Elle a réalisé que ce qui la dynamisait n'était pas la visibilité ou l'influence, mais la perspicacité. Elle valorisait la profondeur, et non l'attention. Forte de ce constat, elle a restructuré son habitude. Plutôt que de s'engager à publier des articles de blog hebdomadaires, elle a adopté une micro-habitude consistant à écrire chaque matin un paragraphe réfléchi sur un sujet qui la passionnait. Elle n'en a rien partagé publiquement, du moins au début. Mais elle a commencé à se sentir épanouie sur le plan créatif et intellectuellement engagée. Au fil du temps, ses réflexions ont évolué vers des articles et des conférences, mais cette habitude a perduré car elle reposait sur sa valeur de curiosité intellectuelle, et non sur l'affirmation extérieure.

L'harmonisation des valeurs et des habitudes agit également comme un filtre. Elle nous aide à dire non avec assurance, car elle clarifie ce à quoi nous disons oui. Une personne qui valorise les liens sociaux peut choisir de limiter le temps passé devant un écran le soir au profit d'un bref appel quotidien avec un membre de sa famille. Une personne qui valorise la créativité peut se réserver cinq minutes de calme chaque jour pour dessiner ou écrire librement, même avec un emploi du temps chargé. Ces gestes, aussi petits soient-ils, ont une signification démesurée. Ils renforcent une cohérence intérieure, le sentiment d'investir son temps et son énergie dans une vie qui semble honnête et enrichissante.

Bien sûr, les valeurs sont souvent abstraites, tandis que les habitudes sont concrètes. Le lien entre les deux est *la traduction* . Des valeurs comme la compassion, la résilience, l'intégrité ou la croissance doivent être exprimées en termes comportementaux. À quoi ressemble la compassion en action ? Peut-être s'agit-il de poser une question réfléchie chaque jour à une personne dont vous vous occupez. À quoi ressemble la croissance ? Cela peut être la lecture d'un paragraphe d'un livre stimulant chaque soir. Cette habitude n'a pas besoin d'être spectaculaire pour être efficace. Elle doit simplement être spécifique, répétable et émotionnellement résonnante. Au fil du temps, ces actes deviennent des symboles, des rituels qui renforcent ce qui nous tient à cœur.

Les bienfaits de cette approche vont au-delà de la motivation. Lorsque nous adoptons des habitudes en accord avec nos valeurs, nous ressentons un état psychologique appelé *congruence d'intégrité* . Il s'agit de l'alignement entre nos croyances profondes et nos comportements extérieurs. Des études sur le bien-être psychologique montrent que les personnes qui éprouvent une congruence élevée ressentent une plus grande satisfaction, un stress moindre et une plus grande résilience. Elles sont également plus susceptibles de persister dans leurs habitudes, non pas par sentiment d'obligation, mais parce qu'elles se sentent intérieurement récompensées.

le rendait stressé et robotisé. Il a alors reformulé le problème : sa valeur fondamentale était *la présence – être disponible mentalement et émotionnellement* en toute circonstance, au travail comme à la maison. Dans cette optique, la gestion du temps n'était plus une question d'efficacité en soi, mais de clarté mentale nécessaire à la présence. Il a pris l'habitude de terminer chaque journée de travail par une réflexion de deux minutes sur ce qui lui semblait le plus important. Ce simple geste a non seulement amélioré sa planification, mais aussi son sentiment de satisfaction. C'est devenu un moyen de réaffirmer sa valeur, et non plus seulement d'accomplir une tâche.

On pourrait objecter que ce processus paraît lent, surtout comparé à des modèles d'auto-optimisation plus agressifs. Mais la lenteur n'est pas une faiblesse, c'est une forme de profondeur. Lorsque des habitudes sont construites trop rapidement, sans référence à des valeurs, elles peuvent paraître productives, mais restent creuses. Lorsqu'elles sont construites avec soin, elles deviennent durables, non pas parce qu'elles sont parfaitement exécutées, mais parce qu'elles sont judicieusement choisies.

Un autre avantage des habitudes fondées sur des valeurs est qu'elles sont plus résilientes face à l'adversité. La motivation vacillera inévitablement. Les circonstances changeront. Ce qui demeure constant, c'est la valeur. Si votre habitude se limite à aller à la salle de sport, vous pourriez arrêter si cela devient gênant. Mais si votre habitude est ancrée dans la valeur de la vitalité – celle de se montrer présent pour son corps afin de pouvoir se montrer présent pour les autres – vous serez plus susceptible d'adapter la forme tout en préservant la fonction. Vous pourriez aller marcher à la place. Ou vous étirer cinq minutes dans votre salon. La forme change, mais l'âme de l'habitude reste intacte.

Il est également important de comprendre que cet alignement est un processus vivant. Nos valeurs évoluent à mesure que nous grandissons. Ce qui comptait profondément il y a dix ans n'a peut-être plus le même poids aujourd'hui. Les transitions de vie – parentalité, perte, réorientation professionnelle – peuvent bouleverser nos priorités. Nos habitudes doivent évoluer avec elles. Une réflexion régulière nous permet de ne pas reproduire aveuglément des comportements qui ne nous servent plus. Un bilan mensuel, voire une simple soirée tranquille de remise en question sincère, peut réharmoniser nos habitudes avec nos valeurs. Il ne s'agit pas d'une introspection complaisante, mais d'un entretien personnel.

L'un des aspects les plus négligés de cette approche est son impact sur les relations. Lorsque les gens vivent en accord avec leurs valeurs, ils deviennent plus dignes de confiance, non pas parce qu'ils sont irréprochables, mais parce qu'ils sont cohérents. Leurs actions reflètent leurs convictions. Leurs engagements paraissent sincères. Dans un monde où la dissonance est souvent banalisée, la cohérence ressort. Elle devient une forme de leadership, non pas hiérarchique, mais moral. Les gens se sentent plus en sécurité auprès de ceux dont les habitudes reflètent leurs principes, car cela est un signe d'intégrité.

En fin de compte, le processus de création d'habitudes alignées sur nos valeurs nous invite à un engagement plus profond envers notre propre vie. Il nous interroge non seulement sur ce que nous voulons *faire* , mais aussi sur qui nous voulons *être* . Il comble le fossé entre l'idéal et la réalité. Il transforme les routines quotidiennes en actes porteurs de sens. Et ce faisant, il nous permet d'aborder le monde avec un sentiment accru de clarté, de dignité et de paix.

Les habitudes que nous choisissons comptent. Mais *la raison pour laquelle* nous les choisissons compte encore plus. Lorsque les habitudes reflètent nos valeurs fondamentales, elles cessent d'être des tâches. Elles deviennent un mode de vie : une affirmation silencieuse et quotidienne de ce que nous considérons comme sacré, et un modèle pour la personne que nous devenons. Non pas par un changement radical, mais par un alignement constant. Non pas par de grandes déclarations, mais par des actes humbles et répétés qui disent : « Voilà qui je suis. Voilà ce qui m'importe. Et voilà comment je choisis de vivre. »

Créer une déclaration « Je suis le type de personne qui... »

Une grande partie de la transformation personnelle ne repose pas sur nos actions, mais sur la façon dont nous nous *percevons* . L'identité, plus que la motivation ou la récompense extérieure, est le moteur d'un comportement durable. Lorsque nos habitudes renforcent une image de soi souhaitée, elles deviennent plus faciles à adopter et plus difficiles à rompre. L'une des stratégies les plus efficaces, mais souvent négligées, pour cultiver un changement durable est l'utilisation d'affirmations identitaires : des affirmations simples et percutantes commençant par la phrase *« Je suis le type de personne qui… »*. Ces affirmations permettent à chacun d'exprimer une vision de ce qu'il devient par l'expression cohérente de valeurs, et non par la perfection, et d'ancrer ses actions dans une perception cohérente et motivante de soi.

Fondamentalement, l'affirmation « Je suis le type de personne qui… » est une forme de construction identitaire par l'habitude. Plutôt que de se concentrer uniquement sur les résultats – comme perdre du poids, gagner plus ou être productif – cette approche invite les individus à examiner le type de personne qu'ils croient être. Le cadre est subtil mais significatif. Il déplace le discours de l'action à *l'être* , du résultat à l'incarnation. Lorsqu'un comportement répété devient une forme d'expression personnelle, il cesse d'être perçu comme imposé. Il commence à être perçu comme de l'intégrité.

Considérez la différence entre les deux dialogues internes : « J'ai besoin d'aller courir » et « Je suis du genre à ne pas sauter de mouvement, même pour une courte promenade. » Le premier est axé sur la tâche et est facilement perturbé par un inconvénient ou l'humeur. Le second est axé sur l'identité. Il s'agit de réaffirmer une image de soi qui guide les décisions même lorsque l'enthousiasme faiblit. Il ne s'agit pas d'auto-illusion ou de bravade. Il s'agit de renforcer le comportement souhaité en incarnant l'identité qui le sous-tend.

Psychologiquement, cette technique s'inspire de la théorie de la dissonance cognitive, c'est-à-dire la tension qui apparaît lorsque comportement et croyances sont en décalage. Lorsqu'une personne se considère comme un lecteur, elle est plus susceptible de prendre un livre que de faire défiler son téléphone, non pas parce que l'action est plus facile, mais parce que ne pas lire lui semble incompatible avec l'image qu'elle a d'elle-même. Au fil du temps, comportement et croyance se renforcent mutuellement. Chaque action renforce le récit : *« Voilà qui je suis. »*

Les exemples concrets de ce renforcement identitaire abondent. Rajeev, un comptable autrefois en difficulté de ponctualité, a décidé de changer d'approche. Plutôt que de se reprocher ses retards, il a adopté l'affirmation suivante : *« Je suis quelqu'un qui respecte le temps des autres. »* Cette simple redéfinition a influencé non seulement ses heures d'arrivée, mais aussi sa façon d'aborder les réunions, les e-mails et même les engagements familiaux. L'identité est devenue un point de référence pour ses décisions comportementales. Face à un choix – partir à l'heure ou s'attarder – il ne se contentait pas de prendre en compte la logistique ; il se demandait si sa décision correspondait à sa conviction.

La force de ce changement d'identité réside dans sa simplicité. Les affirmations ne sont ni grandiloquentes ni rigides ; ce sont des cadres flexibles que chacun peut adapter à différents contextes. Quelqu'un cherchant à améliorer sa concentration pourrait dire : *« Je suis le genre de personne qui protège son attention. »* Un jeune parent aux prises avec l'épuisement pourrait se dire : *« Je suis le genre de personne qui demande de l'aide en cas de besoin. »* Un élève aux prises avec le doute pourrait affirmer : *« Je suis le genre de personne qui est présent, même en cas d'incertitude. »* Il ne s'agit pas d'incantations magiques, mais de signaux comportementaux intégrés au dialogue intérieur. Ils nous rappellent que nous ne sommes pas des récepteurs passifs de l'identité, mais des participants actifs à sa construction.

Ce processus est particulièrement efficace lorsqu'il est associé à des micro-habitudes. La force d'une habitude ne réside pas seulement dans sa facilité ou sa fréquence, mais aussi dans ce qu'elle révèle sur la personne qui la met en œuvre. Se brosser les dents pendant deux minutes ne fait pas que promouvoir l'hygiène : cela réaffirme : *« Je suis quelqu'un qui prend soin de son corps. »* Écrire une seule phrase chaque jour n'est pas seulement un exercice de discipline : cela renforce le message : *« Je suis quelqu'un qui valorise sa voix. »* En reliant délibérément l'action à l'identité, nous approfondissons la signification de chaque habitude et augmentons les chances de sa pérennité.

L'un des exemples les plus poignants est celui d'Amrita, une enseignante en voie de guérison d'un burn-out. Aux prises avec une perte d'estime de soi et une énergie défaillante, elle a pris une petite habitude : chaque matin, avant de parler à quelqu'un, elle posait la main sur son cœur et disait : *« Je suis le genre de personne qui se traite avec bienveillance. »* L'habitude en elle-même a pris quelques secondes, mais son poids émotionnel s'est accumulé. Elle a commencé à influencer son ton de voix, les pauses qu'elle s'accordait et sa façon de réagir aux erreurs. Cette affirmation a créé une référence intérieure qui l'a ancrée dans l'auto-compassion, une valeur qu'elle avait longtemps enseignée aux autres, mais qu'elle appliquait rarement à elle-même.

Concevoir votre propre affirmation « Je suis le type de personne qui… » exige une réflexion honnête. Les affirmations les plus efficaces sont celles qui résonnent avec des valeurs profondes et reflètent un comportement que vous êtes sincèrement prêt à adopter, même minimalement. Il ne s'agit pas d'une déclaration idéalisée de la personne que vous *aimeriez* être, mais d'un engagement envers une façon d'être qui vous semble pertinente dès maintenant. Il est important de noter que ces affirmations n'exigent pas la perfection. Vous pouvez oublier une habitude et y revenir, car elle est liée non pas à une tendance, mais à une conscience de soi. Si vous vous identifiez comme écrivain, ne pas écrire pendant une journée n'invalide pas votre identité ; cela devient simplement une pause dans un rythme plus long.

Cette résilience est essentielle. Nombreux sont ceux qui abandonnent leurs habitudes parce qu'ils lient leur réussite à des résultats externes ou à une exécution parfaite. Mais lorsque l'identité est le point d'ancrage, les contretemps temporaires ne détruisent pas toute la structure. Au contraire, ils deviennent des occasions de se réaffirmer. Manquer une journée devient l'occasion de dire : *« Cela ne me ressemble pas, et je suis prêt à revenir à l'essentiel. »* Cette affirmation ne sert pas de norme punitive, mais de guide vers lequel revenir.

Ce concept a également une pertinence culturelle plus large. Dans un monde dominé par les indicateurs de performance et la comparaison sociale, se réapproprier son identité en tant que construction personnelle et interne est un acte radical. Cela permet à chacun de définir le succès selon ses propres termes. Vous n'écrivez peut-être pas un best-seller, mais si vous écrivez chaque jour, vous êtes un écrivain. Vous ne dirigez peut-être pas une initiative mondiale, mais si vous pratiquez la bienveillance au quotidien, vous êtes un leader de la compassion. L'affirmation « Je suis le type de personne qui… » redonne à l'individu sa capacité d'agir. Elle nous rappelle que l'identité n'est pas un titre accordé par autrui, mais un rôle que nous endossons par nos actions quotidiennes.

Il est crucial de noter que ces affirmations peuvent également évoluer. L'identité n'est pas statique ; elle évolue. Vos affirmations évoluent au rythme de votre situation. Un jeune parent pourrait commencer par : *« Je suis le genre de personne qui apporte le calme dans le chaos. »* Plus tard, il pourrait passer à : *« Je suis le genre de personne qui prend le temps de grandir. »* La flexibilité de cet outil lui permet de nous accompagner à travers les différentes étapes de la vie, assurant une continuité même pendant notre adaptation.

Il convient également de noter l'impact relationnel des habitudes identitaires. Lorsque nous agissons en accord avec nos valeurs, les autres commencent à nous percevoir comme plus dignes de confiance et plus ancrés. Nos comportements deviennent prévisibles au sens propre du terme : non pas rigides, mais fiables. Cette cohérence renforce le capital relationnel, renforce la confiance et renforce la boucle de rétroaction entre l'action et l'image de soi. Une personne qui traite systématiquement les autres avec respect renforce non seulement sa propre identité, mais aussi sa place dans un tissu social plus large. L'affirmation « Je suis le type de personne qui… », lorsqu'elle est vécue, devient non seulement une affirmation intérieure, mais une signature relationnelle.

En fin de compte, cette approche ne consiste pas à se coller des étiquettes prétentieuses. Il s'agit d'exprimer discrètement et systématiquement qui l'on choisit d'être – aujourd'hui et demain. Il s'agit de remplacer des résolutions vagues par des valeurs vécues. Et il s'agit de croire que même le plus petit acte, lorsqu'il est lié à une identité forte, peut catalyser un changement profond.

À travers ce prisme, chaque habitude devient une déclaration. Chaque action devient un trait de pinceau dans le portrait de qui vous êtes. Et chaque affirmation « Je suis le type de personne qui… » devient à la fois une promesse et une pratique : une invitation à adopter non seulement une nouvelle routine, mais aussi une version plus authentique de vous-même.

Soutenir le changement à long terme

L'excitation initiale de se lancer dans quelque chose de nouveau est souvent trompeuse. Au début de l'adoption d'une nouvelle habitude, la motivation est forte, la nouveauté est stimulante et la vision du résultat final est tangible. Mais le temps est un formidable niveleur. À mesure que l'enthousiasme retombe et que les distractions extérieures s'intensifient, la difficulté de pérenniser le changement devient évidente. Le véritable test de toute habitude n'est pas de savoir si elle peut être mise en place, mais de savoir si elle peut être maintenue lorsque les vents positifs émotionnels s'estompent. Un changement durable exige plus que de la discipline ou de la volonté : il exige de la conception, de la réflexion et un état d'esprit bâti sur le long terme.

La motivation est une ressource notoirement peu fiable. Elle est cyclique, transitoire et influencée par d'innombrables facteurs indépendants de notre volonté : le sommeil, le stress, la météo, l'environnement et l'humeur, pour n'en citer que quelques-uns. Compter sur la motivation pour alimenter un comportement cohérent, c'est comme compter sur le beau temps pour courir un marathon : on peut avoir de la chance certains jours, mais les conditions ont peu de chances de se maintenir. Au lieu de se concentrer sur la motivation, les habitudes durables se construisent sur une structure. Cette structure repose sur trois éléments fondamentaux : l'environnement, l'identité et la régulation émotionnelle.

L'un des moyens les plus efficaces de réduire la dépendance à la motivation est de développer des habitudes qui nécessitent le moins d'effort cognitif possible. Lorsque les habitudes sont simples, clairement définies et ancrées dans des routines existantes, elles sont moins vulnérables aux fluctuations d'humeur ou d'énergie. C'est pourquoi les micro-habitudes – de petites actions répétables – sont si puissantes. Leur taille minimale réduit les obstacles à l'action, les rendant plus faciles à réaliser, même en cas de manque de motivation. Une personne peut manquer d'énergie pour écrire un journal complet, mais parvient généralement à écrire une seule phrase. Cette phrase, à son tour, entretient la dynamique comportementale, empêchant l'habitude de s'effondrer complètement.

L'automatisation est une autre stratégie clé. Plus nous supprimons de décisions du processus d'habitude, plus celui-ci devient durable. La fatigue décisionnelle – l'épuisement mental résultant de multiples choix effectués tout au long de la journée – peut perturber même les routines les mieux intentionnées. Automatiser une habitude peut consister à fixer une heure fixe, à préparer du matériel à l'avance ou à l'associer à une autre action. Ces signaux créent de la cohérence, permettant au comportement de perdurer en arrière-plan de notre journée sans nécessiter d'effort conscient ni de négociation émotionnelle.

Prenons le cas de Shalini, une mère de deux enfants très occupée qui souhaitait intégrer l'exercice quotidien à son emploi du temps. Ses tentatives précédentes reposaient largement sur sa motivation matinale, systématiquement minée par les troubles du sommeil et les tâches ménagères. Elle a alors restructuré son approche. Au lieu de viser une séance d'entraînement complète, elle s'est engagée à faire cinq minutes d'étirements chaque soir, immédiatement après le coucher de ses enfants. Elle avait préparé son tapis à l'avance et rangé son téléphone dans une autre pièce. L'habitude était simple, automatique et liée à une routine préexistante. Avec le temps, ces cinq minutes sont souvent devenues dix ou quinze, mais le véritable triomphe résidait dans le fait qu'elle ne dépendait plus de son humeur. Elle comptait sur la méthode.

Un autre facteur sous-estimé dans le maintien des habitudes à long terme est le rôle de l'identité. Lorsqu'un comportement est intégré à l'image de soi, il devient plus facile à maintenir. Une personne qui se considère comme un coureur est plus susceptible d'aller courir par un matin froid que quelqu'un qui a simplement « courir plus » sur sa liste de choses à faire. Ce renforcement identitaire ne nécessite pas de grands gestes. De petites actions cohérentes, effectuées régulièrement, façonnent progressivement la perception que nous avons de nous-mêmes. Chaque répétition est un rappel : *voici ce que je fais, voici qui je suis.*

Cette approche centrée sur l'identité offre également une protection psychologique contre les échecs. Lorsque la motivation s'affaiblit ou que les circonstances perturbent la routine, l'identité demeure. Un manque temporaire ne détruit pas l'image de soi. Au lieu de sombrer dans la culpabilité ou l'autocritique, une personne ancrée dans son identité est plus susceptible de réfléchir et de reprendre le cours normal des choses. Elle se dit : « *Je suis quelqu'un qui valorise le développement personnel,* ou *je suis quelqu'un qui se remet rapidement sur les rails.* » Cet état d'esprit favorise la résilience, une qualité plus essentielle que la perfection pour soutenir le changement.

La régulation émotionnelle est tout aussi essentielle. De nombreuses habitudes s'effondrent non pas parce qu'elles sont trop difficiles, mais parce que le malaise émotionnel qu'elles suscitent – ennui, frustration, doute de soi – n'est pas maîtrisé. Maintenir efficacement ses habitudes nécessite des stratégies pour gérer ces états internes. L'une d'elles est le recadrage. Plutôt que de considérer un écart comme un échec, on peut le considérer comme un retour d'information. Qu'est-ce qui a rendu la journée plus difficile ? Était-ce un manque de sommeil, un emploi du temps surchargé ou des déclencheurs flous ? Cette curiosité remplace le jugement, permettant un ajustement adaptatif plutôt qu'un abandon.

Une autre technique puissante est le retour visuel. Suivre ses habitudes, même par un simple coup d'œil sur son calendrier ou une séquence numérique, crée une représentation visuelle de la cohérence. Cette représentation est motivante, non pas parce qu'elle reflète la perfection, mais parce qu'elle témoigne de l'effort fourni. Elle fournit un témoignage d'engagement qui peut contrebalancer les idées reçues que nous avons souvent sur nous-mêmes : « *Je ne m'attache jamais à rien,* ou *j'abandonne systématiquement.* » Lorsque les faits contredisent ces croyances, elles commencent à s'affaiblir.

L'environnement social joue également un rôle important dans le maintien des habitudes. Lorsque les autres sont conscients de nos engagements – ou mieux encore, s'y engagent avec nous – la responsabilisation s'accroît. Il ne s'agit pas de diffuser chaque action sur les réseaux sociaux. Il s'agit de cultiver un petit cercle de soutien mutuel, où les habitudes sont normalisées et encouragées. Un partenaire d'étude, un compagnon de marche ou simplement une personne qui prend des nouvelles chaque semaine peut considérablement augmenter les chances de pérennisation d'une habitude. Le renforcement social exploite notre besoin inné d'affiliation et d'approbation, donnant à l'habitude un sentiment de partage plutôt que de solitude.

Bien sûr, même les habitudes les mieux conçues doivent évoluer. Les circonstances de la vie changent, les priorités évoluent, et ce qui fonctionnait bien le mois dernier peut sembler décalé aujourd'hui. La durabilité exige donc une réflexion périodique. Mes habitudes servent-elles toujours mes objectifs ? Sont-elles toujours en phase avec mes valeurs ? Sont-elles devenues obsolètes ou pesantes ? La réflexion n'est pas un signe d'échec, mais un signe de maturité. Elle permet de se réajuster, garantissant que les habitudes restent non seulement intactes, mais vivantes.

Arun, maître de conférences à l'université, offre un exemple convaincant. Pendant deux ans, il a conservé l'habitude de lire dix pages de littérature académique chaque matin. C'était devenu partie intégrante de son identité de chercheur et un rituel d'ancrage dans sa journée. Mais lorsqu'il a pris ses nouvelles fonctions, avec des réunions plus précoces et des responsabilités administratives plus lourdes, cette habitude est devenue une source de stress. Plutôt que de l'abandonner complètement, il l'a révisée : cinq pages, pendant le déjeuner, quatre fois par semaine. Cet ajustement a préservé l'essence de l'habitude – l'apprentissage continu – tout en s'adaptant à son nouveau contexte. La pérennité de ce comportement ne résidait pas dans la rigidité, mais dans la réactivité.

Enfin, il est important de reconnaître la dimension émotionnelle du changement à long terme. Les habitudes durables ne se limitent pas à l'action, elles impliquent aussi de prendre soin d'elles. Lorsqu'une habitude est liée à quelque chose de significatif, elle a beaucoup plus de chances de perdurer. Cette signification peut être profondément personnelle – un lien avec la famille, la santé ou un objectif spirituel. Ou professionnelle – un sentiment de maîtrise, de contribution ou d'alignement avec ses valeurs. L'essentiel est de garder cette signification visible. Écrivez-la. Réfléchissez-y souvent. Rappelez-vous *pourquoi* cette habitude est importante. Quand la motivation s'estompe, le sens demeure.

Maintenir un changement durable est donc moins une question d'efforts acharnés que de conception réfléchie. Il s'agit de rendre l'habitude si facile à mettre en pratique même dans les pires moments, si cohérente avec votre identité qu'elle vous semble naturelle, et si significative qu'elle conserve toute son importance une fois l'étincelle initiale éteinte. Il s'agit de construire un système qui soutient la personne que vous devenez, et pas seulement la tâche que vous accomplissez. Et il s'agit de reconnaître que la cohérence n'est pas l'ennemie de la liberté, mais son fondement.

Au final, la question n'est pas de savoir si vous perdrez votre motivation – vous la perdrez. La vraie question est de savoir si vos habitudes sont conçues pour vous aider à traverser cette inévitable baisse de moral. Si c'est le cas, alors le changement est non seulement possible, mais durable. Non pas par l'héroïsme, mais par la conception. Non pas par la perfection, mais par la présence. Un petit geste délibéré à la fois.

Chapitre 9
Histoires réelles de transformation

Si les théories et les modèles scientifiques offrent un cadre solide pour comprendre les changements comportementaux, ce sont les histoires personnelles – ces changements discrets, souvent inaperçus, dans le quotidien – qui suscitent véritablement la conviction. C'est la proximité, et non seulement le potentiel, qui nous touche. Lorsque nous rencontrons des personnes comme nous – occupées, distraites, imparfaites, humaines – qui parviennent à développer et à maintenir de petites habitudes au milieu du chaos, cela allume une petite flamme intérieure. S'ils y parviennent, peut-être que moi aussi. Ce chapitre s'appuie sur ce sentiment de reconnaissance. Il ne s'agit pas de récits de retournements de situation du jour au lendemain ni de réinventions cinématographiques. Ce sont des histoires plus subtiles et plus solides, façonnées par des choix modestes et répétés qui, au fil du temps, ont transformé non seulement les comportements, mais aussi l'identité, la santé et le sentiment d'avoir des possibilités.

Ce qui rend les micro-habitudes si attrayantes, ce n'est pas seulement leur accessibilité, mais aussi leur malléabilité quasi universelle. Elles n'exigent pas de conditions idéales. Elles ne sont pas liées à une profession ou à un tempérament spécifique. Leur force tranquille réside dans leur capacité à rencontrer les gens tels qu'ils sont. Prenons l'exemple de James, un ingénieur ferroviaire à la retraite qui, à la fin de la soixantaine, traversait la douleur de la perte. Le décès de sa femme a emporté une grande partie de son énergie. Il s'est retiré dans la solitude, épuisé par le chagrin. Sur l'encouragement de sa fille, il a commencé à saluer le facteur chaque matin. Juste un hochement de tête au début. Un « bonjour » murmuré. Pourtant, même ce petit geste a ouvert une brèche dans le silence. Au fil du temps, celui-ci s'est élargi : une promenade dans la rue, une tasse de thé partagée avec un voisin, et finalement, des après-midis réguliers passés au hangar à hommes du quartier. Il n'y a eu ni révélation, ni coup de théâtre. Juste le simple fait de sortir – répété, respecté et, finalement, transformateur.

Le monde d'Ananya n'aurait pas pu être plus différent, et pourtant le thème résonne. Architecte talentueuse dans un environnement d'entreprise impitoyable, elle était à bout de souffle – à la poursuite des échéances, hantée par les boîtes de réception et s'érodant lentement de l'intérieur. Elle avait tenté les solutions habituelles : yoga matinal, week-ends déconnectés, grands sabbats numériques. Rien n'avait fonctionné. Finalement, poussée par un coach, elle a tenté quelque chose d'une simplicité presque absurde : un rituel de respiration de deux minutes avant d'ouvrir son ordinateur portable. Deux minutes seulement. Les yeux fermés. Inspirez, expirez. Cette pause, aussi brève soit-elle, est devenue sacrée. Elle a marqué la frontière entre présence et performance. Avec le temps, elle a rééquilibré son rapport au travail, non pas en changeant de poste, mais en la réorientant au sein de celui-ci.

Ce qui unit ces histoires, par ailleurs sans rapport, n'est pas le contexte, mais la structure : les micro-habitudes réussissent parce qu'elles privilégient la cohérence au drame, la simplicité à l'ambition et l'incarnation à l'aspiration abstraite. Leur force réside dans leur faisabilité. Quand quelqu'un réussit à *faire simplement* , la croyance s'insinue. Et la croyance, plus que toute stratégie astucieuse, est ce qui nous fait avancer.

La flexibilité est un autre fil conducteur de ces histoires. La vie, on le sait, est rarement immobile. Les bébés naissent. Les emplois évoluent. Les corps se fatiguent. Les habitudes qui durent sont celles qui s'adaptent. Vikram, enseignant dans le secondaire à Pune, trouvait du réconfort en tenant un journal chaque soir : dix minutes de réflexion pour digérer le chaos émotionnel de la classe. Puis est arrivé la paternité, et avec elle, des nuits fracturées et des priorités changeantes. Le journal aurait pu disparaître. Au lieu de cela, il a évolué. Une phrase tapée sur son téléphone, souvent en arpentant le couloir avec un bébé somnolent. Le contenu est resté ; le format a évolué. Le résultat ? Une habitude préservée, et avec elle, un sentiment de stabilité.

Ces anecdotes révèlent une vérité plus profonde : les petites habitudes sont rarement le fruit de l'acte lui-même. Elles sont des portes d'entrée, de minuscules portails vers quelque chose de bien plus vaste. Trisha, une étudiante universitaire en proie à la dépression, s'est promis en silence de se brosser les dents chaque soir. Non pas pour l'approbation de son dentiste, mais pour elle-même. C'était, selon ses propres mots, un symbole d'espoir. Ce geste, accompli même lors des pires soirées, a finalement conduit à des changements plus importants : manger régulièrement, faire de courtes promenades, suivre une thérapie. Mais tout reposait sur cette première petite victoire. Ce refus symbolique d'abandonner.

Et des schémas commencent à apparaître. Le sens, d'abord, est non négociable. Les micro-habitudes les plus résilientes ne sont jamais aléatoires. Elles sont ancrées dans quelque chose de plus profond : un désir, une valeur, un aperçu de qui nous souhaitons être. Ensuite, elles sont intentionnellement inoffensives. Une habitude qui dure trente secondes ne suscite aucune résistance. Pas de débat intérieur, pas besoin de justification grandiose. Et troisièmement, une fois enracinées, ces habitudes perdurent, car elles commencent à nous faire du bien. Non pas de manière superficielle, sous l'effet de la dopamine, mais de manière subtile et émotionnelle. Fierté. Calme. Une sorte de triomphe privé. Cette charge émotionnelle renforce l'empreinte de l'habitude et renforce sa pérennité.

Certaines des transformations les plus remarquables se produisent dans les endroits les plus inattendus. Dans une prison pour femmes du Kerala, un programme pilote invitait les détenues à commencer chaque matinée par écrire une chose pour laquelle elles étaient reconnaissantes. C'était volontaire. Au début, la participation était minime. Mais peu à peu, la participation a augmenté. La gratitude était rarement liée à de grandes bénédictions ; il s'agissait souvent de la sensation du soleil à travers une fenêtre ou d'un mot chaleureux d'une codétenue. Ce petit rituel, de deux minutes tout au plus, a commencé à faire fondre quelque chose. Les gardiennes ont constaté moins de crises. Les femmes ont fait état d'un plus grand sentiment de calme. Cela n'a pas corrigé les injustices du système, mais cela a redonné une certaine liberté d'action, une certaine estime de soi. Une lueur de liberté derrière des portes closes.

De tous ces témoignages, un fil conducteur se dégage : l'autonomie. Non pas le contrôle sur la vie dans son intégralité – c'est un mythe –, mais sur un aspect de celle-ci. Les micro-habitudes redonnent ce sentiment d'autorité, aussi minime soit-elle. Elles suggèrent que la transformation n'est pas réservée aux privilégiés ou aux personnes hyperdisciplinées. Elle appartient à quiconque est prêt à entreprendre.

C'est précisément ce que propose ce chapitre : une invitation. Non pas à copier le parcours d'autrui, mais à laisser ces histoires inspirer le vôtre. À les considérer non pas comme des modèles, mais comme une source d'inspiration. Votre vie est différente. Vos pressions sont réelles. Mais les principes s'appliquent : commencez modestement, soyez présent régulièrement, adaptez-vous avec grâce. Donnez du sens à vos actions. Définissez le succès non pas par sa portée, mais par sa présence.

Vous ne vous considérez peut-être pas encore comme une personne dont l'histoire mérite d'être racontée. Mais toutes les histoires naissent dans un abîme trouble, avant même qu'on sache ce qu'elles deviennent. Les changements les plus durables ne paraissent pas impressionnants au premier abord. Ils sont discrets. Ils se situent dans le quotidien : éteindre un ordinateur portable intentionnellement, boire de l'eau en pleine conscience, laisser son téléphone éteint un instant de plus. Ces actes sont banals pris isolément. Mais ensemble, ils forment une structure. Un cadre pour prendre soin de soi. Une répétition pour la personne que vous choisissez de devenir.

Alors, en vous imprégnant de ces expériences vécues, soyez attentif non seulement à ce que les gens ont fait, mais aussi à leur façon de penser ce qu'ils faisaient. Comment ils ont trouvé du sens. Comment ils ont surmonté l'échec. Laissez leur humanité vous rappeler que le changement est un processus – non pas une explosion, mais une succession de couches. Et que ceux qui persistent, avec douceur et imparfaitement, sont ceux qui construisent quelque chose de durable.

C'est peut-être aujourd'hui le début de votre propre transition. Rien de grandiose. Rien qui mérite d'être tweeté. Juste un acte, bien choisi et protégé. Laissez-le prendre son temps. Laissez-le respirer. Laissez-le se répéter. Et vous découvrirez peut-être que de ce modeste début naît une toute nouvelle histoire – la vôtre – faite de résilience, de clarté et de transformation au sens propre du terme.

Études de cas sur la réussite des micro-habitudes

On imagine souvent la transformation comme le résultat d'une action radicale, d'une décision majeure ou d'une prise de conscience soudaine. Pourtant, derrière la plupart des changements durables se cachent des débuts modestes : des comportements mineurs et répétés qui évoluent, se multiplient et finissent par redéfinir le cours d'une vie. Si la théorie des habitudes fournit le cadre, ce sont des personnes réelles et leurs expériences vécues qui donnent vie à ce concept. Des études de cas portant sur des individus de tous horizons, professions et étapes de vie montrent que les micro-habitudes, loin d'être simplistes, sont à la fois puissantes et polyvalentes dans la pratique. Leurs réussites sont riches d'enseignements importants non seulement sur le changement de comportement, mais aussi sur la résilience, l'identité et la capacité humaine à se développer.

Prenons l'histoire de Meera, mère célibataire de 42 ans et administratrice scolaire à Chennai. Pendant des années, Meera a lutté contre l'épuisement et l'auto-négligence. Ses matins étaient frénétiques, sa santé déclinait et son identité était minée par les responsabilités. Ses précédentes tentatives pour repenser sa routine avaient échoué : abonnements à la salle de sport, régimes alimentaires élaborés, voire retraites de méditation. Ce qui a finalement changé les choses, c'est une micro-habitude si petite qu'elle semblait presque anodine : boire un grand verre d'eau dès le matin. C'était tout. Pas d'application, pas de partenaire de responsabilisation, pas d'affiche de motivation. Juste de l'eau.

Ce geste simple, immédiat et réalisable est devenu un signal. Chaque matin, il rappelait à Meera qu'elle méritait qu'on s'occupe d'elle. Au fil du temps, elle a ajouté deux minutes d'étirements pendant que sa bouilloire bouillait. Puis, elle a commencé à écrire une seule phrase dans son journal intime sur son intention du jour. Chacune de ces habitudes lui prenait moins de cinq minutes, mais ensemble, elles ont transformé ses matinées, passant du chaos au calme. En un an, Meera a déclaré se sentir plus centrée, plus énergique et plus capable de subvenir aux besoins de sa famille et d'elle-même. Elle n'avait pas changé sa situation – ses responsabilités étaient restées les mêmes – mais elle avait changé le rythme auquel elle les assumait.

Une histoire très différente, mais tout aussi poignante, nous vient de Tomás, un développeur logiciel de 26 ans vivant à Dublin. Tomás luttait contre une anxiété sociale paralysante. Malgré son succès professionnel, il évitait les réunions, contribuait rarement aux réunions de groupe et souffrait d'un sentiment d'incompétence. Encouragé par un mentor, il a pris l'habitude de prononcer une phrase à voix haute lors des réunions d'équipe, ne serait-ce qu'une salutation ou une affirmation. Le malaise était réel, mais la barre était suffisamment basse pour qu'il puisse la franchir même les jours difficiles. Cette pratique est devenue son rituel de courage.

Au bout de trois mois, Tomás était passé des monosyllabes aux rapports concis. Plus important encore, son dialogue intérieur avait évolué. Il ne se voyait plus comme quelqu'un qui « ne pouvait pas s'exprimer ». Cette habitude n'avait pas effacé son anxiété, mais elle en avait affaibli le pouvoir. Il s'est ensuite porté volontaire comme mentor, aidant les nouvelles recrues à s'orienter sur ce terrain qu'il trouvait autrefois périlleux. Son histoire met en lumière une idée clé : la transformation ne consiste pas tant à éliminer la peur qu'à refuser sans cesse de se laisser dominer par elle.

Il y a aussi Leena, une créatrice textile retraitée d'Ahmedabad qui souhaitait renouer avec la création après avoir passé dix ans à s'occuper de ses parents malades. À 67 ans, Leena hésitait à réintégrer un monde qui semblait avoir évolué. Elle n'avait plus d'ambitions professionnelles, mais une part d'elle-même aspirait à renouer avec son esprit créatif. Elle a commencé par une petite habitude : cinq minutes de croquis chaque soir avant de se coucher. Aucune pression pour partager ou terminer quoi que ce soit ; juste des lignes sur le papier.

Ce qui a commencé comme une simple activité nocturne a progressivement éveillé son intuition créative. En moins d'un an, elle a commencé à numériser ses croquis. L'année suivante, elle avait créé un portfolio en ligne. Son travail a été présenté lors de la présentation des artistes seniors d'une galerie locale. Mais plus important encore, Leena a retrouvé une joie et une capacité d'action longtemps enfouies sous le poids du devoir. Son habitude n'était pas seulement un renouveau créatif, c'était un acte de renouveau.

Ce qui relie ces cas n'est pas l'ampleur du changement, mais la conception de l'habitude. Chaque changement était modeste, stratégiquement placé dans le rythme de la journée, et renforcé non par des résultats externes, mais par des récompenses internes. Ces personnes n'ont pas attendu les conditions idéales. Elles ont commencé avec ce qui était disponible. Et elles n'ont pas exigé de résultats immédiats ; elles ont laissé leurs habitudes s'installer progressivement, confiantes que la constance leur apporterait ce que l'intensité n'avait jamais apporté.

Parmi les histoires les plus marquantes, on trouve celle de Kareem, un ancien athlète d'une quarantaine d'années qui a subi une blessure qui a mis fin à sa carrière. Aux prises avec la dépression et la prise de poids, Kareem se sentait étranger à l'identité qu'il avait mis des décennies à se construire. L'activité physique, autrefois au cœur de sa vie, lui rappelait désormais douloureusement ce qu'il avait perdu. Son tournant ne s'est pas produit grâce à un nouveau programme d'entraînement, mais grâce à la suggestion d'un ami de commencer par quelque chose de plus simple : enfiler sa tenue de sport chaque matin, même sans exercice physique.

Au début, cette habitude lui semblait performative. Mais elle est vite devenue symbolique. Porter son équipement lui rappelait qui il était autrefois – et qui il pourrait encore devenir sous une autre forme. En quelques semaines, Kareem a commencé à marcher sur de courtes distances, puis à faire des exercices légers au poids du corps. En un an, il a élaboré une nouvelle routine axée sur le mouvement, qui honorait son corps transformé plutôt que de tenter de reproduire son ancien corps. Cette micro-habitude ne lui a pas redonné sa vie d'avant, mais l'a aidé à en construire une nouvelle.

Ces études de cas révèlent également que le contexte de la réussite n'est pas toujours linéaire ou évident. Nombre des micro-habitudes les plus efficaces sont apparues au cœur de l'adversité – deuil, épuisement professionnel, doute de soi. Il ne s'agissait pas de routines bien rodées adoptées en temps de paix, mais de stratégies de survie réinventées comme des actes d'espoir. Chacun a commencé non pas avec des certitudes, mais par l'expérimentation. Non pas avec une volonté de transformation, mais avec l'intention d'essayer quelque chose qui pourrait aider.

L'une des histoires les plus insolites est celle de Gauri, une agente municipale de Bengaluru, qui a appliqué des micro-habitudes à la défense de l'environnement. Frustrée par l'inefficacité des efforts de recyclage au bureau, elle a instauré une habitude de deux minutes auprès de ses collègues : chacun triait correctement un objet chaque matin en s'installant à son bureau. Cette habitude n'était pas imposée, mais encouragée. En quelques semaines, la participation a augmenté. Un petit concours a vu le jour. En six mois, le bureau a détourné plus de 60 % de ses déchets des décharges, contre 10 % auparavant. Ce qui n'était au départ qu'une micro-habitude est devenu un véritable changement de culture, démontrant que même un changement institutionnel peut naître d'actions individuelles.

Chacune de ces histoires illustre l'effet d'entraînement d'un comportement cohérent et significatif. Prendre une grande inspiration avant de réagir est moins susceptible d'aggraver un conflit. Écrire une ligne de code chaque jour reste connecté à son art. Exprimer un mot de gratitude chaque soir instaure un climat intérieur d'appréciation. Ces habitudes ne méritent peut-être pas les gros titres, mais elles sont profondément humaines. Elles nous rappellent que le changement est non seulement accessible, mais qu'il est déjà à portée de main.

Ce que nous enseignent ces études de cas, ce n'est pas que certaines habitudes sont universellement supérieures, mais que celles qui réussissent sont en résonance avec la personnalité. Elles correspondent aux valeurs, à l'identité ou aux objectifs d'une personne. Elles sont façonnées par les réalités de la vie de l'individu – non pas imposées d'en haut, mais intégrées de l'intérieur. Et surtout, elles sont volontairement limitées – non pas par manque d'ambition, mais parce qu'elles comprennent la force de l'élan.

La réussite des micro-habitudes ne se résume pas à des récits dramatiques d'avant et d'après. Elle se joue *pendant* : la continuité tranquille, la réorientation progressive du quotidien, ces moments où l'on choisit, encore et encore, de se montrer présent. Ces récits honorent ce processus. Ce ne sont pas des mythes. Ce sont des modèles, la preuve que la transformation ne nécessite pas de révolution. Elle exige intention, conception et, surtout, répétition.

En réfléchissant à ces exemples, réfléchissez à ce qu'ils éveillent en vous. Quelle histoire vous semble familière ? Quel comportement vous semble possible ? Les habitudes qui changent une vie sont rarement empruntées en bloc : elles sont adaptées, personnalisées et incarnées. Votre micro-habitude n'a pas besoin d'être parfaite. Elle doit être la vôtre. Et comme le montrent ces histoires, c'est largement suffisant.

Leçons apprises des gens ordinaires

Ce sont souvent les actes discrets d'individus ordinaires qui offrent les perspectives les plus profondes sur ce que signifie changer, et ce de manière durable. Si la recherche et la théorie fournissent les bases nécessaires à la compréhension de la formation des habitudes, les expériences vécues par des personnes réelles ancrent ces idées dans l'authenticité. Leurs récits révèlent bien plus que de simples résultats ; ils illustrent les contours émotionnels de la construction d'habitudes, la subtilité des échecs et l'ingéniosité nécessaire pour s'adapter lorsque la vie ne se déroule pas comme prévu. Examinés de près, ces récits mettent en lumière une série d'enseignements puissants : pratiques, profondément humains et extrêmement motivants.

L'un des enseignements les plus récurrents des histoires de réussite en matière de micro-habitudes est que *se permettre de commencer modestement* est transformateur. Cela peut paraître d'une simplicité trompeuse, mais le contexte culturel dans lequel évoluent la plupart des gens est obsédé par la réinvention radicale. Les grands objectifs dominent le discours social, et tout ce qui n'est pas parfait est souvent qualifié de médiocrité. Pourtant, à maintes reprises, les personnes ayant adopté des débuts modestes ont fait état d'une plus grande satisfaction et d'une plus grande longévité dans leur changement de comportement.

Prenons le cas d'Aaron, un fonctionnaire qui peinait depuis longtemps à maintenir une routine d'exercice. Ses tentatives précédentes étaient dictées par l'intensité : courses longues, équipement coûteux et régimes stricts, autant d'efforts qui se sont effondrés en quelques semaines. Le tournant est survenu lorsqu'il a redéfini ses attentes. Au lieu de se concentrer sur les résultats, il s'est engagé à enfiler ses chaussures de course et à marcher cinq minutes devant chez lui. Cet acte, peu impressionnant selon les normes conventionnelles, a posé les bases d'une routine régulière qui s'est progressivement transformée en progrès significatifs en matière de condition physique. L'histoire d'Aaron nous rappelle que le changement ne commence pas par des efforts colossaux, mais par des actions concrètes. Commencer petit n'est pas de la paresse, c'est une question d'humilité stratégique.

Un autre point essentiel à retenir est que *le contexte émotionnel est aussi important que le comportement lui-même* . Beaucoup pensent que la réussite d'une habitude est une question de détermination ou de gestion du temps. Pourtant, ce que nous constatons au quotidien, c'est que l'alignement émotionnel joue un rôle central. Lorsqu'une habitude reflète les valeurs profondes ou l'image de soi d'une personne, elle devient intrinsèquement plus durable.

L'histoire de Farah, maître de conférences universitaire en proie à un burn-out, en est la preuve. Elle souhaitait retrouver calme et présence dans sa vie, mais les pratiques de pleine conscience conventionnelles la dépassaient. Grâce au coaching, elle a adopté une micro-habitude : prendre une pause à son bureau pour respirer avant d'ouvrir ses e-mails chaque matin. Bien que presque invisible, cette pratique l'a reconnectée à sa valeur d'intentionnalité. Au fil du temps, elle est devenue un accélérateur non seulement de calme, mais aussi de respect de soi. Farah n'a pas seulement appris une technique de respiration : elle a renoué avec ses propres priorités. Les habitudes ancrées dans le sens émotionnel ont une force d'attraction ; elles nous ramènent à la réalité, même lorsque la vie devient chaotique.

La troisième leçon est que *la constance, et non la perfection, est le moteur de la transformation* . Dans de nombreux récits, des individus ont connu des perturbations – voyages, maladie, urgences familiales ou simplement une perte de motivation. Ce qui distinguait ceux qui persévéraient de ceux qui abandonnaient, ce n'était pas la volonté ou une stratégie supérieure. C'était l'état d'esprit. Ils ne catastrophisaient pas les revers. Ils reprenaient l'habitude non pas parce qu'ils étaient parfaits, mais parce qu'ils l'avaient intégrée à leur identité.

Prenons l'exemple d'Anita, une jeune maman qui avait pris l'habitude d'écrire une ligne dans son journal chaque soir. À la naissance de son nouveau-né, ses soirées sont devenues imprévisibles et épuisantes. Plutôt que d'abandonner complètement cette habitude, elle l'a transformée : parfois elle écrivait un mot, parfois elle écrivait le lendemain matin, parfois elle tenait simplement le stylo. Le principe fondamental n'était pas le résultat exact, mais la continuité de l'engagement. L'expérience d'Anita souligne un point crucial : maintenir une habitude ne signifie pas y adhérer de manière rigide, mais l'adapter intelligemment sans rompre le fil.

Une autre idée puissante est que *l'environnement influence subtilement la réussite, bien plus que la motivation* . Si la motivation est souvent considérée comme le Saint Graal du changement comportemental, ceux qui réussissent grâce à des micro-habitudes décrivent systématiquement comment des changements dans leur environnement physique ou social ont facilité le maintien de ce comportement. L'histoire de Priya, une graphiste qui souhaitait lire davantage, en est la preuve. Elle n'a pas commencé par se réserver une heure par jour ni par se fixer des objectifs de lecture. Au lieu de cela, elle a placé un livre sur son oreiller chaque matin en faisant son lit. Ce simple signal l'a incitée à lire, ne serait-ce que quelques minutes chaque soir. Ce qui pouvait apparaître comme de la discipline était en réalité une conception. Son habitude s'est développée parce que l'environnement l'y invitait.

Ces histoires mettent également en lumière une leçon souvent négligée : *la honte est un facteur de motivation néfaste, tandis que l'autocompassion est une alliée fiable* . Lorsque les gens ne parviennent pas à maintenir leurs habitudes, ils tombent souvent dans un cycle de culpabilité et de discours intérieur négatif. Cela ne fait qu'accentuer l'évitement et saper l'énergie nécessaire au changement. En revanche, les personnes qui ont perçu leurs échecs avec curiosité plutôt qu'avec jugement étaient beaucoup plus susceptibles de se réengager.

Ce thème était au cœur de l'expérience de Malik, un ingénieur logiciel qui luttait depuis des années contre le blocage du temps dans son agenda. Chaque fois qu'il manquait un créneau ou dépassait une tâche, il abandonnait complètement cette pratique, y voyant une preuve d'échec. Grâce à un accompagnement thérapeutique, il a commencé à réagir différemment. Lorsqu'une tâche prenait plus de temps que prévu, il se demandait pourquoi. Était-ce une mauvaise estimation ? Une distraction ? Un évitement émotionnel ? Plutôt que de se condamner, il cherchait à comprendre. Ce changement – de la honte à la curiosité – l'a aidé à maintenir cette pratique et à améliorer sa planification au fil du temps. Les habitudes ne survivent pas dans un climat d'autopunition. Elles prospèrent dans des environnements d'apprentissage et de bienveillance.

Les histoires partagées tout au long de ce chapitre nous rappellent également que *le progrès est souvent imperceptible jusqu'à ce qu'il devienne indéniable* . Parce que les micro-habitudes sont conçues de manière modeste, leur impact peut ne pas être immédiatement visible. Cela peut conduire au doute ou à l'abandon. Mais les personnes qui ont réussi ont appris à croire à la nature cumulée de l'effort constant. Elles ont célébré non pas les résultats, mais les contributions – le fait de se montrer présent.

Ritika, analyste de données, offre un cas illustratif. Elle a pris l'habitude d'étudier chaque jour un nouveau concept dans son domaine, parfois en lisant un paragraphe, parfois en suivant un tutoriel de cinq minutes. Six mois plus tard, elle ne ressentait pas beaucoup de changement. Mais lorsqu'un collègue est tombé malade et qu'on lui a demandé de diriger un projet, Ritika a réalisé qu'elle était parfaitement préparée. La transformation s'était opérée silencieusement, presque invisiblement, grâce à des apports quotidiens de connaissances. Cette visibilité différée est à la fois un défi et une réalité : les changements les plus significatifs surviennent souvent lorsque nous sommes trop occupés à travailler pour les remarquer.

La leçon la plus unificatrice que nous pouvons tirer de l'expérience de chacun est peut-être que *nous sommes tous capables de changer, mais qu'il faut souvent abaisser les limites* . L'ambition, bien qu'admirable, peut être paralysante lorsqu'elle exige trop d'efforts trop rapidement. Les micro-habitudes offrent une alternative bienveillante : commencez là où vous êtes, avec ce que vous avez, et laissez la constance faire le gros du travail.

Ce que nous enseignent ces histoires, ce n'est pas que le changement est facile, mais qu'il est accessible. Des personnes de tous horizons, de tous âges et de toutes conditions ont transformé leur vie non pas en faisant plus, mais en faisant moins, avec constance, conscience et pertinence. La sophistication de leur réussite ne réside pas dans des systèmes complexes, mais dans la volonté de commencer par de petits gestes et de les transformer en leviers vers des résultats plus importants.

Ces leçons ne sont pas réservées à un groupe d'individus particulier. Elles ne dépendent pas du talent, du revenu ou du mode de vie. Ce sont des principes que chacun peut adopter : commencez petit, ancrez vos habitudes dans des valeurs, privilégiez la facilité, soyez indulgent envers vous-même lorsque vous trébuchez et rappelez-vous que la clé réside dans la répétition, et non dans l'intensité. Les histoires de gens ordinaires ne sont pas des cas isolés. Elles prouvent ce qui est universellement possible lorsque l'intention se concrétise et lorsque la patience s'allie à la conception.

En considérant ces idées, nous nous rappelons que la véritable transformation ne consiste pas à devenir quelqu'un d'autre, mais à revenir au meilleur de nous-mêmes, un petit acte à la fois.

Les fils conducteurs

Lorsqu'on étudie la vie de personnes ayant intégré avec succès des micro-habitudes à leur quotidien, un ensemble de thèmes récurrents émerge : des principes qui transcendent l'âge, la profession, le tempérament et les circonstances. Ces points communs ne sont pas de simples coïncidences ; ce sont des schémas structurels qui sous-tendent un changement comportemental durable. Si les habitudes spécifiques peuvent varier considérablement – des étirements quotidiens à une simple phrase dans un journal intime –, l'architecture du succès est étonnamment uniforme. Ce chapitre met en lumière les éléments fondamentaux qui reviennent constamment dans les récits de transformation : cohérence, simplicité et adaptabilité. Ensemble, ils constituent la base d'une formation efficace des habitudes, offrant à la fois clarté conceptuelle et conseils pratiques à ceux qui souhaitent construire une vie réfléchie plutôt que réactive.

Le premier modèle, et peut-être le plus fondamental, est la constance. Non pas un effort explosif, ni des gestes héroïques, mais une répétition régulière – discrète, rythmée, souvent banale. Dans une culture qui idéalise les moments décisifs, la valeur durable de la présence au quotidien est souvent négligée. Pourtant, la constance est ce qui transforme une action, d'un événement isolé, en un comportement réflexif. Elle fait passer l'effort du conscient à l'automatisme, ancrant l'habitude dans l'architecture du quotidien.

Prenons l'exemple d'Arjun, un coordinateur logistique aux prises avec un stress chronique et une concentration dispersée. Après des années passées à utiliser différents systèmes de productivité, il s'est engagé dans une micro-habitude : fermer tous les onglets de son navigateur, sauf celui qu'il utilisait activement. Ce n'était pas un changement radical, mais il le faisait systématiquement chaque jour. Ce simple geste de désencombrement numérique a considérablement amélioré sa concentration. Au fil du temps, ce simple comportement a créé un effet de halo : ses réunions sont devenues plus efficaces, ses e-mails plus intentionnels, ses après-midis moins chaotiques. La force de cette habitude ne résidait pas dans sa durée, mais dans sa répétition. La constance lui a permis de s'ancrer dans son rythme de travail, transformant ainsi ses interactions avec son environnement.

Le deuxième fil conducteur – la simplicité – est intimement lié à la durabilité. Les habitudes qui réussissent se définissent souvent non pas par leur impact, mais par leur accessibilité. Les micro-habitudes les plus efficaces sont celles qui nécessitent un minimum de charge cognitive, d'effort physique ou de préparation. Elles sont fluides. Elles n'exigent pas de réorganiser sa journée, mais s'y intègrent parfaitement. La simplicité garantit que même lorsque l'énergie ou la motivation est faible, l'habitude reste réalisable.

Prenons l'exemple d'Ishita, une institutrice qui souhaitait améliorer sa posture. Plutôt que de s'engager dans des séances de yoga prolongées ou des programmes de correction posturale, elle a collé un post-it sur son bureau avec l'inscription « Allonger la colonne vertébrale ». Chaque fois qu'elle le voyait, il lui fallait trois secondes pour ajuster. L'action était sans effort, mais ses effets étaient cumulatifs. En quelques semaines, l'habitude était devenue instinctive. Sa conscience de l'alignement corporel s'est accrue, elle a signalé une diminution des douleurs dorsales et même sa présence en classe s'est subtilement améliorée. L'habitude d'Ishita ne nécessitait ni équipement, ni créneau horaire, ni rappels : juste un repère visuel et une petite correction. La simplicité la rendait évolutive et durable.

L'adaptabilité, le troisième fil conducteur, est ce qui permet aux habitudes de survivre aux inévitables fluctuations de la vie réelle. Aussi soigneusement conçue soit-elle, toute habitude rencontrera des résistances : voyages, maladie, changements de priorités, bouleversements émotionnels. Les habitudes rigides ont tendance à s'effondrer sous la pression de telles perturbations. En revanche, celles qui sont flexibles évoluent en conséquence. Elles s'adaptent sans se briser.

Ramesh, ingénieur en mécanique, a adopté l'habitude de lire pendant ses pauses déjeuner, ce qui illustre parfaitement cette flexibilité. Au départ, il lisait dix minutes par jour à la cafétéria du personnel. Suite à un remaniement de service, son emploi du temps a été raccourci. Plutôt que d'abandonner cette habitude, Ramesh s'est adapté. Il a opté pour un livre audio qu'il écoutait pendant son trajet. Le contexte a changé, mais le comportement fondamental – s'intéresser à de nouvelles idées – est resté intact. Cette adaptabilité a préservé l'élan de l'habitude et a évité le désengagement cognitif et émotionnel qui suit souvent une perturbation.

Il est intéressant de noter que l'adaptabilité n'est pas seulement externe, mais aussi interne. Elle implique un changement d'état d'esprit : la volonté de considérer les erreurs non pas comme des échecs, mais comme des occasions de se réajuster. Cette flexibilité psychologique protège les individus du perfectionnisme qui fait dérailler tant d'efforts bien intentionnés. Elle redéfinit une journée manquée non pas comme une série interrompue, mais comme une pause temporaire. De ce point de vue, l'objectif n'est pas la perfection, mais le retour.

Ces trois principes – cohérence, simplicité et adaptabilité – ne sont pas seulement des outils stratégiques ; ils incarnent une philosophie plus profonde du changement comportemental. Ils suggèrent que la transformation consiste moins à s'imposer un nouveau modèle qu'à composer *avec* les rythmes, les limites et les réalités de sa vie. Ils privilégient la durabilité au spectacle, l'endurance à l'intensité.

De plus, ces modèles soulignent l'importance de la conception. Les habitudes efficaces ne naissent pas du hasard. Elles sont le fruit d'une intégration réfléchie : placer un nouveau comportement dans un contexte familier, le limiter suffisamment pour éviter toute résistance et prévoir des plans d'urgence lorsque la vie s'y prête. En ce sens, la conception d'habitudes devient un acte d'ingénierie personnelle, qui respecte à la fois la psychologie du changement et la variabilité de l'expérience humaine.

Ces fils conducteurs comportent également une dimension relationnelle. Lorsque les habitudes sont cohérentes, simples et adaptatives, elles ont tendance à rayonner vers l'extérieur. Elles affectent non seulement l'individu, mais aussi ses relations, son environnement et sa communauté. Meena, qui a commencé par prendre l'habitude de saluer son équipe chaque matin avec présence et positivité pendant deux minutes, a constaté qu'au fil du temps, la culture de son entreprise avait évolué. Les réunions sont devenues plus collaboratives, le moral s'est amélioré et le turnover a diminué. Ce qui n'était au départ qu'une micro-habitude s'est transformé en contagion culturelle, preuve que le changement de comportement est à la fois personnel et systémique.

Ces discussions réaffirment également l'idée que la transformation ne doit pas nécessairement être immédiate. La plupart des personnes dont les histoires sont citées ici ne se sentaient pas particulièrement différentes après une semaine, voire un mois. Mais elles ont persévéré. Et c'est cet acte – persistant malgré l'absence de véritables étincelles – qui a finalement créé le changement. Cette perspective à long terme est essentielle. Elle nous rappelle que les habitudes qui transforment le plus profondément nos vies sont souvent celles qui, au départ, semblent trop insignifiantes pour avoir de l'importance.

Ce qui rend ces modèles particulièrement stimulants, c'est leur accessibilité. Nul besoin d'être un expert en productivité ni d' une discipline d'élite. Il suffit d'être prêt à commencer petit, à répéter régulièrement et à accepter l'imperfection. Ces qualités ne sont pas réservées à quelques-uns ; ce sont des capacités accessibles à tous ceux qui sont prêts à s'investir avec patience et détermination.

En résumé, les points communs identifiés ici ne se contentent pas d'expliquer le succès de certaines habitudes. Ils offrent une feuille de route – un cadre clair et solide pour bâtir des pratiques durables. Ils remettent en question le mythe selon lequel le changement doit être radical et proposent une alternative plus humaine, efficace et réaliste. Et ils affirment un profond espoir : la vie à laquelle nous aspirons n'est pas le fruit de bouleversements massifs, mais de petites actions délibérées, répétées avec soin.

En comprenant et en appliquant ces principes, les lecteurs acquièrent non seulement des techniques, mais aussi un état d'esprit qui privilégie l'effort à la performance, le processus à la perfection et l'évolution à la transformation radicale. Ce sont là les véritables leviers du changement : subtils, discrets et étonnamment puissants lorsqu'on les laisse agir au fil du temps.

Micro habitudes dans des endroits inattendus

Nous avons tendance à associer les habitudes à l'amélioration personnelle : exercice physique, productivité, soins personnels ou alimentation. L'image traditionnelle de la prise d'habitudes est celle d'un individu, souvent isolé, cherchant à s'améliorer. Pourtant, l'influence des micro-habitudes va bien au-delà des routines personnelles. Mises en œuvre de manière réfléchie, même les plus petites actions peuvent avoir des répercussions dans des contextes inattendus : lieux de travail, salles de classe, établissements de santé, institutions publiques et même espaces numériques. Ces interventions discrètes, souvent négligées en raison de leur ampleur modeste, peuvent engendrer des changements sociaux, structurels et parfois systémiques.

Un exemple probant nous vient d'un hôpital régional du Gujarat, où une infirmière en chef nommée Priyanka a instauré une pratique qui, au départ, semblait purement procédurale. Chaque matin, avant son service, elle prenait deux minutes pour vérifier le stock de fournitures d'urgence essentielles dans le chariot d'urgence. Cela ne faisait pas partie de son rôle officiel ; c'était une simple habitude volontaire, née d'un incident survenu quelques mois plus tôt, lorsqu'un article essentiel avait disparu lors d'une urgence. Son action – spontanée et non récompensée – était constante. Rapidement, d'autres infirmières ont suivi son exemple et, en l'espace d'un an, l'hôpital a constaté une nette amélioration des délais de réponse lors des crises aiguës. Cette pratique est devenue un protocole standard. Ce qui n'était au départ qu'une micro-habitude solitaire s'est transformé en norme culturelle, renforçant l'idée que la sécurité des patients pouvait être assurée par une constance délibérée et sans effort.

L'idée clé ici est que les habitudes, bien qu'ancrées dans l'action individuelle, peuvent engendrer des changements structurels lorsqu'elles se répètent dans un environnement social. Le comportement se propage. Un petit acte accompli dans un espace partagé devient visible. Il crée des attentes, inspire l'imitation et établit des normes. Ce phénomène, parfois appelé contagion comportementale, contribue à expliquer comment des micro-habitudes peuvent prospérer dans des lieux inattendus et produire des résultats disproportionnés.

Prenons aussi l'histoire de Dev, graphiste junior dans une agence de création à Bengaluru. Nouveau venu dans l'entreprise et désireux de faire bonne impression, il se sentait dépassé par le rythme et la compétitivité de l'équipe. Au cours d'une semaine particulièrement stressante, il a commencé à conclure chaque journée en notant la tâche accomplie dont il était fier – une simple phrase. Il ne la partageait pas et n'y accordait pas beaucoup d'importance, si ce n'est son effet apaisant. Mais lors d'une réunion quelques semaines plus tard, lorsqu'on lui a demandé comment il gérait son stress, il a évoqué sa pratique. Intrigué, son responsable a encouragé d'autres personnes à l'essayer. Progressivement, elle s'est répandue dans tous les services. Un petit exercice de réflexion privé est devenu un rituel partagé de reconnaissance. Les employés ont déclaré se sentir plus valorisés et moins épuisés. L'organisation a finalement formalisé cette pratique en un bilan de cinq minutes des « victoires quotidiennes » à la fin de chaque semaine. Cette micro-habitude, née du besoin d'une personne de se calmer, a remodelé la texture émotionnelle d'un lieu de travail.

Dans le domaine de l'éducation, les micro-habitudes peuvent avoir des effets tout aussi surprenants. Un directeur d'école dans une région rurale du Maharashtra a instauré une pratique lors de l'assemblée matinale : un élève, tiré au sort, partageait une histoire personnelle ou une pensée de gratitude de deux minutes. Initialement accueillie avec gêne et hésitation, cette habitude s'est installée en quelques semaines. Les élèves ont commencé à préparer leurs réflexions à l'avance. Les élèves timides se sont portés volontaires. La qualité de l'attention entre pairs s'est améliorée. Au fil du temps, les enseignants ont constaté un changement dans la dynamique de classe : plus d'ouverture, plus d'empathie et moins de problèmes de comportement. Ce changement n'était pas le résultat d'une refonte radicale du programme scolaire ni d'une intervention extérieure. Il s'agissait d'une micro-habitude ancrée dans un rituel déjà existant. Son succès ne tenait pas à sa nouveauté, mais à son accessibilité émotionnelle et à sa visibilité sociale.

Ce qui rend ces exemples remarquables, ce n'est pas seulement le résultat, mais la manière dont le changement s'est opéré. Les micro-habitudes prospèrent là où on ne s'y attend pas, car elles évitent la résistance cognitive et logistique associée aux initiatives de plus grande envergure. Une action de deux minutes est facile à tester, requiert rarement l'approbation institutionnelle et ne provoque pas de réactions défensives. Sa petitesse fait sa force. Elle passe inaperçue jusqu'à ce que ses bénéfices deviennent trop visibles pour être ignorés.

Même dans les environnements numériques – sans doute l'espace le moins intuitif pour développer des habitudes – les micro-habitudes peuvent exercer une influence surprenante. Prenons le cas d'une équipe de développement logiciel à distance, répartie sur trois fuseaux horaires. La communication était devenue irrégulière et laconique. Un membre de l'équipe, Jelani, basé à Nairobi, a pris l'habitude de commencer chaque message de groupe par une salutation personnelle et de le terminer par une remarque encourageante. Simple, presque trivial. Mais au bout de deux semaines, d'autres ont suivi. Un canal Slack, autrefois purement transactionnel, est devenu un espace humain. La cohésion d'équipe s'est améliorée, les malentendus ont diminué et les retards de projet se sont atténués. Ce n'est pas l'outil qui a changé, mais le comportement qui l'animait. Une micro-habitude, mise en œuvre avec intention et cohérence, a humanisé un média souvent perçu comme impersonnel.

Les espaces publics peuvent également bénéficier de ces habitudes. Dans une station de métro de Delhi, un groupe de bénévoles a lancé une campagne de micro-habitudes : ils se sont postés près des escalators et ont gentiment rappelé aux usagers de se placer d'un côté et de laisser l'autre libre pour marcher. L'interaction n'a pas duré plus de cinq secondes. Au début, le rappel a suscité la confusion, voire l'indifférence. Mais après des semaines de répétition, les habitudes ont évolué. Les usagers réguliers ont commencé à le rappeler aux autres. L'habitude est passée du plaidoyer à l'autorégulation. Finalement, la signalisation de la station a été modernisée pour soutenir cette pratique. La fluidité s'est améliorée. La frustration a diminué. Ce qui n'était au départ qu'un petit coup de pouce comportemental est devenu un élément accepté du mouvement de foule. L'habitude a survécu aux bénévoles.

De tels exemples nous invitent à repenser les espaces où le changement d'habitudes est possible. On suppose souvent que la transformation doit être personnelle et privée. Mais le succès des micro-habitudes dans des contextes communautaires ou institutionnels prouve le contraire. Dans ces environnements, les habitudes ne servent pas seulement l'individu : elles contribuent à un rythme collectif. Lorsque ce rythme est influencé par de petits apports positifs, la culture elle-même évolue.

Ceci est particulièrement pertinent dans les contextes où les ressources sont limitées et où les interventions à grande échelle sont peu pratiques. Dans les secteurs de la santé, de l'éducation et des infrastructures publiques, de petits changements d'habitudes peuvent offrir des résultats considérables. Une micro-habitude consistant à saluer les patients par leur nom dans une clinique bondée. La pratique d'un bibliothécaire consistant à placer un livre attrayant au premier plan de chaque étagère. Un concierge qui veille à ce que le tableau d'affichage d'un bâtiment soit propre et à jour. Ces actions peuvent ne pas sembler transformatrices prises isolément. Mais avec le temps, elles façonnent les expériences, améliorent le moral et créent des environnements plus fluides.

Ces exemples illustrent une vérité plus vaste : les micro-habitudes ne sont pas seulement des outils d'amélioration personnelle, mais des actes de leadership discret. Mis en œuvre de manière cohérente et réfléchie, ils illustrent une nouvelle façon d'interagir avec le monde. Ils invitent les autres à reconsidérer leurs possibilités. Ils offrent une forme d'influence subtile mais persuasive, non pas par l'instruction, mais par l'exemple.

Cette compréhension a des implications importantes pour quiconque cherche à diriger, gérer ou inspirer le changement. Plutôt que de commencer par des réformes radicales ou des systèmes complexes, et si nous commencions par un petit geste efficace ? Et si nous mettions l'accent non pas sur la transformation à grande échelle, mais sur l'action à l'échelle humaine ? Ces questions ne sont pas rhétoriques, elles sont stratégiques. Elles offrent une perspective permettant de rendre les environnements complexes plus humains, plus efficaces et plus résilients.

Les micro-habitudes, présentes dans des lieux inattendus, remettent en question nos hypothèses sur la façon dont le changement se produit. Elles nous montrent que l'importance n'est pas fonction de la taille. Que les progrès ne sont pas toujours visibles au premier abord. Et que les changements les plus significatifs naissent souvent non pas de ce que nous mettons en œuvre à grande échelle, mais de ce que nous répétons discrètement.

En exploitant le potentiel de ces petits gestes, nous libérons une forme d'action à la fois accessible et durable. Que ce soit dans un couloir d'hôpital, une salle de classe, une conversation virtuelle ou une place publique, une bonne habitude, appliquée systématiquement, peut faire basculer un système. La leçon est simple : ne jamais sous-estimer le pouvoir de quelques bonnes secondes, répétées avec soin. L'impact peut être bien plus important que prévu.

Votre histoire commence maintenant

Chaque histoire de ce livre a un but précis : non seulement informer ou divertir, mais aussi illustrer qu'un changement profond n'est pas réservé à l'extraordinaire. Elle est accessible à quiconque est prêt à s'y mettre, même modestement. L'histoire finale, et sans doute la plus importante, est la vôtre. Ce chapitre n'est pas une fin. C'est une invitation : une page ouverte qui attend votre plume, votre intention et votre volonté de faire le plus petit pas en avant. Il s'agit de devenir votre propre étude de cas, non pas par une transformation radicale, mais en appliquant ce que vous savez désormais sur les micro-habitudes : qu'elles sont réalisables, durables et étonnamment transformatrices lorsqu'elles sont pratiquées avec constance et soin.

Il est tentant de penser que les personnes qui réussissent le changement sont fondamentalement différentes : plus disciplinées, plus organisées, plus motivées. Mais ce livre a clairement démontré que de telles hypothèses sont non seulement trompeuses, mais contreproductives. Les personnes dont vous avez rencontré les histoires ont été confrontées aux mêmes limites, doutes et revers que la plupart d'entre nous. Ce qui a distingué leurs résultats n'était pas le talent ou l'intensité, mais l'intention exprimée à travers des actions simples et cohérentes.

Prenons l'exemple de Shreya, une responsable RH de 38 ans qui a lutté pendant plus de dix ans contre le burn-out. Après avoir pris connaissance de la règle des deux minutes, elle a décidé d'adopter une micro-habitude : respirer profondément pendant soixante secondes avant chaque réunion. Au début, l'effet semblait négligeable. Mais avec le temps, ce bref rituel l'a ancrée. Elle est devenue moins réactive, plus attentive et plus présente. Ses collègues l'ont remarqué. Elle l'a ressenti aussi, non pas comme une révélation éclair, mais comme un soulagement progressif. Cette pratique, facile à mettre en œuvre et impossible à excuser, est finalement devenue la pierre angulaire d'un changement plus profond dans sa façon de gérer son énergie et ses attentes. Shreya n'est pas devenue une autre personne. Elle s'est davantage alignée avec la personne qu'elle voulait déjà être.

À vous maintenant de découvrir à quoi ressemble cet alignement dans votre contexte. Personne ne peut vous prescrire l'habitude exacte à adopter. C'est là toute la beauté et la responsabilité de ce processus. Vous en êtes l'architecte. La question n'est pas : « Quelle est la meilleure habitude pour commencer ? », mais plutôt : « Quelle petite action reflète la personne que je veux devenir ? » La réponse à cette question n'a pas besoin d'être astucieuse ou impressionnante. Elle doit simplement être reproductible.

Peut-être avez-vous toujours rêvé de lire régulièrement, mais n'avez-vous jamais trouvé le temps. Pourriez-vous commencer par lire un paragraphe par jour ? Ou peut-être souhaitez-vous privilégier vos relations. Seriez-vous prêt à envoyer un court message de reconnaissance à une personne chaque soir ? Ce ne sont pas des gestes anodins. Ce sont des expressions de valeur, inscrites dans le temps. Ce sont des affirmations d'identité concrétisées par le comportement. Avec le temps, elles deviennent des habitudes. Et les habitudes deviennent des histoires.

Le passage du statut de lecteur à celui de participant est subtil mais significatif. Il ne nécessite ni fanfare ni annonce officielle. Ce qu'il exige, c'est un engagement – non pas envers un résultat, mais envers une pratique. C'est là que réside le véritable pouvoir. Une fois cet état d'esprit adopté, on commence à voir le monde différemment. On cesse d'attendre le bon moment ou les conditions idéales. On réalise que la seule chose requise pour se lancer est la volonté de faire quelque chose de si petit qu'il est presque impossible d'échouer.

Prenons l'exemple d'Amit, un étudiant universitaire jonglant entre la pression académique et un travail à temps partiel. Pendant des années, il aspirait à l'écriture créative, mais se sentait dépassé par la page blanche. Après avoir découvert l'idée des micro-habitudes identitaires, il a commencé à écrire une phrase chaque soir avant de se coucher. Certains soirs, c'était tout ce qu'il pouvait écrire. D'autres soirs, cela se transformait en paragraphes. Ce qui comptait, ce n'était pas le résultat, mais le fait d'être présent. En six mois, il avait un dossier rempli de fragments d'histoires. À la fin de l'année, il avait terminé trois nouvelles. Il n'avait pas l'intention de devenir prolifique. Il avait simplement décidé de devenir quelqu'un qui écrit quotidiennement, et le reste a suivi.

Vous aussi, vous avez la capacité de façonner votre récit, non pas en le déclarant, mais en le vivant petit à petit. Cela implique d'adopter une vision à long terme. Les résultats peuvent être retardés et la motivation inévitablement vaciller. Mais c'est précisément ce à quoi les micro-habitudes sont conçues pour résister. Leur simplicité les rend durables. Leur taille les rend gérables. Et leur répétition leur donne du sens.

Cela ne veut pas dire que chaque habitude réussira immédiatement. Certaines nécessiteront peut-être un ajustement. D'autres révéleront peut-être que votre véritable priorité est ailleurs. Cela fait partie du processus. L'objectif n'est pas la perfection, mais l'engagement. Soyez attentif à la façon dont vous ressentez chaque habitude. Observez ce qui vous dynamise, ce qui crée une résistance, ce qui s'estompe et ce qui perdure. Ce faisant, vous deviendrez à la fois le praticien et le chercheur de vos propres expériences comportementales.

L'un des effets les plus marquants de devenir son propre cas d'étude est la façon dont il transforme son rapport à l'effort. Plutôt que de considérer le travail acharné comme une corvée, on commence à apprécier l'effort comme une forme d'alignement : nos actions quotidiennes correspondent à nos valeurs profondes. Ce sentiment de congruence est non seulement satisfaisant, mais aussi psychologiquement nourrissant. Il renforce la confiance en soi. On commence à croire, non pas par une affirmation abstraite, mais parce qu'on a des preuves – des preuves habituelles et comportementales – que l'on est capable de changer.

Et cette croyance se propage. Elle se propage à d'autres domaines de la vie. En agissant régulièrement, petit à petit, dans un domaine, on est plus enclin à essayer quelque chose de nouveau dans un autre. Une personne qui prend l'habitude de boire de l'eau dès le matin peut trouver plus facile de s'étirer. Une personne qui commence par deux minutes de méditation peut progressivement développer une plus grande conscience émotionnelle tout au long de la journée. Ces effets d'entraînement ne sont pas artificiels ; ils émergent. Ils naissent du sentiment de cohérence qui naît du fait d'agir conformément à ses intentions.

Lorsque vous commencez à créer vos propres micro-habitudes, n'oubliez pas que la visibilité est importante. Suivez votre habitude. Créez un repère visuel. Partagez-le avec un ami si vous vous sentez à l'aise. Ces petits renforcements amplifient le comportement et signalent son importance à votre subconscient. Au fil du temps, ces repères créent une dynamique, qui conduit au renforcement de l'identité, lequel, à son tour, entretient le comportement. C'est un cercle vertueux, doucement enclenché par le simple fait de commencer.

Ce processus met également en lumière l'importance de l'auto-compassion. Vous manquerez des journées. Vous oublierez, trébucherez et ressentirez parfois de la frustration. Cela fait partie de l'histoire. L'important n'est pas d'éviter les échecs, mais de les surmonter. La résilience n'est pas l'absence d'erreurs, mais la volonté de recommencer sans jugement. Et chaque fois que vous le faites, vous renforcez votre conviction d'être quelqu'un qui se montre présent. C'est là le véritable don des micro-habitudes : elles offrent d'infinies possibilités de renouvellement.

Choisir de commencer votre histoire n'est pas une question d'ambition, mais plutôt une question d'auteur. Êtes-vous prêt à écrire le prochain chapitre de votre vie avec clarté, intention et soin ? Êtes-vous prêt à considérer votre vie non pas comme un événement qui vous arrive, mais comme quelque chose que vous co-créez par de petites actions répétées ?

Vous avez les connaissances. Vous avez les outils. Vous avez lu les histoires. C'est le moment de faire le premier pas, pas demain, ni la semaine prochaine, mais maintenant. Non pas parce que vous y êtes obligé, mais parce que vous le pouvez. Car toute grande transformation, sans exception, commence par un acte simple. Le vôtre peut être aussi simple que de lacer vos chaussures et de sortir. Ou d'éteindre votre téléphone deux minutes. Ou d'écrire un mot.

Quoi qu'il en soit, faites-le en toute conscience. Que ce soit votre déclaration. Que ce soit votre commencement. Votre histoire n'est pas derrière vous, elle se déroule sous vos pieds. Et dès maintenant, vous n'êtes plus seulement un lecteur du changement des autres. Vous êtes le protagoniste du vôtre.

Conclusion
Votre transformation en 2 minutes commence aujourd'hui

Les mots que vous lisez n'ont jamais été conçus pour rester immobiles sur ces pages. Ils sont conçus pour se mouvoir dans vos pensées, vos décisions et le rythme de votre quotidien. Au cœur de ce livre se trouve une idée d'une simplicité trompeuse : de petites actions, menées avec constance, peuvent conduire à des changements remarquables. Et maintenant, alors que nous approchons de la fin de cette exploration, le véritable travail commence, non pas en théorie, mais en pratique. Votre transformation en deux minutes ne dépend pas de votre discipline, de votre énergie ou de votre motivation du moment. Elle commence par un petit acte intentionnel que vous pouvez accomplir dès maintenant, où que vous soyez et quoi que vous ayez accompli auparavant.

Tout au long de ce livre, nous avons décortiqué les différentes couches de la formation des habitudes – les processus par lesquels les comportements s'enracinent, se développent et s'ancrent. Nous avons commencé par repenser la signification réelle du changement. Au lieu de nous fier à la seule volonté, nous avons étudié le fonctionnement des micro-habitudes : elles réduisent les frictions, contournent les résistances et rendent le comportement naturel plutôt que forcé. En nous inspirant du cycle signal-routine-récompense – un cadre fondé sur la psychologie et les neurosciences –, nous avons découvert que chaque habitude suit un schéma prévisible, que nous avons le pouvoir de remodeler consciemment.

Nous avons également expliqué pourquoi la motivation est souvent une force peu fiable, surtout dans les moments où nous en avons le plus besoin. Nous avons plutôt présenté des alternatives plus fiables : concevoir son environnement, s'adapter à son identité et simplifier ses actions. Grâce à la règle des deux minutes – choisir des habitudes qui prennent deux minutes ou moins à réaliser – nous avons exploré comment même les plus petits rituels, qu'il s'agisse d'écrire une phrase, de s'étirer brièvement ou de boire un verre d'eau, peuvent servir de passerelle vers un changement durable. Ces actions, apparemment insignifiantes, ont le pouvoir de créer une dynamique. Et cette dynamique, comme vous le verrez, a un effet cumulatif.

Dans notre exploration de la science du changement, nous avons découvert des idées clés de l'économie comportementale, comme l'aversion aux pertes et le biais par défaut, qui façonnent notre façon de prendre des décisions. Nous avons examiné comment le système de récompense du cerveau réagit aux petites victoires, en particulier le rôle de la dopamine dans le renforcement de nos actions. Mais surtout, nous avons découvert la boucle identitaire : chaque petite action que vous entreprenez est, en quelque sorte, un vote pour le type de personne que vous pensez être. Vos habitudes ne reflètent pas seulement qui vous êtes : elles contribuent à façonner qui vous devenez.

Les histoires racontées tout au long de ces chapitres ont été à la fois des preuves et des sources d'inspiration. Elles ont montré comment des personnes de tous horizons ont utilisé des micro-habitudes non seulement pour changer leurs habitudes, mais aussi pour transformer leur état d'esprit, leur confiance et leur sens de l'action. Prenons l'exemple de l'enseignante épuisée qui a retrouvé la joie grâce à une pratique quotidienne de gratitude. De la professionnelle débordée qui a retrouvé sa concentration en commençant chaque journée par un moment d'intention. Du retraité isolé qui a renoué avec sa communauté en saluant simplement son voisin. Aucune de ces transformations n'a nécessité de bouleversement radical ; il suffit de s'engager dans une petite action, réalisée régulièrement et au fil du temps.

Maintenant, alors que nous passons de l'apprentissage à l'action, la question devient cruciale : quelle sera votre habitude de deux minutes ? Quelle action simple pouvez-vous entreprendre aujourd'hui – oui, aujourd'hui – et qui servira de point de départ à un changement plus profond ? Ce n'est pas une question rhétorique ; c'est une véritable incitation. La réponse peut paraître évidente, ou nécessiter une réflexion. Quoi qu'il en soit, l'habitude doit être si facile, si fluide, qu'il n'y a aucune excuse pour ne pas la mettre en pratique.

Il peut s'agir d'un rituel matinal, comme poser son téléphone face vers le bas pendant qu'on se prépare une tasse de thé. Il peut s'agir d'un rapide ajustement de posture, comme se redresser toutes les heures et prendre une profonde inspiration. Il peut s'agir d'une activité sociale, comme envoyer un court message à une personne appréciée, ou d'une activité plus réfléchie, comme noter une chose apprise chaque jour. L'habitude elle-même n'est pas ce qui compte le plus. Ce qui compte, c'est la constance avec laquelle on la pratique. La véritable transformation ne réside pas dans l'habitude elle-même, mais dans l' identité qu'elle renforce : je suis quelqu'un qui se donne à fond.

Vous découvrirez, souvent en quelques jours seulement, que la mise en œuvre de cette petite habitude commence à changer votre perception de vous-même. Vous commencez à avoir davantage confiance en vous. Vous n'attendez plus un changement radical ou un regain de motivation. Vous devenez plutôt quelqu'un qui progresse intentionnellement, sans s'en rendre compte. Ce changement intérieur, bien que subtil, est incroyablement puissant. Il influence votre façon d'aborder les défis, de rebondir après un échec et d'atteindre vos objectifs à long terme.

Prenons un instant pour clarifier ce que cette approche n'est pas. Les micro-habitudes ne sont pas une solution miracle. Elles ne résoudront pas toutes les difficultés et ne garantiront pas une progression fluide et linéaire. Mais elles offrent quelque chose de bien plus fiable qu'une inspiration fugace : la fiabilité. Lorsque tout autour de vous semble incertain, lorsque votre énergie s'épuise et que le monde vous semble lourd, les micro-habitudes demeurent. Elles sont une bouée de sauvetage, un chemin stable à suivre, un doux rappel que vous n'êtes pas impuissant. Vous avez toujours la possibilité d'agir, même par petites touches.

Et cette petite action est plus importante qu'on ne le pense. L'effet cumulatif de ces petites actions positives est profond. Les résultats ne sont pas toujours immédiats et, de fait, beaucoup abandonnent leurs habitudes parce que le changement ne semble pas instantané. Mais les micro-habitudes suivent une courbe à retardement. Leur impact se construit discrètement, sous la surface, jusqu'au jour où l'on réalise qu'on est devenu quelqu'un qui lit tous les jours, qui bouge régulièrement ou qui respire profondément avant de réagir. Et cette prise de conscience – que l'on a déjà changé – est ce qui nous fait croire aux possibilités futures.

C'est là, en substance, le fil conducteur de ce livre. Il ne s'agit pas de se réinventer ou de devenir quelqu'un de radicalement différent ; il s'agit de révéler le potentiel qui a toujours existé, en attendant que les conditions propices émergent. Les micro-habitudes sont simplement les outils qui démantèlent les résistances, facilitent l'action et renforcent les valeurs qui nous sont chères. Elles nous montrent que le changement ne consiste pas à viser l'extraordinaire, mais à rester cohérent par de petits gestes significatifs.

Alors, pour conclure ce chapitre, que ceci soit votre point de départ. Choisissez quelque chose, aussi petit soit-il, et commencez dès aujourd'hui. Pas demain, pas quand la vie se calmera, pas quand votre agenda le permettra. Aujourd'hui. Deux minutes suffisent pour vous signaler que vous êtes prêt, que vous êtes engagé, que vous n'attendez pas le changement, mais que vous y participez activement.

Votre histoire n'est pas figée. Elle se déroule. Chaque petite action que vous entreprenez est une ligne de dialogue, un paragraphe, une phrase. Au fil du temps, ces moments s'accumulent. Ils deviennent des habitudes, et ces habitudes s'entremêlent pour façonner votre vie. Et cette vie, façonnée par une action délibérée et consciente, devient votre transformation – non pas parce qu'elle est arrivée soudainement, mais parce qu'elle s'est construite progressivement.

Que ce soit votre conclusion. Nul besoin de bouleverser votre vie pour la changer. Il vous suffit de commencer par ce que vous pouvez faire, là où vous êtes, avec ce que vous avez. Car la véritable différence entre l'intention et la transformation réside dans l'action. Et l'action commence par quelque chose que vous pouvez faire en deux minutes ou moins.

Commencez maintenant. Parce que, vraiment, c'est toujours le bon moment.

Récapitulatif des concepts de base

Alors que nous approchons de la fin de ce livre, il est important de revenir sur les idées centrales qui ont façonné le récit. Si chaque chapitre propose des perspectives uniques et des stratégies pratiques, ils s'articulent tous autour d'un principe unificateur : la transformation n'exige pas de changements radicaux, mais naît plutôt de petites actions intentionnelles et durables. Le concept de micro-habitudes – des comportements simples qui prennent deux minutes ou moins – constitue le mécanisme fondamental par lequel cette transformation devient accessible, reproductible et durable.

Le livre s'ouvre sur le démantèlement du modèle conventionnel de changement de comportement, trop souvent basé sur de grandes intentions, une forte motivation et des objectifs rigides. Ces approches traditionnelles, bien qu'ambitieuses, ont tendance à s'effondrer sous le poids de leurs propres attentes. La vie, avec ses fluctuations et son imprévisibilité, s'accommode rarement de schémas rigides. Les micro-habitudes, en revanche, sont malléables. Leur beauté réside dans leur simplicité et leur génie dans leur subtilité. Elles réduisent les résistances, contournent le perfectionnisme et sèment les graines d'une transformation identitaire – discrètement, mais avec force.

Nous avons exploré les mécanismes de formation des habitudes, en commençant par une définition claire de ce qu'est une habitude : un comportement répété suffisamment régulièrement pour devenir automatique. Les habitudes ne sont pas de simples tâches que nous accomplissons ; elles constituent l'architecture de notre quotidien. Une grande partie de nos actions, pensées et sentiments sont influencés par elles, souvent de manière inconsciente. Forts de ce constat, nous avons décrypté la boucle de l'habitude – signal, routine et récompense – un modèle qui clarifie la manière dont les comportements sont initiés, maintenus et renforcés. En apprenant à manipuler les éléments de cette boucle, les lecteurs ont découvert comment remplacer les schémas inutiles par d'autres plus en phase avec leurs valeurs et leurs aspirations.

En approfondissant les fondements psychologiques, l'ouvrage met en évidence le rôle des circuits cérébraux de récompense, notamment la fonction de la dopamine, dans le renforcement des comportements. Nous avons expliqué comment même les plus petites victoires peuvent susciter un sentiment d'accomplissement et inciter le cerveau à répéter l'action. Cette boucle de rétroaction neurologique est l'une des raisons pour lesquelles les micro-habitudes fonctionnent si bien. Un comportement de deux minutes générant un petit succès déclenche une réponse de récompense, qui encourage ensuite la répétition. Au fil du temps, ce schéma renforce les voies neuronales et ouvre la voie à la croissance organique d'habitudes plus substantielles.

Nous avons également abordé le concept de neuroplasticité, la capacité du cerveau à se transformer au fil de l'expérience. Chaque fois que nous répétons une micro- habitude, nous recâblons physiquement nos réseaux neuronaux. Cette connaissance à elle seule est profondément stimulante. Elle transforme le changement d'abstrait en tangible. Le cerveau n'est pas figé. Le comportement n'est pas une fatalité. Grâce aux micro-habitudes, nous pouvons nous reprogrammer, une décision à la fois.

Une idée centrale, reprise tout au long du livre, est que la motivation, bien qu'utile par à-coups, est intrinsèquement peu fiable. Trop souvent, on attend l'humeur idéale ou le bon niveau d'inspiration pour agir. Or, les recherches comportementales montrent systématiquement que l'action précède plus souvent la motivation qu'elle ne la suit. Ce livre encourage les lecteurs à abandonner la motivation comme moteur principal et à s'appuyer plutôt sur la structure, la conception et le soutien environnemental. Lorsque le contexte est propice à la réussite – lorsque les signaux sont visibles et les habitudes simples –, le changement de comportement dépend moins des états internes et davantage des systèmes externes.

Pour appuyer cette démarche, nous avons introduit la règle des deux minutes, un principe selon lequel toute habitude doit être réalisable en deux minutes ou moins. Cette contrainte, plutôt que limitative, libère. Elle élimine les excuses, surmonte l'inertie et crée un point d'ancrage psychologique. Les lecteurs ont appris que plier une chemise suffit à développer une habitude de rangement, qu'écrire une phrase peut mener à l'achèvement d'un roman et que s'immobiliser le temps d'une respiration peut se transformer en pratique méditative. La puissance ne réside pas dans l'ampleur de l'action, mais dans sa cohérence et son alignement identitaire.

L'identité elle-même est devenue un thème récurrent. Nous avons examiné comment les habitudes font plus que produire des résultats : elles façonnent l'image de soi. Chaque action que nous entreprenons est un vote pour le type de personne que nous pensons devenir. En nous concentrant non pas sur les résultats, mais sur l'identité – être une personne qui fait de l'exercice, qui planifie, qui écoute – nous ancrons le changement dans une motivation plus profonde. Les objectifs peuvent aller et venir, mais l'identité, une fois intériorisée, continue d'influencer le comportement bien après que l'objectif initial se soit estompé. Il a été démontré que ce concept « Je suis le type de personne qui… » engendre un engagement plus fort envers les habitudes, car il dépasse la conformité superficielle et s'adresse directement aux valeurs.

Un autre pilier essentiel était la conception de l'environnement. Plutôt que de dépendre de la discipline, les lecteurs étaient encouragés à manipuler leur environnement de manière à faciliter les comportements souhaitables et à complexifier les comportements indésirables. Un plan de travail de cuisine épuré invite à une préparation plus saine des repas. Un livre posé sur l'oreiller invite à la lecture nocturne. Ces petits changements réduisent les frictions et favorisent l'automatisme. L'environnement devient un partenaire silencieux de votre contrat comportemental : il est solidaire, réactif et persévérant.

Nous avons également discuté du rôle du contexte social. Les habitudes n'existent pas en vase clos ; elles sont influencées, façonnées et parfois sabotées par notre entourage. Le renforcement social, la responsabilisation et les normes culturelles influencent tous la facilité avec laquelle une habitude s'enracine. Qu'il s'agisse d'adopter une habitude positive par l'exemple des pairs ou d'ancrer un comportement dans une pratique collective, les micro-habitudes socialement ancrées ont tendance à s'épanouir plus facilement que celles pratiquées isolément.

Le livre s'est attaché à comprendre les obstacles courants à la formation d'habitudes : la procrastination, le perfectionnisme et la peur de l'échec. Plutôt que de se contenter de diagnostiquer ces problèmes, il a proposé des contre-stratégies – comme les dispositifs d'engagement, l'accumulation d'habitudes et le suivi visuel – pour neutraliser leur influence. Les lecteurs ont appris que la perfection est non seulement inutile, mais souvent un obstacle au progrès. C'est plutôt par l'imperfection répétée – petites tentatives, corrections de cap et engagement constant – que la maîtrise s'acquiert.

Tout au long des chapitres, les histoires ont été utilisées non pas comme des embellissements, mais comme des preuves. Des personnes réelles, dans des contextes variés, ont démontré comment les micro-habitudes peuvent entraîner des changements significatifs, non pas du jour au lendemain, mais au fil du temps. Leurs expériences ont mis en lumière une vérité essentielle : les principes de ce livre ne sont pas hypothétiques. Ils sont éprouvés, vécus et reproductibles.

L'un des enseignements les plus encourageants est que les habitudes évoluent. Ce qui commence comme une micro-habitude peut se développer naturellement. Un lecteur qui commence par une pompe peut se retrouver à terminer une séance d'entraînement complète six mois plus tard. Quelqu'un qui s'engage à économiser dix roupies par jour peut terminer l'année avec un sentiment renouvelé de maîtrise financière. Ce ne sont pas des contes de fées. Ce sont des résultats courants pour ceux qui commencent modestement et persistent.

Nous avons également exploré comment différents aspects de la vie – santé, relations, productivité, bien-être mental et finances – peuvent être façonnés par les micro-habitudes. Des exemples concrets ont été proposés non pas pour prescrire un comportement, mais pour inspirer la créativité. L'objectif n'était pas de copier des routines, mais d'aider les lecteurs à découvrir les habitudes qui leur correspondent le mieux et qui leur sont les plus significatives.

Dans les derniers chapitres, nous avons examiné les implications plus larges. Les micro-habitudes ne modifient pas seulement les comportements, elles transforment les récits. Lorsqu'une personne s'engage dans une petite action, elle fait plus qu'accomplir une tâche. Elle réécrit une histoire qui était peut-être enlisée dans des schémas de frustration, de stagnation ou de honte. Elle renforce sa confiance en elle. Et à mesure qu'elle réussit, même progressivement, elle commence à croire en la possibilité du changement.

Cette croyance est peut-être l'habitude la plus puissante de toutes.

Ce livre a pour objectif d'offrir non seulement un système, mais une philosophie. Une philosophie qui respecte les contraintes de la vie moderne, honore l'individualité de chaque lecteur et privilégie le progrès à la perfection. Une philosophie qui affirme avec assurance que chacun peut changer, sans attendre la motivation, sans rechercher les extrêmes et sans avoir besoin d'être extraordinaire.

S'il y a un message à transmettre, c'est celui-ci : le petit n'est pas anodin. Le petit est stratégique. Et pratiqué avec constance, le petit devient invincible. Votre action de deux minutes, répétée pendant des semaines et des mois, devient non seulement une habitude, mais une structure de vie. Elle devient la preuve de vos valeurs, le reflet de vos priorités et la pierre angulaire de votre avenir.

En vous tournant vers cet avenir, faites-le avec intention. Laissez les connaissances acquises se refléter dans votre comportement. Imprégnez-les de vos matinées, de votre travail, de vos conversations et de votre repos. Chaque habitude de deux minutes est un choix d'agir avec détermination. Et chaque choix, aussi petit soit-il, est un fil conducteur de la vie que vous construisez actuellement – avec réflexion, habileté et selon vos propres conditions.

Un appel à l'action

Dans tout apprentissage, il arrive un moment où la contemplation doit céder la place à l'action. Les idées, les cadres et les récits présentés dans ce livre ont été soigneusement élaborés non seulement pour informer, mais aussi pour initier un changement : un mouvement pratique, ancré et profondément personnel, de la prise de conscience à l'application. Ce moment, s'il n'est pas déjà arrivé, arrive maintenant. Il ne s'agit pas d'un geste rhétorique ni d'un procédé littéraire. Il s'agit d'un appel réel et pressant à agir, à s'engager dans une micro-habitude qui marque le début d'une démarche intentionnelle, durable et profondément transformatrice.

Le changement, comme nous l'avons vu, ne surgit pas de révélations soudaines ou de déclarations fracassantes. Il se développe progressivement, par des comportements délibérés et gérables, répétés avec constance. C'est peut-être l'une des idées les plus libératrices du paysage moderne du développement personnel : nul besoin de repenser sa vie pour la changer. Nul besoin d'être énergique, inspiré ou parfait. Il suffit de commencer.

Ce début n'a pas besoin d'être audacieux. En fait, il ne devrait pas l'être. Le génie des micro-habitudes réside dans leur simplicité. Une simple pompe. Une respiration consciente. Le fait de remplir un verre d'eau. La discipline d'écrire une phrase. Ce ne sont pas des lignes d'arrivée. Ce sont des points d'entrée comportementaux. Elles ne vous demandent presque rien, d'où leur puissance. Elles contournent les résistances internes et les excuses externes, offrant une voie à suivre immédiate et réalisable.

Alors, quelle sera votre habitude de deux minutes ?

C'est une question que vous seul pouvez résoudre. Pourtant, ce n'est pas une question à remettre à plus tard. Trop souvent, nous retardons le changement parce que le chemin paraît compliqué. Nous craignons l'engagement. Nous recherchons la stratégie parfaite. Mais la perfection est l'ennemie du progrès, et les micro-habitudes révèlent cette illusion. Vous n'avez pas besoin de l'habitude parfaite, mais d'une habitude de départ. Une habitude si petite qu'il semble presque ridicule de lui refuser. Et dès ce premier acte, l'élan prend forme.

Prenons l'exemple de Ravi, un jeune avocat accablé par la pression des longues heures de travail et des échéances incessantes. Sa santé était passée au second plan. Motivé par l'idée que même les personnes les plus occupées peuvent développer des micro-habitudes, il a décidé de s'asseoir contre un mur chaque matin avant de partir travailler. Cela lui a pris moins de trente secondes. En quelques semaines, il a ajouté un étirement. Il a fini par effectuer de courtes routines de mobilité qui l'ont aidé à soulager ses douleurs dorsales chroniques. La première habitude ne nécessitait ni tenue de sport, ni temps supplémentaire, ni changement radical de mode de vie. Elle exigeait de la présence. Un choix. Répété.

Prenons l'exemple d'Alina, graphiste dont l'étincelle créative s'était émoussée sous le poids d'un travail client monotone. Plutôt que d'attendre que l'inspiration revienne, elle s'est imposé une règle : dessiner un objet chaque soir. Un seul. Certains soirs, c'était une tasse à café ou un arbre. D'autres, une simple forme abstraite. Cette pratique a ravivé sa curiosité. Sans objectif commercial, sans repère artistique, elle l'a pourtant aidée à redécouvrir le plaisir de créer, et a finalement donné naissance à un projet d'illustration personnel qui a évolué vers une activité indépendante.

Ce ne sont pas des récits dramatiques. C'est précisément ce qui les rend captivants. Ils reflètent l'ordinaire, le réel, l'humain. Ils démontrent que l'architecture d'une vie transformée commence souvent par des comportements si petits qu'ils semblent anodins. Pourtant, ils sont tout sauf cela. Ils sont la preuve que le changement est accessible, et non une aspiration.

Si vous ne savez toujours pas par où commencer, réfléchissez non pas à ce que vous souhaitez accomplir, mais à la personne que vous souhaitez devenir. L'identité précède le résultat. Souhaitez-vous être présent, sain, concentré, bienveillant ou créatif ? Choisissez un aspect. Identifiez un comportement qui renforce cette identité. Réduisez-le ensuite jusqu'à ce qu'il tienne en deux minutes ou moins. Cela peut ne pas sembler significatif au début. Mais le sens émerge à force de répétition. L'acte devient symbolique. Il devient une déclaration : *je choisis de me montrer présent pour moi-même.*

Il est important de noter que le monde fait rarement de la place à ces engagements discrets. Il y aura toujours quelque chose de plus urgent, de plus bruyant ou de plus important en apparence. C'est pourquoi l'adoption d'une micro-habitude est si importante. Ce n'est pas une question de temps, c'est une question de priorité. Vous vous dites que même dans un monde chaotique et exigeant, vous n'êtes pas perdu. Vous créez un point de stabilité, un rituel d'alignement personnel.

Il y a aussi un avantage caché. Le simple fait d'agir régulièrement revigore votre confiance en vous. Nombreux sont ceux qui portent en eux la honte silencieuse des promesses non tenues – faire du sport, écrire, méditer, épargner. Ces manquements accumulés minent la confiance en soi. Mais les micro-habitudes offrent une chance de la reconstruire. Chaque petite action accomplie renforce l'idée que vous êtes capable, que votre parole a du poids. Et lorsque cette confiance revient, votre confiance en ce qui est possible revient aussi.

Rien de tout cela ne nécessite de validation extérieure. Inutile d'en parler, de l'annoncer ou d'attendre une reconnaissance. La véritable récompense est intérieure. C'est la satisfaction d'être en mouvement, d'agir en accord avec ses valeurs. Avec le temps, les autres le remarqueront peut-être. Votre énergie changera peut-être. Votre concentration s'affinera peut-être. Mais ce n'est qu'un effet secondaire, pas le but. Le but est de devenir quelqu'un qui agit, même infime, sans attendre les conditions idéales.

Voilà l'invitation de ce moment. Arrêter de lire, de réfléchir ou de planifier, et agir. Choisissez une habitude. Décidez quand et où elle se produira. Ancrez-la à une activité que vous pratiquez déjà : vous réveiller, vous brosser les dents, préparer votre café. Puis, lancez-vous. Sans forcer, sans urgence, mais avec clarté. Rendez les choses si faciles que le succès semble inévitable. Et lorsque vous accomplissez cette première action, observez ce qui se passe. Non pas à l'extérieur de vous, mais à l'intérieur. La reconnaissance subtile mais puissante que vous êtes en mouvement. Que votre histoire n'est pas abstraite. Elle se déroule.

Et si vous manquez une journée ? Recommencez. C'est la beauté des micro-habitudes : elles pardonnent les erreurs. Elles n'exigent pas la perfection. Elles sont résilientes par nature. L'important n'est pas de ne jamais faiblir, mais de revenir. Chaque acte de retour renforce l'identité que vous construisez. Vous n'êtes pas seulement quelqu'un qui agit, vous êtes quelqu'un qui revient. C'est un récit profondément puissant à porter.

Cet appel à l'action n'est pas une question de rapidité. Il s'agit d'une question de direction. Vous avancez peut-être lentement, mais vous avancez délibérément. Vous ne vous sentirez peut-être pas différent immédiatement, mais le changement est déjà en marche. Vous avez franchi l'étape la plus difficile : décider qu'une vie meilleure n'est pas hors de portée, qu'elle n'est pas enfermée dans la motivation, mais qu'elle se construit grâce à des moments d'intention.

Alors, profitez de ce moment maintenant. Pas plus tard. Maintenant. Décidez de votre action de deux minutes. Faites-la aujourd'hui. Puis recommencez demain. Laissez-la devenir votre point d'ancrage. Laissez-la remodeler votre perception de vous-même. Laissez-la déclencher d'autres changements, doucement et naturellement.

Car c'est ainsi que la transformation commence : non pas par un grand geste, mais par une petite action, répétée avec soin. C'est votre appel à agir, non pas parce que tout est prêt, mais parce que *vous* êtes prêt à commencer.

Le voyage de mille milles

Toute transformation à long terme, aussi extraordinaire soit-elle, a ses origines modestes. Cette vérité est si universelle qu'elle a été immortalisée dans un proverbe ancien souvent attribué à Lao Tseu : « Un voyage de mille lieues commence par un premier pas. » Pourtant, malgré sa familiarité, cette idée est souvent mal comprise ou négligée dans notre hâte d'obtenir des résultats. Nous sommes conditionnés à célébrer les étapes importantes, les avancées et les grandes réalisations, tout en accordant beaucoup moins d'attention aux petites décisions, souvent invisibles, qui ont rendu ces résultats possibles.

Ce chapitre rappelle que le pas à pas n'est pas seulement le point de départ : il est l'essence même d'un changement durable. C'est l'élément le plus reproductible, le plus fiable et le plus valorisant de la croissance. Une micro-habitude, pratiquée avec constance, a le pouvoir de surpasser une ambition intermittente. Et dans une culture saturée par le spectacle du succès instantané, retrouver la dignité du petit pas est peut-être l'acte le plus radical.

Le principe des micro-habitudes repose sur ce principe fondamental : nul besoin de voir l'escalier dans son intégralité pour franchir la première marche. Plus important encore, l'efficacité de la première étape ne dépend pas de son ampleur, mais de sa répétabilité. Un acte qui demande peu d'efforts mais qui signale un changement d'état d'esprit est bien plus efficace qu'un effort monumental accompli une seule fois dans un élan d'enthousiasme.

Prenons l'exemple de Hari, responsable logistique à Pune, qui luttait depuis des années contre de mauvaises habitudes de sommeil. Après avoir beaucoup lu sur l'hygiène du sommeil, il avait dressé une longue liste de changements qu'il comptait opérer : réduire le temps passé devant les écrans, modifier son alimentation, acheter des rideaux occultants. Pourtant, ces plans restaient théoriques. Dépassé par la perspective de tout faire d'un coup, il ne fit rien. Tout changea lorsqu'il décida de s'engager sur une seule action : tamiser les lumières à 21 h 30 tous les soirs. C'était une petite action. Presque d'une simplicité comique. Mais cela suffisait à marquer un tournant . Ce signal précoce créa un effet domino. Au fil du temps, il ajusta sa routine de relaxation, commença à se coucher plus tôt et se réveilla avec plus d'énergie. Le changement radical ne résulta pas du fait de tout s'attaquer, mais d'une seule action, répétée.

Ce qui rend cette approche si puissante, c'est qu'elle respecte les réalités de la psychologie humaine. Lorsqu'une tâche nous paraît trop vaste, trop complexe ou trop incertaine, nous hésitons. Nous procrastinons non pas par paresse, mais parce que notre cerveau interprète l'ambiguïté comme une menace. Un changement d'envergure, même fondé sur de bonnes intentions, peut déclencher une réaction de peur. L'avantage des micro-habitudes, c'est qu'elles échappent à notre résistance. Une action de deux minutes nous semble sûre. Elle paraît gérable. Et une fois en mouvement, notre perception change. Le comportement façonne les émotions. L'action génère la clarté.

Ce concept de commencer petit va au-delà du personnel. Il a été adopté dans divers contextes professionnels et institutionnels. Au début des années 2000, l'équipe cycliste britannique, autrefois considérée comme une équipe systématiquement sous-performante, a commencé à appliquer le principe des gains marginaux, un concept étroitement lié aux micro-habitudes. Sous la direction de Dave Brailsford, l'équipe a introduit des dizaines d'améliorations de 1 %, du réglage des selles aux techniques de lavage des mains pour réduire les maladies. Chaque changement était mineur. Aucun n'a fait la une des journaux. Mais collectivement, ils ont connu des succès historiques, avec notamment de multiples victoires au Tour de France et des médailles olympiques. Cette transformation n'a pas été déclenchée par une révolution isolée, mais par l'accumulation de nombreuses petites étapes délibérées.

Il y a quelque chose de fondamentalement humain à commencer petit. Les enfants n'apprennent pas le langage en mémorisant des règles de grammaire ; ils commencent par des sons. Les écrivains ne terminent pas un livre en fixant un écran vide ; ils commencent par une phrase. Les musiciens n'interprètent pas une symphonie du premier coup ; ils commencent par une seule note. Pourtant, à l'âge adulte, nous perdons souvent patience face à l'incrémentalisme. Nous voulons bondir, et non avancer. Nous voulons atteindre notre destination sans l'inconfort du chemin. Mais ce faisant, nous contournons l'échafaudage psychologique nécessaire à un changement significatif.

Faire un petit pas ne fait pas que nous faire avancer : il renforce la confiance en soi. Il nous permet d'observer notre propre comportement et de nous dire : « J'ai fait ce que j'avais dit. » Cette expérience, répétée, est le fondement de la confiance. Pas de bravade. Pas d'ego. Mais une croyance sincère en sa capacité à agir avec constance. C'est ce qui donne aux micro-habitudes leur extraordinaire pouvoir. Elles ne produisent pas seulement des résultats ; elles redéfinissent notre identité. Nous commençons à nous percevoir différemment, non pas comme quelqu'un qui lutte pour changer, mais comme quelqu'un qui va jusqu'au bout.

Cette perspective devient particulièrement vitale face aux échecs. Car ce sera inévitable. La vie perturbe nos meilleures intentions. La maladie, le stress ou les circonstances peuvent faire dérailler nos progrès. Le modèle traditionnel de fixation d'objectifs s'effondre souvent face à de telles perturbations. Mais les micro-habitudes sont intrinsèquement résilientes. Elles ne demandent pas d'intensité, mais de la présence. Même lors d'une journée difficile, une action de deux minutes peut entretenir l'habitude. Cette continuité maintient le modèle jusqu'au retour de la motivation. Elle transforme l'inattention en pause plutôt qu'en échec.

Un autre avantage de commencer petit est qu'il nous permet de nous adapter. Souvent, nos suppositions sur nos besoins sont erronées. On peut penser qu'il faut faire une heure d'exercice par jour, alors qu'une marche de 10 minutes améliore considérablement notre concentration. On peut aussi penser qu'il faut revoir ses finances, alors que le suivi d'une seule dépense quotidienne suffit à changer de mentalité. En commençant petit, on crée des boucles de rétroaction. On apprend, on s'adapte et on progresse avec précision plutôt que par la force.

La métaphore du « voyage » n'est pas inappropriée, mais elle mérite d'être peaufinée. Le changement s'apparente moins à une ligne droite qu'à une série de boucles – des actes répétés, peaufinés et reconnectés. Le premier pas ne mène pas tant vers l'avant que vers l'intérieur. C'est une déclaration de volonté. Il vous invite à dialoguer avec votre futur moi, non pas comme un critique ou un tyran, mais comme l'architecte de votre comportement quotidien. Et cela sans exiger la perfection, seulement la participation.

Pour ceux qui ont lu ce livre et se demandent comment aller plus loin, la réponse est d'une simplicité trompeuse. Faites une chose. Faites-la aujourd'hui. Faites-la simple, donnez-lui du sens et faites-en votre propre. Qu'il s'agisse de poser un livre près de votre lit, de préparer vos vêtements pour une promenade ou de fermer les yeux pour un moment de calme, laissez l'action être réelle. L'important n'est pas l'acte en lui-même, mais l'identité qu'il incarne. Vous devenez quelqu'un qui agit, quelqu'un qui honore son intention par son comportement.

La sagesse accumulée en sciences du comportement, en récits personnels et en psychologie cognitive converge vers la même vérité : le véritable changement n'est pas réservé aux rares, aux doués ou aux personnes exceptionnellement disciplinées. Il est accessible à quiconque est prêt à entreprendre. Et ce début est souvent modeste. Mais ce qui compte, ce n'est pas son ampleur. Ce qui compte, c'est qu'il se produise.

Alors, où que vous soyez, commencez par là. Non pas parce que c'est facile, mais parce que c'est possible. Que votre transformation s'amorce non pas avec un fracas, mais avec un murmure d'action. Celle qui échappe à toute résistance et construit les fondations si discrètement qu'on la remarque à peine – jusqu'au jour où on s'en aperçoit. Jusqu'au jour où, rétrospectivement, on réalise que ce qui semblait être un petit pas était en fait le plus important de tous.

Derniers mots d'encouragement

Il y a quelque chose de profondément stimulant à savoir qu'un changement réel et durable n'exige pas d'actes héroïques. Il ne requiert ni bouleversements radicaux, ni force de volonté, ni attente d'un moment idéal insaisissable. Il commence plutôt par la plus petite des actions : une intention traduite en comportement, une décision discrète honorée au milieu d'un monde bruyant. Tel est l'héritage de la micro-habitude. Et c'est ce que ce livre s'attache à affirmer : que dans l'ordinaire se cache l'extraordinaire, attendant patiemment votre participation.

En arrivant à cette réflexion finale, prenez un instant pour ne pas regarder l'avenir avec anxiété, ni le passé avec autocritique, mais pour reconnaître que vous portez désormais en vous ce que beaucoup cherchent depuis des années. Vous disposez d'un cadre, non seulement pour comprendre le comportement, mais aussi pour le façonner. Vous disposez d'une méthode fondée sur des données probantes, appuyée par des applications concrètes et, surtout, adaptable à votre vie. Il ne s'agit pas d'une théorie abstraite. C'est une pratique. Une pratique qui vous accompagne là où vous êtes et qui évolue avec vous au fil du temps.

S'il y a un message à retenir de ces pages, que ce soit celui-ci : le petit n'est pas insignifiant. Le petit est puissant. Le petit est durable. Et le petit, lorsqu'il est maintenu, devient irrésistible. Les changements les plus transformateurs commencent rarement par un changement radical. Ils commencent par un choix discret, presque imperceptible, de se montrer. De prendre une inspiration. D'écrire une ligne. De bouger pendant deux minutes. Ces actes peuvent paraître anodins pris isolément, mais accumulés au fil du temps, ils deviennent une preuve de caractère, de résilience et d'esprit d'auteur.

Prenons l'histoire de Priya, une jeune maman confrontée au chaos des premiers pas dans la parentalité. Débordée et manquant de sommeil, elle luttait contre la dissonance entre celle qu'elle avait été – une universitaire méticuleuse et brillante – et celle qu'elle sentait devenir. Au milieu de ce brouillard, elle a choisi une habitude : chaque soir, avant de s'effondrer dans son lit, elle notait une chose qu'elle avait bien faite ce jour-là. Parfois, c'était aussi simple que « garder le bébé en vie ». D'autres fois, c'était « répondre à un e-mail ». Ce qui comptait n'était pas l'ampleur, mais la reconnaissance. Ce geste de deux minutes l'a reconnectée à ses compétences et lui a finalement redonné confiance. Cette habitude n'a pas changé sa situation, mais elle a changé son récit. Et c'est ce qui a fait toute la différence.

Ces transformations – silencieuses, constantes, profondément humaines – sont à la portée de tous. Y compris de vous. Peut-être surtout de vous. Car si vous avez lu jusqu'ici, vous n'êtes pas seulement curieux. Vous êtes engagé. Vous êtes prêt à agir non pas par urgence, mais par intention. C'est le début de tout changement significatif.

Il y aura toujours des défis. Il y aura des jours où vous oublierez, des jours où vous douterez, et des jours où il sera plus facile de retomber dans vos vieilles habitudes. Mais votre force ne réside pas dans l'indéfectibilité. Elle réside dans le retour. Ce retour – encore et encore – est ce qui construit la discipline, et non la punition. C'est ce qui construit l'identité, et non l'idéalisme. Une micro-habitude vous offre un refuge. Elle n'est pas fragile. Elle est indulgente. Et c'est pourquoi elle fonctionne.

Certains sous-estiment la valeur des petites actions. Laissez-les faire. Vous comprendrez mieux. Vous saurez que le succès ne se mesure pas à la quantité de travail accompli en une journée, mais à la régularité de la répétition. La véritable confiance ne se construit pas par la performance, mais par la pratique. Vous comprendrez que l'on peut changer sa vie non pas en faisant tout, mais en faisant une chose bien, puis en la répétant.

Prenons l'exemple de Raj, un directeur financier d'âge mûr dont la sédentarité commençait à miner sa vitalité. Intimidé par les salles de sport et peu inspiré par les régimes, il opta pour une seule habitude : se lever deux minutes toutes les heures pour s'étirer. Au début, cela lui parut presque absurde. Pourtant, au fil des mois, cette habitude se transforma en petites promenades, puis en plus longues. Finalement, c'est devenu une routine quotidienne incontournable. Il ne commença pas par un programme bien-être. Il commença par des étirements. Ces étirements devinrent une habitude. L'habitude devint un rythme. Et ce rythme transforma sa façon d'aborder ses journées.

L'avantage de cette approche est qu'elle s'adapte sans contrainte. En agissant avec constance, votre cerveau s'adapte. Votre identité se transforme. Et de cette nouvelle identité naît un nouveau niveau d'engagement. Des habitudes autrefois étrangères deviennent familières. Elles deviennent alors essentielles. Ce processus n'est pas linéaire. Il est itératif. Et il est profondément personnel. Il n'y a pas de modèle, seulement des outils. Pas de règles, seulement des principes. Vous les adaptez à votre contexte. Et vous le faites avec confiance : en vous-même, dans le processus, dans le pouvoir de la répétition.

Que ce chapitre ne serve pas de conclusion, mais de continuation. Une réaffirmation que vous êtes capable de choses extraordinaires, non pas par contrainte, mais parce que vous êtes prêt à entreprendre ce qui est possible. L'habitude des deux minutes n'est pas un gadget. C'est une porte d'entrée. Un moyen d'ancrer vos valeurs les plus élevées dans vos plus petites actions. Un moyen d'aligner vos aspirations sur votre comportement de manière honnête, réalisable et durable.

Alors, choisissez quelque chose. Pas tout. Juste quelque chose. Que cet acte soit votre premier pas, votre rébellion silencieuse contre l'accablement , le doute, l'inertie qui paralyse si souvent l'ambition. Qu'il vous rappelle que le changement n'est pas quelque chose qui vous arrive, mais quelque chose auquel vous participez.

À mesure que vous progressez, vous aspirez peut-être à des résultats. C'est compréhensible. Mais que votre véritable satisfaction ne vienne pas du résultat, mais du fait d'être présent. De la certitude que vous accomplissez aujourd'hui quelque chose dont votre futur vous remerciera . C'est une forme de réussite bien plus profonde que les indicateurs. C'est l'intégrité en mouvement.

C'est votre moment. Non pas d'en faire plus. Mais de commencer. De recommencer, s'il le faut. De privilégier la présence à la perfection. De privilégier la direction à la rapidité. De choisir un petit geste et de vous y investir, non pas parce qu'il changera tout du jour au lendemain, mais parce qu'il incarne tout ce que vous êtes prêt à défendre – discrètement, avec constance et intensité.

Ici, pas de feu d'artifice. Pas de fioriture finale. Juste un être humain, capable de changement, invité à agir. Que cela suffise. Parce que c'est le cas. Parce que vous l'êtes.

Et parce que tout ce qui compte – chaque histoire de force, de clarté, de transformation – commence petit.

Alors, allez-y. Faites le plus petit pas. Et continuez.

Vous savez déjà quoi faire. Maintenant, faites-le.

À propos de l'auteur

Lina Vermeer est spécialiste du changement comportemental et mentor en stratégie de vie. Sa passion est de rendre la transformation simple et accessible. S'appuyant sur les neurosciences, la psychologie des habitudes et des décennies d'expérience en coaching en Europe et en Asie, Lina défend la philosophie selon laquelle les grands changements commencent par de petites choses. Son travail relie la science à la vie quotidienne, aidant les lecteurs à développer des routines efficaces grâce à l'art de la cohérence et des micro-actions. Par ses écrits, Lina permet à chacun de reprendre le contrôle, de créer une dynamique et de construire une vie claire et pleine de sens, deux minutes à la fois.

www.ingramcontent.com/pod-product-compliance
Lightning Source LLC
LaVergne TN
LVHW101412051026
849519LV00005BC/1741
* 9 7 8 9 3 6 2 9 2 5 7 2 5 *